NARRATORI MODERNI

Dello stesso autore in edizione Garzanti:

Una finestra vistalago
La signorina Tecla Manzi
Un amore di zitella
La figlia del podestà
Il procuratore
Olive comprese
Il segreto di Ortelia
La modista
Dopo lunga e penosa malattia
Almeno il cappello
Pianoforte vendesi
La mamma del sole
Il meccanico Landru
La leggenda del morto contento
Zia Antonia sapeva di menta
Galeotto fu il collier
Regalo di nozze
Furto di luna (solo ebook)
Parola di cadavere (solo ebook)
Il rumore del Natale (solo ebook)

ANDREA VITALI

UN BEL SOGNO D'AMORE

Garzanti

Prima edizione: maggio 2013

Per essere informato sulle novità del Gruppo editoriale Mauri Spagnol visita:
www.illibraio.it
www.infinitestorie.it

Pubblicato in accordo con Factotum Agency, Milano

ISBN 978-88-11-66571-7

Printed in Italy

www.garzantilibri.it

UN BEL SOGNO D'AMORE

I personaggi e le situazioni raccontati in questo romanzo sono frutto di fantasia. I luoghi, invece, sono reali.

PROLOGO

La notizia cominciò a circolare nel febbraio 1973. Presso il cinema Casa del Popolo sarebbe stato proiettato il film *Ultimo tango a Parigi.*

Bastò la chiacchiera per provocare fantasie squinternate da una parte e dall'altra dei due schieramenti, pro e contro, in cui il paese si divise.

Da una parte, parole come burro e culo corsero sottovoce sulla bocca di tanti, accompagnate da ineffabili sorrisi e ammiccamenti. Si sussurrava di ignoti giochetti alla francese, roba da non credere. Alcuni, spudoratamente, fingevano di aver già visto quel film, guardandosi bene dal dire dove e quando: alle domande rispondevano agitando la mano per significare che cose del genere non si potevano nemmeno immaginare.

L'altro lato dello schieramento si compattò quando nell'atrio del cinema comparve il manifesto del film. Mancava ancora la data, ma ormai era guerra.

Prevosto e coadiutore, suore dell'asilo e dell'ospedale, parrocchiani e parrocchiane ligi alle consegne non accettarono discussioni sulla liceità di proiettare il film: il giudizio della Curia, «Pellicola inaccettabile», esposto per tempo nella bacheca della prepositurale fu il verbo cui attenersi. Chi avesse assistito alla proiezione ne sarebbe uscito fulminato, dannato per sempre.

Giudicavano, gli uni e gli altri, una cosa che non conoscevano. Che, infine, per i più fu mortalmente noiosa e incomprensibile, tant'è che, alla resa dei conti, parecchi spettatori abbandonarono la sala prima che la proiezione avesse termine.

Nell'attesa però la polemica montava e, tra le tante chiacchiere che sarebbero rapidamente morte così come velocemente erano nate, almeno due persone riuscirono a trarre vantaggio dal clima che s'era creato.

Il primo fu Idolo Geppi, il gestore del cinema. Fu lui a gonfiare scientemente l'attesa sin dal mese di febbraio, pur sapendo che prima di metà marzo non avrebbe avuto a disposizione una copia della pellicola. Quando arrivò il momento, ritoccò il prezzo del biglietto e per soddisfare le richieste dovette addirittura programmare due proiezioni al sabato, ore sedici e ventuno, e tre alla domenica, ore quattordici, sedici, venti e trenta.

La seconda fu Adelaide Pizzi.

Fu grazie all'*Ultimo tango* che la ragazza riuscì a capire chi fosse meglio sposare tra Alfredo Denti ed Ernesto Tagliaferri, il Taglia.

Quando, ormai sposata, Adelaide rifletteva su quegli avvenimenti, non poteva fare a meno di pensare che, stante l'importanza della scelta, il destino ci aveva messo del suo per orientarla.

PRIMA PARTE

1.

Fino a che non gli toccò prendere posizione, l'Alfredo non si schierò apertamente né con gli uni né con gli altri. Se per caso gli capitava di finire in mezzo a una discussione riguardo al film, stava zitto. Oppure, qualora concordi, si allineava ai pareri degli occasionali interlocutori, fossero pro o contro. Né, a dirla tutta, qualcuno gli aveva mai chiesto direttamente un'opinione sulla faccenda.

Toccò a Adelaide farlo quando, finalmente, sopra lo scandaloso manifesto il Geppi appiccicò la striscia che annunciava date della proiezione, orari e prezzi maggiorati.

Trovandosi per la prima volta a tu per tu con la questione («Ci andiamo?» gli aveva chiesto la ragazza), l'Alfredo rispose con un laconico:

«Vedremo».

E Adelaide comprese al volo che Benvenuta, la madre di Alfredo, aveva già messo il becco nella questione.

Veri e propri becchi naturalmente la donna non ne aveva, esibiva piuttosto un naso schiacciato, dalle narici larghe simili a canne fumarie, che per fortuna l'Alfredo non aveva ereditato. Ma il vizio di ficcare il naso nella vita del figlio e orientarla l'aveva sviluppato come se fosse un pezzo della sua anatomia.

Il giovanotto, di buon carattere, lasciava fare.

Subiva, invece, a giudizio di Adelaide.

E non c'entrava niente il fatto che fosse nato settimino quando Benvenuta aveva ormai quarant'anni, fosse stato operato a cinque anni per la ritenzione di entrambi i testicoli, avesse avuto una pleurite a nove, fosse rimasto orfano di padre a dodici.

L'unica vera disgrazia che adesso, a ventotto anni, Alfredo poteva tirare in ballo per giustificare la sua eterna indecisione di fronte a qualsiasi cosa, tranne i motori e le carrozzerie che riparava nell'officina meccanica in cui lavorava, era la presenza costante di quella madre gelosa, possessiva e bacchettona.

Bacchettona, con la bi maiuscola e nel senso più deleterio del termine.

Ormai lei e l'Alfredo si frequentavano da poco più di un anno, dopo essersi conosciuti casualmente a una festa di fine d'anno presso il Circolo dei Lavoratori, aver ballato insieme e aver concordato di rivedersi. I primi tempi pareva fossero due carbonari. Anzi, nelle occasioni di quegli incontri – sul piazzale del cotonificio dove Adelaide lavorava o all'uscita dall'officina –, l'Alfredo sembrava più un ladro. Ladro di tempo, sottratto a sua madre.

Poi, una bella sera, dopo la finale di un torneo di calcio all'oratorio, lui le aveva detto che avrebbe voluto fargliela conoscere.

A pranzo, a cena, per un caffè?

Macché!

Potevano incontrarsi il giorno seguente, domenica, dopo la messa grande.

Di Benvenuta, dopo quel primo incontro, oltre al naso Adelaide ricordava il passo cadenzato come se fosse in processione, la sua mano posata su quella del figlio che le dava il braccio, un lusinghiero commento sulla predica del signor prevosto e infine, sulla porta di casa, una previsione meteorologica totalmente sbagliata circa il tempo che avrebbe fatto nel pomeriggio.

«Pioverà», aveva detto con baritonale soddisfazione.

Sole da abbronzarsi invece. E Adelaide, nervosa come una biscia, l'aveva preso fino al tramonto, girando inquieta per le campagne attorno alla frazione dove abitava, senza curarsi di calpestare l'aromatico fieno di settembre non ancora tagliato.

Due sere dopo Alfredo l'aveva aspettata all'uscita del turno seduto sul primo gradino della scalinata che portava all'Orrido e al cimitero, la strada che lei faceva per tornare a casa: solitamente si appoggiava al muro della prepositurale di fronte al cancello del cotonificio, dieci minuti di chiacchiere e via.

Adelaide aveva creduto di capire che ci fossero in ballo cose grosse, discorsi: i due avevano probabilmente passato il «pomeriggio di pioggia» parlando di lei. Alfredo invece aveva dichiarato di essere stanco. Dopo i canonici dieci minuti di aria fritta, lei aveva salutato e s'era avviata verso casa come se fosse inseguita dal bandito della Valsassina. Si era sognata il naso di Benvenuta quella notte, dalle narici uscivano volute di fumo scuro. La mattina seguente si era svegliata con un rospo sul gozzo e un pensiero preciso: se Alfredo teneva a lei, doveva darsi una mossa. Non poteva pretendere che fosse lei a dare una svolta alla loro situazione, fare il primo passo, c'era un limite a tutto. E non l'avrebbe aspettato all'infinito, non avrebbe consentito alle ragnatele di crescere: a buon intenditor, poche parole! Morto un papa, se ne faceva un altro.

Il papabile successore di Alfredo il Pavido era Ernesto Tagliaferri detto Taglia, e questi era piombato nella sua vita e nello stesso reparto in cui lavorava ai primi di gennaio 1973.

Bello e spavaldo.

Svelto, di lingua e di mano. Un attore. Non aveva niente da invidiare a certi fusti che apparivano nei fotoromanzi su «Bolero» e «Grand Hotel». Fare il cascamorto con le donne era la sua attività preferita. Adelaide non gli aveva resistito. Gli aveva concesso il dito ben sapendo che il Taglia avrebbe preteso il braccio. Per intanto aveva ceduto, un pomeriggio a fine turno quando si erano trovati da soli nello spogliatoio, alla richiesta di un bacio. E il Taglia ne aveva subito approfittato per infilarle una mano sotto la gonna. L'aveva fermato appena in tempo.

Quando era uscita, rossa in viso, al vedere Alfredo che l'aspettava come al solito appoggiato al muro della chiesa, s'era asciugata in un attimo.

Mai come in quel momento s'era sentita indecisa.

Alfredo, la regola.

Ernesto, l'eccezione.

Che fare?

Un ultimo tango, perché no?

2.

«Ci andiamo?»

«Vedremo.»

Quel film Adelaide aveva deciso che non lo voleva perdere. Le sembrava un'occasione da non lasciarsi sfuggire. Un modo per buttare l'occhio al di fuori dei confini del paese.

Ma: «Vedremo», aveva risposto Alfredo la prima volta che lei aveva tirato in ballo l'argomento.

La bacchettona s'era schierata e aveva predicato il suo verbo. Adelaide l'aveva immaginata scendere in campo con le sue narici fumanti. Se voleva la guerra, lei era pronta.

Non s'era risparmiata.

Alla sua insistenza pressoché quotidiana Alfredo non aveva fatto altro che rispondere temporeggiando, mugugnando, sudando anche. Alla fine, a uscire sfibrata da quella prima offensiva era stata proprio Adelaide. Che però non si diede certo per vinta, e decise di sparare alzo zero.

La sua bomba atomica era l'Ernesto: se da una parte non voleva in alcun modo rinunciare al film, dall'altra non se la sentiva di andarci da sola. Lo scudo di una compagnia maschile le ci voleva: l'Ernesto.

Lo disse all'Alfredo. La buttò lì una sera. Pioveva. Il giovanotto l'aveva aspettata come suo solito all'uscita del cotonificio. Le aveva portato un ombrello, immaginando che lei ne fosse priva, visto che fino a un paio d'ore prima il cielo era sereno. Non gli faceva difetto una certa, premurosa gentilezza. Adelaide sorvolò sulla ricattatoria tenerezza del gesto. Niente poteva convincerla a rinunciare all'attacco.

La buttò lì, quindi.

«A proposito!»

Come se fosse una cosa che le era tornata in mente all'improvviso.

Quel tale, quel Tagliaferri che lavorava nel suo stesso reparto le aveva chiesto se le interessava vedere quel film.

Bugia.

Del Tagliaferri, Alfredo aveva una vaga idea. Ne conosceva l'esistenza perché nei momenti di massima irritazione Adelaide l'aveva usato, nome e cognome, come una banderilla infilzata nel collo di un toro: capisse che c'erano altri uomini che si interessavano a lei e non avevano bisogno del parere della mamma per farlo.

«Se ci tieni proprio...» rispose Alfredo.

Poi cambiò discorso e dopo un minuto d'orologio la salutò, raccomandandole di riportargli l'ombrello.

Adelaide rimase lì, all'attacco della scalinata. Sotto l'acqua, non aveva aperto l'ombrello.

«Se ci tieni proprio.»

Cosa voleva dire?

Che l'avrebbe accompagnata lui o che non gli importava se fosse andata con un altro?

Roba da darglielo in testa l'ombrello, altro che riportarglielo!

Salendo verso casa, due scalini alla volta, rifletté che la misura era colma. Ci voleva una lezione. Doveva mettere in atto la minaccia. Era sicura che sarebbe bastato un gesto e il Taglia sarebbe corso. Solo che il Taglia non era uno che si accontentava dell'antipasto.

Se l'Alfredo si fosse svegliato...

A sera, più calma e già sotto le lenzuola, Adelaide rifletté che alla proiezione mancava ancora tempo: le conveniva aspettare, attendere gli eventi e sperare che tutto si risolvesse per il meglio.

Cosa che in effetti accadde.

Per merito del Tagliaferri però.

3.

Ai primi di febbraio il Tagliaferri si mise in giro per il paese a vendere i biglietti di una lotteria dotata di ricchi premi a sorpresa.

A chi gli chiedeva in cosa consistessero quei premi, rispondeva:

«Se è una sorpresa...».

Nessuno sospettò. A nessuno venne in mente di chiedersi come mai il Taglia fosse il solo a occuparsi della vendita. Garantiva quello che era stampato sui biglietti: Pro Loco.

L'Ernesto l'aveva pensata bene guadagnandosi il patrocinio dell'ente.

Quando era uscita la voce che il sabato grasso sarebbe stata organizzata una Serata di arte varia presso il cinema Casa del Popolo, il Taglia si era presentato al consiglio della Pro Loco e aveva proposto di inserire nel programma una lotteria.

Niente da obiettare, era stata la risposta.

Anzi, una lotteria avrebbe richiamato più gente, anche quelli che di casa sarebbero usciti solo per il proprio funerale.

A patto, però, che fosse il Tagliaferri a pensare a tutto.

«Nessun problema», aveva risposto lui.

Con i premi era a posto.

«E sarebbero?» aveva chiesto uno del consiglio.

«Sorpresa!» aveva risposto l'Ernesto.

Doveva solo far stampare i biglietti. Aveva aspettato per sentire il parere dei consiglieri della Pro Loco. Loro d'accordo, in due giorni sarebbero stati pronti anche quelli.

La sera del sabato grasso la Casa del Popolo era gremita. Un'ora prima dell'inizio dello spettacolo il Geppi dovette aprire le porte laterali per far uscire un po' di fumo. Solo com'era a gestire tutto, sapeva che qualcuno ne avrebbe approfittato per entrare senza biglietto, ma amen. Aveva già fatto un incasso che nemmeno con *Il dottor Zivago* era riuscito a mettere assieme. Addirittura aveva fatto entrare gente, a pagamento, anche se i biglietti erano ormai esauriti come i posti a sedere: si accomodassero pure, aveva consigliato, nei corridoi laterali e in quello centrale.

Ad aprire la serata sarebbe stato il complesso I devils, una banda di semiprofessionisti lecchesi che batteva locali e balere del lago nei fine settimana: specializzati nel liscio gli Ai devils, come si annunciavano, s'erano scoperti un'anima moderna consistente in canzonette ascoltate alla *Hit Parade* di Lelio Luttazzi. Un corposo intermezzo consisteva poi nell'esibizione di una decina di giovani voci, adolescenti del paese e di quelli circostanti. I genitori di costoro erano tutti seduti nelle prime file, posti riservati.

«Sono più emozionata io di loro», disse la madre di uno di quelli alla vicina. «Si figuri che oggi sono andata al gabinetto già tre volte! Io, che di solito sono stitica.»

Visto che era sabato grasso, molti si erano presentati indossando costumi tra i più vari. In quarta fila c'erano due malnati, il Cereghèt e il Traversa. Erano travestiti da cowboy e avevano tentato di entrare con in viso una mascherina. Il Geppi aveva imposto loro di toglierla e solo dopo li aveva lasciati passare, non immaginando che i due nelle mutande avevano occultato una scacciacani con la quale cominciarono subito a martoriare le orecchie di un paio di ragazze che stavano sedute davanti a loro. Le prime file invece furono bersaglio di una fitta pioggia di palline di carta. Venivano dal fondo. A tirarle, una ventina di ragazzotti, operai del cotonificio, con addosso la maglia della Juventus. Si erano organizzati come arcieri del medioevo. Armati di cerbottana, s'erano divisi in due squadre. Quando la prima aveva tirato, tornava a sedersi per caricare, lasciando spazio alla seconda. La strategia saltò quando uno di loro scorse tra il pubblico il ragionier Verazzi, vicecapo dell'ufficio personale dell'opificio, in compagnia della fidanzata Alina, deliziosamente mascherata da olandesina, con tanto di copricapo tipico e zoccoli. Il tiro si concentrò sulla coppia, una pallina si infilò nella scollatura della ragazza. Il ragioniere, giacca e cravatta, reagì all'affronto. Si alzò e si girò verso il fondo giusto per prendersi una pallina nell'occhio e udire una voce anonima che gli chiedeva se volesse aiuto per cercare quella che s'era infilata tra le tette della morosa. Non fece in tempo a sedarsi il tumulto di risa, voci e battute che, dalla fila sotto la balconata, si levò un rabbioso incalzare di bestemmie, gridate senza ritegno da una voce rauca, da fumatore incallito. A dare in smanie era un energumeno, calvo e lustro di sudore: guardando verso la balconata con occhi di fiamma e continuando a smadonnare vergognosamente, cercava il disgraziato che da lassù l'aveva centrato con uno sputo proprio sulla pelata. Nonostante l'intervento della moglie, che si prese una gomitata in fronte poiché l'uomo non solo gridava ma si sbracciava anche, non ci fu verso di calmarlo. Allora il Geppi, che stava all'erta e cominciava pure lui a sudare preoccupato per gli esiti della serata, chiese l'intervento di due carabinieri che presidiavano la sala, per i quali non fu impresa facile trascinare il bestione all'aria aperta.

Erano solo le otto e trenta. Il tempo, rifletté il Geppi, aveva cambiato marcia. Nella mezz'ora che mancava all'inizio dello spettacolo poteva capitare di tutto. Bisognava raffreddare i bollenti spiriti. Spense le luci, altro non poteva fare. Sul pubblico cadde un improvviso silenzio. Gli sguardi si fissarono sul pesante sipario, in attesa che si aprisse. Passato qualche minuto senza che nulla fosse accaduto, sempre dalle ultime file, maledette loro!, qualcuno lasciò andare un rumore di corpo da record che scatenò risa e imitazioni. Gli spettatori della balconata risposero con un lancio di cartacce e un gruppetto intonò *Osteria numero venti.* Il Geppi ritornò al quadro elettrico, accese le mezze luci. Una salva di fischi accompagnò la mossa. Qualcuno cominciò a battere i piedi per terra, presto seguito da decine di spettatori impazienti. Il rumore somigliava a quello di un temporale che si preparava a scoppiare. Il Geppi ruppe gli indugi.

«Porca troia!» e partì.

Filò dietro le quinte. Pregò i musicisti di cominciare immediatamente, anche se non erano ancora le nove.

Il presentatore della serata, un marcantonio di Gera Lario vagamente somigliante a Gino Bramieri, cosa di cui menava vanto, disse che stava cercando di vincere l'emozione dei cantanti in erba.

«Sentono la serata», affermò.

«Ma che serata delle mie balle!» fu la pronta risposta del Geppi.

Sentivano o no, piuttosto, il casino che veniva su dalla platea?

«Questi qui mi mangiano il cinema, gesùcristo!»

«Andiamo allora», fece il presentatore illuminandosi.

Lui della folla non aveva paura. Uscì, e si prese le ultime pistolettate del Cereghèt e del Traversa.

«Signore e signori!» gridò.

La sala ripiombò nel silenzio, il Geppi si asciugò il sudore, la Serata di arte varia ebbe inizio.

Tutto filò liscio fin verso le dieci e trenta.

4.

Alle dieci e trenta si erano già esibiti tre debuttanti, proponendo altrettanti pezzi moderni.

Per l'esattezza, *Bandiera gialla, Sono bugiarda* e *Singapore.*

Il quarto fu Parigino Basazza. Eseguiva, come annunciò il presentatore sbagliando il titolo della canzone, *Mamma son tanto felice.*

Dal fondo si levarono immediatamente due voci.

«Ma che cazzo è?» la prima.

La seconda, esecrabile:

«Ma se sei orfano!».

Il presentatore intervenne.

«Rispetto, per favore!»

Si guadagnò una pernacchia. Poi la musica partì. Il silenzio tenne un minuto. Quindi, sempre nel turbolento fondo, cominciò a bollire un mormorio di protesta.

Quella canzone era una menata, roba da far venire il latte alle ginocchia!

«Sssh!» predicava il Geppi senza risultati.

«Insomma!» si levò a protestare dalle prime file la zia che aveva adottato l'orfano, a cui si doveva l'infelice scelta della canzone.

Il Parigino nel frattempo aveva continuato a cantare. Ma, vuoi per l'emozione vuoi per il disordine in sala, perse la concentrazione e incappò in una stecca colossale.

Fu un fischio unico allora, che sommerse gli applausi di incoraggiamento delle prime file. Il Parigino, al limite delle lacrime, abbandonò il palco, lasciando la piazza al presentatore che predicò continenza e buona educazione: ottenne l'effetto contrario. Protetto dal buio, il fondo sala si scatenò, dando la stura a una damigiana di insulti. Il presentatore allargò le braccia, non sapeva più cosa fare. Il Geppi, corso nuovamente dietro le quinte, ne richiamò l'attenzione, dapprima disegnando nell'aria due parentesi tonde poi, visto che quello non capiva, alzando tutte e dieci le dita.

Dieci minuti di intervallo!

«Dieci minuti di intervallo!» annunciò al pubblico il presentatore.

«Speriamo bene», commentò il Geppi.

Ma poteva fare a meno di perdere tempo. Alla riapertura del sipario, il presentatore venne accolto dal grido:

«Lot-te-ri-a! Lot-te-ri-a!».

Sorridendo magnanimamente, questi esclamò:

«Sia fatta la volontà del popolo».

Fu in quell'istante che il Geppi e il presentatore, poi i tecnici e infine i musicisti si resero conto che non c'era traccia di premi né il Tagliaferri s'era fatto vedere.

Toccò al presentatore abbandonare la posizione per rifugiarsi dietro le quinte e chiedere consiglio circa il da fare.

«Cosa cazzo ne so!» fu la risposta del Geppi.

«Se non lo sa lei...» ribatté il presentatore.

«Questo cinema lo gestisco e basta! Non l'ho organizzato io questo puttanaio!» puntualizzò il Geppi.

«Ci sarà pure qualche responsabile...»

«C'è», esplose il Geppi.

C'era, lì in mezzo al bordello. Il segretario Piccelli della Pro Loco. Che anche lui non sapeva una mazza: la sera in cui il consiglio aveva preso accordi con il Tagliaferri non era presente e s'era fatto sostituire. Tuttavia aveva letto il verbale della seduta nel quale era stato incontrovertibilmente messo nero su bianco che «gli oneri organizzativi della lotteria erano a totale carico di Tagliaferri Ernesto».

Lui, da semplice spettatore, aveva maturato la convinzione che i premi a sorpresa fossero stati artatamente nascosti al fine di creare l'attesa, sino a quando, sorpresa nella sorpresa, lo stesso Tagliaferri fosse comparso per dare il via all'estrazione.

«Ma quale estrazione se di premi non c'è nemmeno l'ombra!» osservò il presentatore.

«Del Tagliaferri neppure?» chiese il segretario Piccelli.

«Lo vede forse?» invelenì il Geppi.

«In tal caso è un guaio.»

«Ma va'...» ironizzò il gestore.

Le frecce dell'ironia rimbalzavano sul segretario.

«Bisognerà inventare qualcosa per calmare la gente», opinò.

"Bisognerebbe chiamare i pompieri", si astenne dal dire il Geppi. Ma gli pareva un'idea tutt'altro che balorda.

«Si potrebbe, ecco, dire», propose il Piccelli, «che per ragioni tecniche la lotteria non si potrà svolgere.»

"Bella idea del cazzo!" tenne per sé il Geppi.

Andava lui a dirlo?

«Ottimo», sbottò invece il presentatore.

Ma era scemo?

Comunque sembrava convinto. Quindi, si accomodasse.

«Dai», fece il Geppi, invitandolo a partire con un gesto della mano.

Fu come gettare benzina sul fuoco.

Alla goliardia delle pernacchie, delle contumelie, delle battutacce, si sostituì una vena di rabbia. C'erano i soldi di mezzo, quelli che gli acquirenti dei biglietti avevano speso. E che adesso pretendevano a gran voce che venissero loro restituiti.

Senza bisogno che il Geppi lo chiedesse, i due carabinieri presenti, Scaramuccia e Insoliti, cominciarono a sedare gli animi dei più scalmanati. Dopo una mezz'ora, avvisato del casino che era scoppiato, presso il cinema si presentò anche il maresciallo Massimino Pezzati, comandante della stazione. La sua presenza, unita ai modi concilianti e alla promessa di fare chiarezza sull'accaduto, fu un toccasana.

Poco dopo l'una di notte tutto sembrava finito.

Invece...

5.

Domenica mattina il quotidiano «La Provincia» uscì con una dettagliata cronaca della serata musicale. Titoletto in prima con rimando alle pagine interne.

Il testo era quantomeno sconcertante.

Nell'articolo, Ignazio Grillini, corrispondente da Bellano del giornale, aveva elogiato la perizia degli organizzatori, l'allegro entusiasmo degli spettatori, la bravura dei cantanti. Non solo. Dava anche conto del fatto che durante lo spettacolo si era svolta l'estrazione dei biglietti della lotteria abbinata alla serata, dotata di ricchi premi.

«In una prossima occasione, forniremo l'elenco dei vincitori», chiudeva l'articolo.

Il Grillini aveva giocato d'azzardo. Non se l'era sentita infatti di rinunciare a una crociera notturna sul lago a bordo del *Patria*, festa in maschera con ballo organizzata dalla Navigazione Lariana, cui aveva preso parte con tale Ciannachiano Bertilla. L'aveva intervistata qualche mese prima in quanto prima vigilessa che prendeva servizio in un paese dell'Alto lago. L'intervista non era stata gran che, ma il Grillini era rimasto incantato dalle splendide forme della Bertilla e da quel momento non aveva perduto occasione per andare a Varenna, dove la ragazza lavorava, fingendo di essere lì per conto del giornale, al solo scopo di incontrarla.

Dai e dai, il mutismo meridionale della vigilessa si era sciolto. Un caffè oggi, un Campari domani, il Grillini era riuscito a vincere la sua ritrosia, al punto che era stata la stessa Bertilla a dirgli che avrebbe preso parte volentieri a quella crociera se avesse avuto un accompagnatore.

Poteva perdere un'occasione del genere?

Ma nemmeno se l'avesse chiamato il «Corriere della Sera»!

E comunque non si sarebbe lasciato inculare dalla concorrenza, rappresentata dall'altro quotidiano, «L'Ordine».

Bastava organizzarsi, e l'aveva fatto. Di quelle feste aveva una discreta esperienza. Alpini, marinai, la banda. Feste di paese, tutte uguali. Ne poteva scrivere a memoria, senza vederle. C'era la novità della Serata di arte varia, dei cantanti in erba eccetera, d'accordo. Ma era sufficiente stare sul vago. Poi, nell'arco di due giorni, si sarebbe informato per bene e avrebbe scritto un pezzo scintillante, dispiegando tutta la sua abilità.

Il pezzo l'aveva mandato per telefono da Como, poco prima della partenza del *Patria*, al dittafono. Poi, una volta imbarcato al braccio della Bertilla mascherata da Biancaneve, s'era abbandonato alla danza, al profumo della vigilessa, ai ritmi mica tanto moderni dell'orchestrina di bordo, ideali però per stringersi alla ragazza, «avvinto come l'edera».

Alle sette del mattino, mentre lui e Biancaneve passeggiavano per Como attendendo il treno per Lecco sul quale si sarebbero finalmente lasciati andare al sonno, il Grillini non immaginava minimamente quello che era accaduto.

Il maresciallo Pezzati invece ne stava prendendo dolorosamente coscienza: la domenica mattina, infatti, se non era di servizio, gli piaceva recuperare il sonno perduto. A maggior ragione quella domenica perché, tra una balla e l'altra, era riuscito a mandare a casa gli ultimi esagitati solo dopo l'una di notte e lui s'era infilato sotto le lenzuola quando suonavano le due.

Il piantone, tuttavia, non aveva potuto fare a meno di

chiamarlo. Arrivato a un totale di sei persone che si erano presentate in caserma chiedendo espressamente di lui e giurando che non si sarebbero mosse fino a che non gli avessero parlato, il carabiniere Scaramuccia salì, alle sette e un quarto, nell'appartamento del Pezzati per avvisarlo che la sua presenza in ufficio si rendeva indispensabile.

Prima di ricevere gli astanti, il maresciallo si fece dire da Scaramuccia quello che sapeva.

«Dicono tutti la stessa cosa», spiegò il carabiniere, «cioè che non possono sopportare che al danno si sia aggiunta la beffa.»

Del danno il Pezzati aveva cognizione.

Ma la beffa dove stava?

«La beffa consiste in quello che ha scritto il giornale», rispose il carabiniere.

«I giornali non scrivono, Scaramuccia...»

«Comandi maresciallo. In ogni caso è quello che dicono.»

«Va bene», disse il Pezzati. «E cosa "scrivono" i giornali?»

Il carabiniere riassunse.

«Ma questa è una truffa!» concluse il maresciallo.

Il carabiniere Scaramuccia concordò.

«E di sotto», aggiunse, «ci sono un po' di truffati.»

Erano le sette e mezza.

Il maresciallo Pezzati fece un rapido conto. Aveva due ore di tempo prima che alla radio cominciasse *Gran varietà*, programma che gli piaceva tanto, ma tanto!, ascoltare sdraiato nel letto quando non era di servizio.

Ce l'avrebbe fatta?

«Fai passare», comandò.

Alle undici era ancora lì.

Ai truffati che si erano presentati di persona, dovette aggiungere quelli che più comodamente avevano preferito parlargli al telefono. Due fogli di protocollo erano pieni di nomi e cognomi. A piè di pagina il maresciallo s'era segnato quello del Grillini che intanto, con la Biancaneve ormai diventata Bella Addormentata, era a Lecco in attesa della coincidenza per Bellano.

«Ce n'è ancora?» gridò.

«No maresciallo», rispose il carabiniere.

«Allora salgo», disse. «Poi domani vediamo.»

Il telefono squillò in quell'istante. Il maresciallo lo guardò con odio.

«Carabinieri!» ringhiò.

Quando riattaccò, si lasciò andare sulla sedia.

Mancava giusto lei per rovinargli del tutto una domenica di riposo. Con quella cazzo di voce metallica, una cortesia che non ammetteva repliche, una faccia rubata al museo egizio: Maria Cristina Berteggi in Lodi, moglie del professor Invitto Lodi, presidente dell'Avis bellanese.

Alla quale, il maresciallo Massimino Pezzati era pronto a scommettere, non fregava niente di *Gran varietà*. E men che meno di *Tutto il calcio minuto per minuto*.

6.

L'Avis deteneva il primato tra le associazioni del paese e ci teneva a conservarlo.

Primato di serietà, moralità, misura. Il suo nome, dalla bocca di chi lo pronunciava, usciva e volava alto. Nobiltà d'origine, sangue blu. Non poteva essere altrimenti: era stata fondata da due incanutiti maggiorenti bellanesi, l'uno discendente di Sigismondo Boldoni, l'altro pronipote di un ufficiale che era scampato al massacro di Adua, durante la notte di San Silvestro dell'anno 1950. Mentre il resto del mondo ballava e stappava bottiglie, i due, nel discreto salotto di una villa a lago, avevano ascoltato i primi vagiti della neonata associazione. Era nata innanzitutto per soddisfare le richieste di sangue dell'ospedale Umberto I e nell'arco di pochi anni aveva conosciuto una notevole crescita di adesioni e consensi. Già nel 1954 torpedoni carichi di donatori erano partiti alla volta del sanatorio di Sondalo, lasciando litri di sangue tra quelle balze. Era stata la base, questa, per dare un'ulteriore spinta allo sviluppo dell'associazione.

«Turismo sanitario», veniva scherzosamente definito. Grazie al quale, unendo l'utile al dilettevole, iscritti e familiari avevano avuto la possibilità di visitare le più belle città d'Italia, all'onesto prezzo di circa cinquecento centimetri cubi di sangue. Trieste, Venezia, Torino, Bologna, Firenze, Ancona. Un posto particolare, negli annali dell'Avis, spettava alla visita che una delegazione della stessa aveva fatto a padre Pio. A suggellare il peso via via conseguito dall'associazione, splendeva l'anno 1953, quando Bellano aveva ospitato la prima conferenza regionale dell'Avis Lombardia, presente il fondatore dell'Avis nazionale. E, su tutto, la data del 26 settembre 1955, quando la sezione era stata ricevuta in Castelgandolfo da Sua Santità papa Pio XII.

L'attività di donazione era il fiore all'occhiello dell'ente. L'attivismo di dirigenti e tesserati però s'era anche riversato in attività umanitarie. Nel 1952, sangue era stato inviato in Polesine; nel 1953, durante gli scontri fra italiani e iugoslavi quando c'era in ballo il destino di Trieste, altro sangue era stato inviato con un'autoambulanza ceduta dall'ospedale: la municipalità triestina aveva ricordato poi il gesto e l'aveva premiato con un diploma e una medaglia d'oro. Anche nel 1956, durante la repressione della rivolta d'Ungheria, la sezione bellanese non aveva mancato di far sentire la sua presenza, inviando vestiti, medicinali e l'immancabile sangue. Con gli anni Sessanta, l'associazione aveva scoperto di avere anche un'anima mondana. Di classe, naturalmente. Alle conferenze e ai congressi, si erano allora aggiunte serate di concerti, balli e cene. I luoghi prediletti per ospitare questi eventi erano il Grand Hotel Meridiana e l'albergo-ristorante Cavallino Bianco, edifici che potevano mettere a disposizione un ampio locale dove danzare comodamente. Nei casi in cui, per le più varie ragioni, né l'uno né l'altro erano disponibili, l'Avis si trasferiva altrove. A Bellagio, per esempio, presso il Grand Hotel Villa Serbelloni, o a Varenna, ospite del Grand Hotel Royal Victoria. Intorno a sé l'associazione non aveva alcun confine: cosmopolita per natura, spaziava nel mondo e dal mondo cercava di prendere il meglio.

Va da sé che a presiederla non poteva essere un personaggio qualunque. Nella lista dei presidenti che si erano succeduti nel corso degli anni figuravano un discendente, certificato, dello scrittore bellanese Tommaso Grossi e una certa contessa Eutimìa De Marchi pure lei, a detta sua, parente di un altro scrittore, il famoso autore de *Il cappello del prete*.

Non è esagerato affermare che l'Avis era un vanto per tutto il paese e che, di conseguenza, uno sgarbo fatto a lei fosse un'offesa recata a tutta la comunità bellanese.

Nel pomeriggio della prima domenica di Quaresima, presso la casa del professor Invitto Lodi, lui assente perché impegnato in ospedale, la signora Maria Cristina Berteggi, seconda donna nella storia a presiedere il consiglio dell'associazione, organizzò un tè che aveva il sapore del consiglio di guerra.

Vi presero parte i quattro consiglieri anziani, Eschilo Poiani, Cinzio Avogadri, Giovanni Maria Sacchetti, Animoso Sacci, e il revisore dei conti, ragionier Severino Impediti.

Li aveva convocati personalmente la presidentessa quella mattina, dopo aver parlato al telefono con il maresciallo Massimino Pezzati, spiegando che la situazione imponeva una riunione d'urgenza: quant'era successo infatti richiedeva lo studio di contromisure, in gioco c'era la reputazione del gruppo.

Pur non comprendendo in che maniera la truffa della lotteria durante la Serata di arte varia potesse intersecare i destini dell'Avis, i cinque non s'erano nemmeno sognati di far notare alla Berteggi che era domenica, giornata che anche il Signore aveva dedicato al riposo dopo sei giorni di fatiche.

Alle quattro precise si presentarono in casa Lodi. Gli ordini di Maria Cristina Berteggi non si discutevano.

Nemmeno il professore, secondo alcune chiacchiere, osava farlo.

7.

Maria Cristina Berteggi veniva da una famiglia di commercianti.

Ma guai a dirlo, pronunciare l'esecrata parola!

Erano orafi infatti, di Valenza Po. Trattare oro era ben diverso dallo smerciare salumi o formaggi. Chi si avvicinava all'insapore metallo doveva dimostrare di possedere una chiave che apriva la porta di un mondo esclusivo dove le volgarità del commercio, dalla bassezza degli sconti a quella dei pagherò, erano bandite.

Gli orafi avevano un loro vocabolario. Non bottega o negozio, laboratorio. Non vendere o comperare, operare transazioni. E il professor Lodi non l'aveva sposata, l'aveva portata all'altare. Così che lei, di conseguenza, non era diventata sua moglie ma gli si era affiancata per la vita.

Brutta quel giusto e antipatica come può esserlo solo una figlia unica, una volta giunta a Bellano la Berteggi si era subito distinta per la riservatezza dei costumi e la stringatezza nel parlare: sì, no, niente appello. Pure con il marito. In alternativa, silenzi, quando capiva di non poter imporre la sua volontà senza vie di mezzo.

Era stato con il silenzio che la Berteggi aveva incassato le cariche che nel corso degli anni associazioni ed enti avevano proposto al marito e che il Lodi aveva accettato, sembrandogli un atto dovuto nei confronti della comunità che si affidava a lui per la salute del corpo.

Presidenze, niente di meno.

Ma di cosa?, s'era ogni volta chiesta la donna.

Il gruppo Escursionisti, il Corpo Musicale, l'associazione Filodrammatica Antonio Balbiani, fino gli alpini, di cui il Lodi era stato tenente medico.

Fuffa, popolo di instancabili ganasce, cori sguaiati, gentucola con un solo vestito buono nell'armadio per le domeniche e altre rare occasioni: una miseria placcata oro di Bologna.

Quando gli era stato chiesto di assumere la presidenza dell'Avis, prendendo il posto del defunto ingegner Perterriti, il Lodi aveva avuto qualche dubbio, sapendola carica impegnativa. La moglie, invece, no.

Era esplosa in un poderoso «Sì», sentendosi finalmente lady. Non più solo bicchierate con i musicanti e castagnate con gli allegri escursionisti. Cene come si deve, piuttosto, spettacoli teatrali, gite culturali, conferenze, incontri, chiacchiere di livello e iniziative di beneficenza.

Quell'anno, in occasione delle festività pasquali, la Berteggi aveva proposto al consiglio una rappresentazione della Passione da drammatizzare presso il teatro dell'oratorio maschile con tanto di Calvario in cartapesta e pretoriani. E, lì stava il busillis, una lotteria con il cui ricavato l'Avis avrebbe finanziato l'acquisto di un'autoambulanza da donare all'ospedale Umberto I.

I premi erano le solite cianfrusaglie di ogni lotteria, che ciascuno dei membri dell'Avis era andato a disseppellire nelle cantine di casa o nei solai: una marina di autore ignoto databile intorno alla fine dell'Ottocento, una zuccheriera in porcellana bianca con fiocco, un servizio di piatti con disegni a motivo silvestre, una caffettiera in peltro, sei sottopiatti in silver, sei bicchierini da rosolio, una tovaglia in bisso ricamata a mano senza relativi tovaglioli e via di seguito.

Premi simbolici, li aveva definiti la Berteggi. Meno il prezzo dei biglietti. Ma la nobiltà dello scopo giustificava tutto e non sarebbe certo sfuggita a quelli che avrebbero aderito.

La domenica mattina la serva Melenia l'aveva messa al corrente di quanto successo durante la Serata di arte varia. Alle chiacchiere sgrammaticate di questa, la Berteggi fingeva di non prestare attenzione, invece registrava ogni cosa tenendosi così al corrente delle più svariate novità. Melenia era un bollettino quotidiano che non saltava nemmeno i dì di festa, poiché il marito della serva, autista di corriera, portava su richiesta il pane fresco sfornato a Vendrogno e, per la gioia del palato del professore, un cabaret di burrosi biscotti a forma di esse. Alla Melenia toccava consegnare il tutto in casa Lodi corredando il servizio con le novità del giorno.

Per la prima volta nella sua vita, dopo averla ascoltata, la Berteggi aveva chiesto alla donna di ripetere. La Melenia s'era quasi spaventata, temendo di aver detto qualcosa di offensivo, e se n'era andata carica di dubbi, con impresso nella mente il volto ingrugnito della sua padrona. La Berteggi invece aveva subito intuito la gravità della cosa: la sua lotteria non doveva assolutamente patire per lo scandalo dell'altra. Convocazioni subito, la situazione reclamava una controffensiva immediata.

Alle quattro del pomeriggio i cinque convocati erano seduti attorno a un tavolo fratino nel salotto di casa Lodi. La luce era smorta. Le numerose statuette che riempivano gli altrettanto numerosi mobili che arredavano il salotto sembravano addormentate. La Berteggi esordì dicendo che li sapeva già tutti informati dell'accaduto, quindi non avrebbe perduto tempo a riassumere i fatti.

Bisognava reagire, piuttosto.

Doverosamente, velocemente, decisamente.

«Questa truffa», affermò, «non deve minimamente inficiare la credibilità della nostra lotteria.»

Impossibile non essere d'accordo, i cinque lo furono. Solo il consigliere anziano Cinzio Avogadri avanzò il dubbio che fossero davanti a materia di competenza dell'autorità costituita.

«L'autorità è con noi», assicurò la Berteggi.

Al telefono, poche ore prima, il maresciallo Massimino Pezzati le aveva garantito piena disponibilità.

«Tra l'altro è un simpatizzante dell'Avis», aggiunse.

Non c'era altro da dire.

«Seguiremo la vicenda passo passo», concluse la Berteggi. «Me ne incarico io personalmente.»

Ormai faceva buio.

«Adesso beviamo il tè», disse la padrona di casa.

"Il tè..." sospirò tra sé il revisore dei conti Severino Impediti che, nonostante il prestigio della carica, amava passare le domeniche pomeriggio al Circolo dei Lavoratori giocando a scopa e centellinando un paio di grappini.

8.

Lunedì mattina, pochi minuti dopo le undici, Maria Cristina Berteggi in Lodi varcò, per la prima volta nella sua vita, la soglia di una caserma dei carabinieri.

Il rosario delle lamentele era ricominciato. Il maresciallo Pezzati aveva un diavolo per capello. A metà mattina aveva strapazzato il carabiniere Scaramuccia.

«Non farli più passare», aveva ordinato, riferendosi ai truffati della Serata di arte varia. «Ormai la solfa l'ho capita! Prendi nome e cognome, verbalizza la dichiarazione e mandali fuori dai coglioni!»

Poco dopo s'erano presentati in caserma due commercianti. Ligio alle consegne, il carabiniere aveva preso nota della loro dichiarazione: entrambi avevano dato all'Ernesto delle cose da utilizzare come premi per la lotteria, una radio, un asciugacapelli, un set di posate. Il maresciallo, che tornava da una visitina al cesso, li aveva incrociati mentre uscivano e aveva chiesto a Scaramuccia chi fossero.

Informato, gli si era alzata un'altra volta la berretta.

«Me li dovevi passare, ci volevo parlare con questi due!»

"E che cazzo!" aveva mormorato tra sé il carabiniere, di nuovo solo. Il maresciallo non poteva mica pretendere che lui gli leggesse nel pensiero. Sperava, comunque, che non si presentasse più nessuno con quella menata della lotteria, perché non avrebbe saputo come comportarsi e il maresciallo incazzato lo faceva pentire di non aver seguito le orme di suo padre, idraulico.

Tuttavia, quando al portone della caserma si trovò davanti la Berteggi non ebbe dubbi: quella era roba da maresciallo.

Ebbe, in verità, un attimo di esitazione.

Meglio, stupore. Per il viso della donna. Come se se lo fosse stirato prima di uscire di casa. Le guance, gli occhi, la fronte convergevano verso il naso, talmente contratto da essere pallido. Sembrava che la visitatrice stesse inalando un cattivo odore, tanto che il carabiniere annusò a sua volta, per verificare.

Pensò la Berteggi a riportarlo piedi a terra. Senza parole, semplicemente guardandolo.

«Basta uno sguardo, a volte», diceva spesso suo padre, riferendosi a un sifone che perdeva.

Ecco, appunto.

«Scusi», disse il carabiniere.

La Berteggi piegò appena il capo.

«Il maresciallo?» chiese Scaramuccia.

Né sì, né no.

«Naturalmente», rispose la donna.

«Faccio strada.»

Salì le scale con nelle orecchie il fruscio che la Berteggi, vestita con un cappotto di loden, emetteva. Bussò con discrezione. Allo sguardo del maresciallo disse:

«C'è la signora...».

«Berteggi in Lodi», salì alle sue spalle.

Istintivamente il Pezzati si portò una mano alla cravatta, si sistemò il nodo.

«Faccia passare, poi chiuda la porta», disse.

Il carabiniere Scaramuccia eseguì, compìto. Mai il maresciallo gli aveva dato del lei. Si vede che la triglia che aveva appena portato su metteva soggezione anche a lui, ragionò.

9.

Soggezione?

Un po'.

Fastidio anche, però.

E tanto.

Dovuto al fatto che non la poteva trattare come la maggior parte dei cristiani. Non che menasse o altro. Ma il Pezzati aveva la pazienza corta, era un cerino.

Quando qualcuno, per rispondere alle sue domande, la prendeva un po' troppo larga o addirittura cercava di metterlo nel sacco raccontandogli balle, lui si incendiava: slacciava la cravatta, menava sberle al tavolo, alzava la voce che lo sentivano anche al caffè dell'Imbarcadero. E siccome era una pezza d'uomo, al malcapitato passava in fretta la voglia di fare l'asino e diventava docile e ubbidiente.

Quando la Berteggi esordì dicendo:

«Le parlo a nome dell'Avis tutta», al Pezzati venne la voglia di chiedere se con quel «tutta» intendeva la sezione locale oppure si riferiva alla nazione intera. Ma si contenne.

«Dica, signora.»

Noblesse oblige.

«Sicuramente sarà informato...»

Che bello sarebbe stato poterle dire che non solo era informato ma che, dal giorno prima, lei compresa, non la smettevano di rompergli i coglioni con quella storia e non vedeva proprio cosa lei potesse aggiungere a quello che già sapeva.

«Certo, so cosa intende», disse.

«Vedrò di non farle perdere tempo. Ma...»

Chi gliene faceva perdere usava sempre quella frase. Dietro la congiunzione erano pronte centinaia di parole inutili che lui era costretto ad ascoltare quando non addirittura a mettere nero su bianco.

«L'Avis che rappresento...»

Ancora!

Ma quale?

La sezione locale o quella nazionale?

«... ha in animo di organizzare una lotteria...»

Uuuuuh!

Ma che idea geniale, che novità! Chissà quanti cervelli s'erano spremuti per arrivare a una pensata così fuori dal comune!

«... lei capirà...»

Capiva, eccome se capiva! Capiva che quella storia gli aveva già fregato la delizia di una giornata di riposo e gli aveva fatto perdere oltre metà di *Tutto il calcio minuto per minuto* perché si era addormentato come un marone e quando si era svegliato la trasmissione era finita, era già buio e il Torino aveva solo pareggiato.

Cosa cazzo doveva capire ancora?

«... il nobile scopo...»

Ah, ecco.

Doveva capire il nobile scopo.

«Certo», interloquì, visto che da dieci minuti parlava solo la Berteggi.

«... che il nobile scopo dell'associazione non doveva in alcun modo essere adombrato dalla truffaldina volgarità di quanto era successo...»

Truffaldina!

Ma come parlava?

E la «singolar tenzone» dove la metteva?

«... la Quaresima ormai è cominciata...»
Nessun dubbio, ce l'aveva sotto gli occhi.
A giorni la vendita dei biglietti della lotteria sarebbe iniziata.
Riteneva anche lui, come lei, che fosse necessario fare luce quanto prima sul fattaccio onde evitare che nella popolazione si insinuasse la sfiducia, a scapito del nobile scopo?
Riteneva.
Dopodiché, non gli scassasse più l'anima. Fare luce sui reati era affar suo.
«Non si preoccupi signora», disse il maresciallo Pezzati, «stiamo già lavorando in quel senso.»
«Non lo mettevo in dubbio», rispose la Berteggi. E sorrise come se non l'avesse mai fatto in vita sua.
Una volta uscita, il maresciallo Pezzati si slacciò la cravatta. Pensò al Tagliaferri: ci fosse stato lui al posto di quella pittima, avrebbe già cantato.
Ma del Taglia, in paese, non c'era traccia.

10.

La Berteggi voleva arresti, processi e galera. Forse anche esecuzioni sommarie.

Qualunque cosa volesse, avrebbe fatto meglio a farsi i cazzi suoi: questo, in sunto, il pensiero del maresciallo Pezzati quando, giovedì mattina, dopo aver bevuto un caffè doppio al bar dell'Imbarcadero, prese visione del manifesto come suggerito dal proprietario.

«Ne vale la pena», gli aveva detto.

Aveva passato i giorni precedenti tentando di calmare le acque. Il sindaco, pure lui bersaglio di lamentele e proteste, gli si era alleato nella missione di promettere chiarezza e rimborsi. Seguendo il suggerimento del primo cittadino, aveva anche convocato in caserma quell'imbecille del giornalista: s'era fatto spiegare cosa diavolo gli fosse saltato in testa, poi gli aveva intimato di pubblicare il prima possibile una smentita all'articolo uscito la domenica. Ai tentativi di resistenza del Grillini aveva risposto che, essendo ormai al corrente della verità, niente e nessuno gli avrebbe impedito di dare pubblicità alla cosa, dopodiché se la sarebbe vista lui. Mercoledì mattina il quotidiano era uscito con un'anonima Errata corrige nelle pagine del lago, nella quale si chiedeva scusa ai lettori per l'erronea pubblicazione di una notizia che riguardava un altro paese ospitante analoga serata. Il Grillini in persona aveva curato che i tre edicolanti del paese mettessero in bella evidenza la pagina, consigliando di evidenziare l'avviso cerchiandolo con un pennarello rosso.

Con ciò, riportata una calma relativa, il Pezzati non credeva certo di essersela cavata. Il Tagliaferri era sempre in cima ai suoi pensieri e s'era promesso che la prima cosa che avrebbe fatto una volta avutolo per le mani sarebbe stata fargli fare il giro del lago di Como a calci nel culo. Ma aveva bisogno di calma per lavorare e il manifesto davanti al quale si trovò giovedì mattina con ancora il sapore del caffè in bocca e una macchia dello stesso sulla punta del naso non faceva certo allo scopo. Tra l'altro, volendo essere sofistici, vi si poteva leggere una velata allusione all'incapacità di agire della pubblica autorità cui, per rimediare, si sostituiva l'iniziativa privata.

In alto, al centro, campeggiava il simbolo dell'Avis.

Sotto, con lettere nere alte tre dita, si leggeva: IL CONSIGLIO COMUNICA.

In cinque righe che gemevano prosopopea anche dalle virgole venivano spiegati i nobili scopi che avevano sempre guidato l'associazione, in virtù dei quali si era meritata apprezzamenti e riconoscimenti da parte delle più alte cariche dello stato e della chiesa.

Stacco, quindi frase a effetto.

DIFENDIAMO LA MORALITÀ DELLE NOSTRE INIZIATIVE.

Venendo al sodo, in altre cinque righe si spiegava alla popolazione la finalità della pasquale lotteria e soprattutto si palesava l'elenco dettagliato dei premi in palio, avvisando che gli stessi sarebbero stati esposti nel salone dei giochi dell'oratorio maschile: tutto ciò per doverosa garanzia nei confronti di chi era già stato raggirato una volta.

Firmavano il consigliere anziano Avogadri e, quale presidente, il professor Invitto Lodi, che aveva preso visione del manifesto a stampa già avvenuta.

Una sparata siffatta non poteva che riaprire la questione e tornare a scaldare gli animi, ragionò tra sé il maresciallo entrando in caserma. Da parte sua sentiva di non avere molte frecce al suo arco, nessuna giustificazione. Una sola sarebbe stata la cosa che gli avrebbe permesso di tappare il culo di gallina della Berteggi: avere a disposizione il Tagliaferri e fargli cantare il chicchiricchì.

Ma, come i suoi premi a sorpresa, sembrava sparito.

Così, sabato mattina, dapprima non credette alle sue orecchie quando il carabiniere Scaramuccia entrò nel suo ufficio per avvisarlo che il Tagliaferri Ernesto chiedeva di poterlo vedere e, subito dopo, squadrando il redivivo da capo a piedi, nemmeno agli occhi.

11.

Barba lunga, vestiti stazzonati, occhi rossi di sonno. Il maresciallo lo fotografò prima di aprir bocca.

«Entra, chiudi la porta e resta in piedi», disse poi.

Il Taglia obbedì. Davanti alla scrivania, a testa china, mormorò:

«Pago per colpe non mie».

«Ma cosa cazzo dici!» sbottò il Pezzati. Poi annusò. Nell'ufficio c'era adesso un afrore che era entrato con il latitante: un misto di sudore, fumo stantio e..., il Pezzati non riuscì a definirlo altrimenti, «aria aperta».

«Si può sapere cos'hai combinato?»

«Se sapesse, maresciallo...»

«Guarda che sono qui proprio per quello. E non voglio sentire cazzate», avvisò il Pezzati.

Manco l'avesse previsto.

«Posso sedere?» chiese il Taglia.

«Nooo!» rispose il carabiniere.

«Come vuole. Allora...»

C'era stato un furto!

«Che furto?» scattò il maresciallo.

«Di denaro», specificò l'Ernesto.

I proventi dei biglietti della lotteria con i quali aveva in progetto di acquistare i premi mancanti da mettere in palio. Qualcuno, sei, sette sere prima della Serata di arte varia era entrato in casa sua e l'aveva alleggerito del contante. Non sapendo cosa fare, a chi rivolgersi, proseguì il Taglia, s'era dato alla macchia e infine, stanco di latitare, era tornato, pronto ad affrontare la situazione: in sostanza a pagare per colpe non sue.

«Ma vaffanculo, cretino», interloquì il maresciallo senza alzare la voce. «Chi vuoi prendere in giro.»

Forse, aggiunse, quella romantica versione dei fatti sarebbe piaciuta a un imbecille pari suo come il Grillini. Lui invece, molto più banalmente, si accontentava di conoscere la verità.

«Lo sai come siamo noi carabinieri, la fantasia ci fa difetto.»

Il Taglia osò sollevare la testa, guardare negli occhi il maresciallo. Giocò la carta di quel suo aspetto sofferente che, tra la barba lunga e l'occhio insonne, gli dava un'espressione da perseguitato politico.

«Glielo giuro maresciallo, è la verità.»

Il Pezzati rifletté sul da fare. Poi prese la decisione.

«Va bene, ci credo.»

«Davvero?» fece l'Ernesto.

«Come no!»

Però, aveva una cortesia da chiedere. Lo considerasse un favore fatto a lui personalmente. Mettesse nero su bianco tutto il suo romanzetto.

«Siamo pochi e abbiamo un sacco da fare. Ci risparmierai la fatica di compilare il verbale e vedrai che non te ne pentirai.»

Naturalmente, aggiunse il maresciallo, per tutto il tempo che gli fosse servito sarebbe stato loro ospite.

«Non avrai distrazioni. Nessuno ti disturberà, te lo posso garantire, nemmeno per portarti da mangiare, bere e fumare.»

L'Ernesto si passò una mano sulla barba.

«Mi arresta?» chiese.

«Fino a quando non ti deciderai a contarmela giusta», rispose il maresciallo.

Dopodiché chiamò il carabiniere Scaramuccia e gli ordinò di chiuderlo nella camera di sicurezza.

Il Taglia già da un paio di giorni beveva acquetta, non mangiava e fumava cicche raccattate per terra.

Resistette fino a sera. Poi la voglia di fumare ebbe la meglio.

Allora disse al carabiniere Scaramuccia che voleva parlare con il maresciallo e vuotò il sacco.

12.

Era stato ad Ascona.

«Ascona?» sbottò il maresciallo.

«Sì», confermò l'Ernesto.

Ascona, in Svizzera, sul lago Maggiore?

«Lago Maggiore?» chiese perplesso il Taglia.

«Sponda svizzera del lago Maggiore!» spiegò il maresciallo. «La geografia, Tagliaferri...»

«Be'», fece quello, «si vede di sì.»

«Va bene, va' avanti. Cosa caspita ci sei andato a fare?»

Il Taglia sospirò.

Attirato, spiegò, dalla fama che circolava attorno a un locale di lì, il Kursaal.

«Da solo?»

«Non proprio.»

Insieme con lui c'era un suo amico.

«Che amico?»

«Come?»

«Il nome», specificò il Pezzati.

«Devo fare anche la spia?» chiese il Tagliaferri.

«Devi fare tutto tranne che il cretino», rispose il maresciallo. «Il nome!»

«Marchetti», mormorò il Taglia.

«Marchetti Adriano?»

Un cenno col capo, l'Ernesto confermò. Il maresciallo fece la faccia di chi approva incondizionatamente.

«Complimenti per la scelta», disse.

Adriano Marchetti, un balordo costituzionale. Pescatore e cacciatore di frodo, contrabbandiere, ricettatore di piccolo taglio, all'occorrenza ladruncolo, bugiardo, lazzarone e puttaniere: trent'anni, nativo di Gravedona, aveva fascicoli aperti in quasi tutte le caserme dell'Alto lago.

«E cosa avete combinato?»

«Niente», rispose l'Ernesto.

«Non ci credo», affermò il maresciallo.

Invece per una volta il Tagliaferri non mentiva.

«Lo giuro, maresciallo», insisté l'Ernesto.

Il Pezzati lo guardò. Poi diede un'occhiata all'orologio.

«Convincimi», disse. «Ti do dieci minuti.»

«D'accordo», rispose il Taglia.

«Ecco...» cominciò a spiegare.

13.

L'idea di tentare un'avventura in territorio svizzero era nata nella testa del Tagliaferri grazie alle chiacchiere oziose di Aristide Squinzano, cameriere presso il caffè dell'Imbarcadero, dove stava finendo una lunga carriera cominciata da giovane sui battelli della Navigazione Lariana, proseguita sulle navi da crociera e continuata in locali e ristoranti di mezza Europa tra i quali, appunto, il famoso Kursaal.

Almeno questo era ciò che lo Squinzano raccontava della sua vita le sere in cui il locale si svuotava, il proprietario saliva nel suo appartamento lasciandogli l'incarico di chiudere e lui, con in mano un bicchiere di Alkermes diluito, si sedeva insieme con i soliti tiratardi, tra cui era immancabile l'Ernesto, a raccontare meraviglie di questo e quel posto.

Panciuto, pelato e facondo, l'Aristide aveva una lingua che incantava i serpenti. Si beava lui stesso dei suoi racconti al punto che non tollerava interruzioni e, se capitava qualche tardivo cliente in cerca di una camomilla o di una grappa, gli diceva seccamente che il locale, nonostante l'evidenza, era chiuso. Sapeva di avere a che fare con un pubblico facile, disposto a bersi qualunque cazzata. Così, visto che la memoria cominciava a fargli difetto, infarciva i suoi resoconti con balle belle e buone oppure attingendo a esperienze altrui riferitegli da colleghi di lavoro.

Al Kursaal però doveva esserci stato per davvero: aneddotica e fantasia non erano sufficienti per citare nomi e fatti con tanta precisione. Erano quelle le cose che, benché sentite e risentite, il suo pubblico amava ascoltare. La storia del proprietario per esempio, il signor Ettermaier, un culattone secondo lo Squinzano, e della moglie, la signora Bodowski, mezza polacca e troia tutta d'un pezzo, che a suo dire si trombava nella cucina del locale e mettendola in posizione obversa quando il marito trovava di che soddisfarsi con qualche efebo. Oppure quella della cameriera lesbica che soddisfaceva le voglie di certe clienti di uguale tendenza ospitandole nell'ascensore.

Perché le donne che frequentavano quel locale erano libere, disinibite e disponibili. Non solo le cameriere, pure le clienti. Anzi, le clienti soprattutto! E anche se accompagnate da quelli che potevano essere mariti, amanti o semplici amici occasionali. Quando il racconto dell'Aristide raggiungeva quello snodo, il gruppo di ascolto era già bello imbesuito di desideri che chiedevano vendetta, e allora il cameriere affondava il colpo.

Non si credesse che loro fossero lì solo per servire ai tavoli.

Se non avevi certe caratteristiche mica ti assumevano.

«Non so se mi spiego», diceva l'Aristide schiacciando l'occhio.

L'Ettermaier te lo diceva bello chiaro: se una cliente ti puntava era come se ti ordinasse una bottiglia di champagne. Tant'è vero che, al primo piano, c'erano quattro stanze a disposizione della clientela. Solo se era un maschio a farti l'occhiolino potevi dire no e passare la palla a uno dei colleghi che era nato su quella sponda e ci stava bene.

«Trombare e mettersi qualche soldo in tasca!» esclamava solitamente l'Aristide. «Cosa vuoi di più dalla vita?»

Solo una volta uno dei soliti ascoltatori dei suoi racconti si era permesso di chiedergli se l'avesse mai preso nel culo. L'Aristide, per tutta risposta, s'era tappato la bocca, cacciato i balordi e chiuso il caffè, facendo chiaramente intendere che non gradiva l'argomento. A giudizio di tutti se l'era preso eccome, ma nessuno aveva più osato ritirare fuori la curiosità.

Tutte queste storie, infarcite di soldi facili e feste orgiastiche, innaffiate da fiumi di champagne e whisky, avevano infiammato i pensieri dell'Ernesto, che infine aveva concepito il progetto di tentare l'avventura. Ascona, in fin dei conti, non era in capo al mondo. Il socio, a scanso di equivoci e di testimonianze scomode, era andato a prenderselo fuori paese. La scelta era caduta sul Marchetti. Lo conosceva da tempo, perché spesso quello parcheggiava in casa sua le sigarette di contrabbando da smerciare nei dintorni: era un po' brocco, ma aveva un fisico della madonna e vestito da persona civile faceva la sua porca figura. Convincerlo a seguirlo era stato un gioco da ragazzi. L'Ernesto non aveva fatto altro che ripetergli pari pari le storie del cameriere. Già a metà resoconto il Marchetti aveva la bava alla bocca. Per il capitale con cui finanziare l'impresa ognuno aveva messo del suo. L'Ernesto, che viveva in condizioni di cronica ristrettezza, aveva avuto l'alzata di genio della lotteria e con i soldi incassati dalla vendita dei biglietti, un bel pomeriggio, tre giorni prima della Serata di arte varia, era partito, destinazione Ascona.

Una volta là, nel giro di due sere i soldi erano finiti, svaniti, gettati in mance e long-drink, senza nemmeno la soddisfazione di vedere un pezzetto di coscia. Il Marchetti, alle due della mattina della prima seratona, s'era ritrovato bello e pulito: aveva imbarcato una biondona con due tette che sembravano chiappe ma alla fine, anziché incassare, aveva dovuto pagarla sotto la minaccia, se non si fosse deciso, di chiedere l'intervento di un paio di scimmioni che facevano i buttafuori. L'Ernesto s'era trovato nella stessa condizione di povertà a metà della sera seguente, quando era già solo, perché il socio era svanito nel nulla.

Non sapeva che pesci pigliare. Aveva vagato per le strade di Ascona solo e senza meta fino a quando era arrivato un provvidenziale aiuto da parte della polizia elvetica. Raccattatolo per strada, e appurato che non aveva domicilio, lavoro e nemmeno parenti in territorio rossocrociato, i poliziotti s'erano ben guardati dal trattenerlo presso una galera della confederazione, dove avrebbero dovuto ripulirlo e mantenerlo, quel povero italiano morto di fame.

L'avevano piuttosto fatto accompagnare alla frontiera di Ponte Chiasso e, dopo averlo avvisato di non farsi mai più vedere da quelle parti, con un bel calcio nel culo l'avevano restituito all'Italia.

«Tutto qui», disse l'Ernesto, finendo di raccontare.

«E ti pare poco?» chiese il maresciallo Pezzati.

14.

Toccava a lui adesso, pensò il maresciallo Pezzati.

Doveva decidere cosa fare.

In teoria non avrebbe dovuto avere il minimo dubbio. In mano aveva parecchie denunce per truffa contro ignoti e l'ignoto adesso era lì davanti a lui, nome e cognome. Sarebbe stato affare del pretore. Processo, condanna, due righe sul giornale, un po' di galera forse. E il Tagliaferri avrebbe avuto il suo bel passaporto per entrare di diritto nella mala. Già aveva una voglia di lavorare da «saltami addosso»...

A proposito del lavoro.

«Lo sai che ti hanno licenziato dal cotonificio?» chiese.

Il Taglia fece spallucce.

No, non lo sapeva. L'aveva immaginato. Ma non gliene fregava niente.

«Non ci sarei tornato a fare quella vita di merda. Per quattro soldi poi!» rispose.

Ecco, rifletté il Pezzati. Aveva già imboccato la strada giusta. Se c'era un momento per tentare di raddrizzarlo, era proprio quello.

«E allora cosa facciamo?» buttò lì.

Un sistema, già sperimentato, per concedere una chance ai mezzi balordi in predicato di divenirlo per intero, il maresciallo Pezzati l'aveva. Si chiamava Gaspare Dellamano, proprietario del rifugio Capanna Vittoria all'alpe di Giumello con tanto di stalla, casera e produzione in proprio di latticini. I due erano amici da quando, nel corso di una riunione conviviale dell'associazione Marinai alla quale il Pezzati aveva partecipato in rappresentanza dell'Arma, erano capitati allo stesso tavolo e chiacchierando avevano scoperto di essere nati lo stesso giorno, il 6 luglio, di tifare per la stessa squadra di calcio, il Torino, e di avere una passione per Giacomo Leopardi. Il Dellamano gli aveva raccontato di aver studiato in seminario, dopodiché ne era uscito con la maturità classica in tasca e in testa l'idea di diventare ricco: idea peregrina, perseguendo la quale aveva rischiato di imboccare una cattiva strada, dalla quale si era salvato per il rotto della cuffia.

«Folgorato sulla via di Damasco!» gli aveva detto.

Quindici anni prima era approdato per caso all'alpe di Giumello, che era in uno stato di completo abbandono, il rifugio chiuso, la stalla abbandonata. Aveva passato l'intera giornata senza mangiare, perché anche le rare baite lì intorno erano chiuse, e dissetandosi con l'acqua di un abbeveratoio di roccia al quale avevano sicuramente attinto fino a qualche tempo prima vacche e allevatori. L'estenuante panorama e il silenzio l'avevano stregato al punto che si era deciso a tornare in valle quando sotto i suoi occhi erano comparse le «vaghe stelle dell'Orsa». Una volta a casa aveva capito che la sua esistenza era cambiata, doveva ridare vita a quel posto di montagna e così era stato.

«Giacomo mi aveva indicato la strada», aveva detto ridendo il Dellamano.

Tanto che avrebbe voluto cambiare il nome al rifugio, battezzandolo «Rifugio Leopardi».

E un bel giorno s'era trovato faccia a faccia con una sorpresa: il suo insegnante di greco era salito al rifugio con un gruppo di seminaristi. Si era commosso al vedere lui e lo stupore dei suoi allievi davanti alla bellezza del luogo. Li aveva ospitati gratuitamente, invitandoli a ritornare. Poco prima di partire, il professore gli aveva lanciato quella proposta: se la sentiva di ospitare, offrire lavoro per qualche tempo a giovani bisognosi di aiuto, in difficoltà per le più varie ragioni, in cerca di una guida, di un indirizzo di vita?

«Ho accettato», aveva detto il Dellamano, «e non me ne sono mai pentito.»

Il Pezzati aveva preso la palla al balzo.

«Accettate solo raccomandati del vostro professore di greco oppure non avete preclusioni?»

«Sinite parvulos venire ad me», aveva risposto il Dellamano.

«Questo non è Leopardi però», aveva obiettato il Pezzati.

«Come se lo fosse.»

Non c'era stato bisogno di dire altro.

«Apri bene le orecchie», disse il maresciallo.

Lui si impegnava a far ritirare tutte le denunce per truffa, garantendo sulla sua parola che i soldi dei biglietti sarebbero stati restituiti.

«Li guadagnerai tu», affermò.

Facendo lo spaccalegna, il lavapiatti, pulendo la stalla, aiutando i casari: tutto ciò insomma che il Dellamano gli avesse ordinato di fare. Oltre al resto, specificò il Pezzati, alla rassicurante quota di milleseicento metri sopra il livello del lago, avrebbe avuto tutto il comodo di riflettere e magari essere illuminato da qualche santo circa il futuro, visto che il cielo era più vicino.

«Dimmi sì o no», concluse il maresciallo. «E dimmelo subito.»

15.

Con l'Ernesto fuori gioco, Adelaide si trovò con in mano una pistola scarica.

In ogni caso, anche se il Taglia fosse stato a disposizione, con quello che aveva combinato e le voci che circolavano su di lui, la ragazza non avrebbe avuto il coraggio di farsi vedere in sua compagnia.

Niente *Ultimo tango*, quindi, battaglia persa. Tempo buttato insistere sull'argomento con l'Alfredo.

Tuttavia Adelaide non si perse d'animo. Se l'avversario non poteva essere battuto con un attacco diretto, visto che aveva alle spalle una solida artiglieria, non avrebbe però resistito a un assedio. Le solide mura che coccolavano la vita del giovanotto dovevano crollare. Impresa non facile, perché l'ingegnere costruttore di quelle difese aveva lavorato senza risparmio: probabilmente temendo che prima o poi suo figlio se ne sarebbe andato lasciandola sola, Benvenuta lo trattava ancora come se avesse quindici anni. E lei, fuori da quella cinta, era stata fin troppo acquiescente, o cretina, a portare pazienza, aspettando che lui si schiodasse.

Basta, adesso.

Era ora di riprendere con l'offensiva. Durante una passeggiata serale, lusso che i due si concedevano un paio di volte la settimana, e sotto un cielo che al maresciallo Pezzati avrebbe sicuramente ricordato il *Canto notturno di un pastore errante dell'Asia*.

«Che fai tu, luna, in ciel? dimmi, che fai, silenziosa luna?»

Fu una sorta di bengala, lanciato per illuminare la strada dell'avanzata.

«Che intenzioni hai?» buttò lì Adelaide.

Niente fronzoli o manovre di accerchiamento.

L'Alfredo fece la faccia del broccolo.

«In che senso?» chiese.

Gli sfuggiva il senso?

Era pronta a spiegarglielo!

«Circa noi due.»

«Noi due?»

«È quello che ho detto.»

L'Alfredo capiva. Qualche volta, addirittura, ci aveva anche pensato, la sera, a letto. Ma poi s'era addormentato. Guardò la silenziosa luna.

«Non saprei», mormorò.

Risposta peggiore non la poteva trovare.

«Ah, no?» ribatté Adelaide.

«Cioè...» fece lui.

Ma la ragazza non lo lasciò proseguire.

«Allora pensaci!» sbottò.

E se ne andò, lasciandolo lì, broccolo solitario sul lungolago a contemplare la luna.

Adelaide lasciò correre un paio di giorni. Tra i fumi della rabbia che covava, ogni tanto si faceva largo quel «cioè...» che era uscito dalle labbra del giovanotto.

Uno spiraglio. Un preludio a qualcosa di più sostanzioso.

In quei due giorni, prima di uscire dal cotonificio Adelaide spiò dalla finestra del reparto per vedere se l'Alfredo fosse come al solito lì ad aspettarla.

La prima sera non c'era, la seconda sì, e allora aspettò a uscire fino a che non lo vide andarsene.

Meglio farlo cuocere ancora un po', ventiquattro ore.

La terza sera uscì baldanzosa. L'Alfredo era appoggiato al muro della chiesa. Al vederla arrivare si mise quasi sull'attenti.

I saluti furono superflui.
«Allora?» sparò Adelaide.
«Cioè...» riprese Alfredo.
«Ancora?»
«Volevo dire...»
Che magari nel giro di un anno...
«Perché magari?»
L'Alfredo corrugò la fronte: ci voleva tempo, con tutte le cose cui bisognava pensare.
«Appunto», confermò Adelaide. «Con un magari di mezzo diventa tutto più complicato.»
Il giovane sospirò.
«D'accordo», disse, e fece per andarsene.
«Dov'è che vai adesso?» lo bloccò Adelaide.
«A casa.»
Ritirata strategica?
Adelaide gli bloccò il passo. Cercò nelle corde vocali un tono conciliante, da innamorata. Lo trovò.
«Alfredo», disse. «Un anno, eh? Sei d'accordo?»
Dentro sé il giovanotto comprese di essere contento: essere davanti a un fatto compiuto era il motivo conduttore della sua vita, fosse il citrato Gabbiano, che sua madre gli imponeva mensilmente, o quella donna che gli stava di fronte e lo chiedeva in marito.
«Sì», rispose, pure lui con voce crepuscolare.
Fu Adelaide a decidere che era ora di baciarlo come si doveva. Quando si staccò gli diede anche una carezza. Poi la sirena della caserma dei vigili del fuoco cominciò a suonare.
«Qualche incendio», disse Alfredo che aveva la faccia rossa come il fuoco. Il momento della tenerezza era finito. Cioè, sospeso per intanto. Quella sirena aveva richiamato Adelaide alla realtà.
«Ricordati che devi dirlo a tua madre», comunicò.
L'assedio non era finito. Doveva durare ancora due settimane.

16.

Erano trascorse appunto due settimane. Adelaide, paziente, attendeva che le mura di Gerico crollassero definitivamente.

Un pomeriggio, entrando al cotonificio per iniziare il turno pomeridiano, Geremia Biletti, custode e portiere, invalido di guerra, detto il Tedesco perché in gioventù aveva i capelli colore della birra, la fermò per comunicarle che il direttore, ingegner Alchise Selchi, l'aspettava nel suo ufficio a fine turno.

La ragazza si azzardò a chiedere al Tedesco il motivo della convocazione, ma quello le rispose con la sua solita cortesia:

«So un cazzo io!».

Tuttavia una mezza idea l'Adelaide l'aveva e, a meno di sorprese che però non riusciva a immaginare, era pronta a scommettere di essere nel giusto.

Di fare l'operaia per tutta la vita infatti non aveva mai avuto intenzione. Le sarebbe piaciuto studiare, ma quel lusso in famiglia non glielo avevano potuto concedere.

L'anno precedente, parlando con un compagno di linea, era venuta a sapere dell'esistenza della scuola Radio Elettra di Torino. L'operaio stava infatti seguendo un corso di radiotecnico per corrispondenza. Pure lui non aveva voglia di diventare vecchio dentro le mura del cotonificio: non appena avesse avuto tra le mani un pezzetto di carta si sarebbe cercato il lavoro che faceva al caso suo.

Radio Elettra?
Insegnava solo roba di elettricità?
«Ma scherzi?» aveva detto quello.
E:
«Te'».
Le aveva mostrato un ritaglio di giornale con la pubblicità della scuola e l'elenco dei corsi: ce n'era uno di dattilografia. La ragazza non aveva perso tempo. Ogni tanto infatti la direzione del cotonificio organizzava un concorso interno per assumere personale da piazzare negli uffici: donne soprattutto, da destinare alle varie segreterie e alle quali era richiesto appunto un diploma in dattilografia.
Nel giro di una settimana, Adelaide aveva avuto in mano il materiale di studio: le mancava solo una macchina per scrivere con la quale esercitarsi, carenza cui aveva sopperito grazie a una sua compagna di scuola, adesso bidella presso le stesse scuole elementari, che le aveva fornito una Remington in pensione e ricoverata nella soffitta dell'edificio scolastico. Con tutto ciò che le serviva a disposizione, e una volta ottenuto il sospirato diploma, la prima cosa ufficiale che Adelaide batté a macchina fu la richiesta di ammissione al primo concorso utile che la direzione avesse bandito. Fu sufficiente quel primo passo per darle un'energia sconfinata, la quasi certezza che avrebbe superato l'esame e sarebbe entrata finalmente in qualche ufficio. Non le restava che aspettare l'indizione del bando.
A fine turno, davanti al direttore, dubbi e sospetti di Adelaide svanirono.
«Non le sto riservando un trattamento particolare», disse prima di tutto il Selchi,«perché le stesse cose che le dirò le ho comunicate anche ad altre sue colleghe.»
Era alle viste un concorso interno e gli era parso giusto avvisare tutte le candidate affinché si preparassero al meglio: dopodiché la commissione d'esame, di cui lui non faceva parte, avrebbe deciso.

Così come aveva fatto con le altre, la congedò con i migliori auguri di riuscita.

Il giorno in cui la direzione comunicò la data della prova pratica, Adelaide non stava più nella pelle. All'uscita dal lavoro Alfredo la aspettava come al solito. Adelaide moriva dalla voglia di metterlo al corrente. Tacque, invece. Prima voleva dare la notizia in casa. Non seppe resistere però alla tentazione di pungolare la curiosità del giovane.

«Ho una cosa importantissima da raccontarti.»

«Anch'io», rispose Alfredo.

Non se l'aspettava.

«Cosa c'è?» chiese Adelaide.

«Prima tu», la invitò Alfredo.

«No, dai! Dimmela.»

Era la sua giornata fortunata, lo sentiva, sentiva che quel posto sarebbe stato suo. Avrebbe scommesso il suo ultimo stipendio, anzi, no, la paga, perché lo stipendio era appannaggio degli impiegati come sarebbe stata lei: la sua ultima paga da operaia sul fatto che Alfredo stava per proporle una possibile data per il matrimonio.

«Ecco...» fece lui.

Inizio sconfortante. Adelaide ridusse mentalmente a metà l'entità della scommessa.

«Nel caso ci sposiamo...»

Mezza paga buttata nel cesso! Altro che scommettere!

«Che maniera di parlare è!» sbottò Adelaide. «Come sarebbe a dire, *nel caso*?»

Alfredo si ingolfò, come una delle macchine che riparava.

«Cioè, se ci sposiamo...»

Sempre peggio.

«Se ci sposiamo?»

Adelaide gridava. Il Tedesco si fece sulla soglia della portineria.

«Non gridare così», disse Alfredo, tono da preghiera.

«Grido quanto mi pare», rimbeccò Adelaide.

«Ci sentono...»

«Che sentano! Anzi, che sentano quello che stai dicendo! Nel caso, se... Che cosa vuoi dirmi? Hai cambiato idea? Non ti va più bene? Cerca di essere chiaro almeno una volta nella vita! Cos'è successo, la mamma ha trovato la madonnina infilzata che va bene per te?»

Uno normale sarebbe quantomeno arrossito davanti a tale veemenza: l'Alfredo invece era freddo come un morto e pallido. Tirò fuori la voce da certi pistoni che battevano un colpo ogni quarto d'ora.

«Ma no», disse.

Voleva semplicemente, proprio così disse, semplicemente, dirle che una volta sposati sarebbe stato meglio se si fosse licenziata.

Adelaide restò senza parole. La bocca semiaperta, lo sguardo fisso sull'Alfredo.

Semplicemente.

Perché? avrebbe voluto chiedere.

Non ce la fece. Inutile, anche. Immaginava il motivo. La mamma, la Benvenuta aveva parlato. Se non poteva impedire che suo figlio si sposasse, poneva condizioni, che almeno non sposasse un'operaia.

Adelaide non l'aveva mai fatto, nemmeno con il pensiero. Quella sera però non ebbe ritegno e la chiamò con il nomignolo che da tempo aveva appreso.

«Facia de can», faccia di cane: le stava bene, tra l'altro, con quell'espressione sempre altera, scontrosa, da cane incazzato.

"Bastarda", pensò.

Chissà chi diavolo credeva di essere. In fin dei conti era figlia di un macellaio, vedova di un impiegato delle poste, con un figlio meccanico. Sangue blu nelle vene non gliene scorreva.

«E tu cosa mi dovevi dire?»

La voce di Alfredo, un motorino a miscela, le interruppe i pensieri.

Cosa gli doveva dire?

Niente.

Non ne aveva più voglia.

«Si vede che non aveva alcuna importanza», chiuse Adelaide.

E morta lì.

17.

Nemmeno il Taglia riuscì a vedere l'*Ultimo tango.*

Ne ebbe un commento stringato ed efficace da uno che era salito all'alpe a fare scorta di formaggi.

«Che due coglioni!»

«Dimmelo a me», rispose lui.

Da poco più di un mese era sull'alpe, con nelle orecchie l'avviso del maresciallo («Fatti beccare anche una sola volta da queste parti e giuro che ti rovino»), e ne aveva già piene le balle.

Non che fosse una brutta vita. Non era la sua, e basta.

Andare a letto con le galline e alzarsi con le stelle ancora in cielo, quel mangiare così sano, quell'aria così fine, quell'acqua ferruginosa che tra l'altro lo faceva cagare tre volte al giorno, pure il Dellamano che sembrava davvero un prete mancato, gli facevano venire una nostalgia pungente delle baraccate, delle ore tarde, delle mezze ciocche, delle parolacce, che il Dellamano proibiva, delle pacche sul culo che mollava a certe sgolatrine di sua conoscenza. Gli mancava tutto quello che gli piaceva: il vino, le carte, la grappa e le donne. Soprattutto le donne. Gli sarebbe bastato, per non dimenticarne l'esistenza, anche solo vederne qualcuna che potesse definirsi tale, con tutta l'attrezzatura giusta. Quelle poche che riusciva a sbirciare al ristorante dell'alpe invece sembravano mandate lì a fare gli esercizi spirituali. L'unica di cui, con gli occhi, poteva godere per modo di dire le grazie era la moglie del casaro: aveva un culo talmente grosso che non gli avrebbe fatto meraviglia scoprire che sotto alla marsina nascondeva una coda, come le vacche delle quali strizzava le mammelle durante la mungitura.

Per intanto però poteva fare solo programmi e pensieri che teneva per sé, nemmeno una parola con alcuno, men che meno il Dellamano perché immaginava che ogni tanto parlasse con il suo amico maresciallo, e lo aggiornasse sulla sua nuova vita.

Anzi, se quello gli chiedeva come si trovasse, il Taglia rispondeva con entusiasmo, esagerando la gioia per quella vita di merda.

«Visto?» gli rimandava il Dellamano.

Sì, come no!

Facesse arrivare settembre, fine stabilita dei lavori forzati e del risarcimento truffato. Ci avrebbe pensato lui, poi, a fargliela vedere.

Per intanto, però, era solo Pasqua.

Beeelavano gli agnelli nella stalla.

18.

Dopo l'insuccesso di critica dell'*Ultimo tango*, per la settimana di Pasqua il Geppi mise in cartellone *La tunica*, scelta molto apprezzata anche dal signor prevosto che, la domenica delle Palme, durante l'omelia, si disse felice che tanti fedeli avessero voluto fare come i gatti, toccando con mano quanto fosse inutile e dannosa la visione di certe pellicole rispetto ad altre che, come *La tunica*, trasmettevano sani valori.

Gli stessi che ispiravano la sezione Avis e le sue iniziative: la rappresentazione della Passione presso il teatro dell'oratorio il venerdì santo fu un successo; e la lotteria, con estrazione il lunedì dell'Angelo, presso il salone dell'oratorio si rivelò un successo anche quella, di pubblico presente e di biglietti venduti, il cui incasso però si dimostrò sufficiente a coprire l'acquisto di non più di un terzo dell'autoambulanza. Toccò al consiglio, professor Invitto Lodi compreso, tassarsi con generosità in modo da permettere a Maria Cristina Berteggi di annunciare che nel giro di un mese l'ospedale avrebbe potuto contare sul prezioso automezzo.

Adelaide patì il suo personale calvario. Sentimenti contrastanti si giocavano il tono del suo umore. Se pensava all'eventuale passaggio negli uffici si sentiva lieve e fiduciosa. Ma l'immaginarsi impiegata si tirava inevitabilmente dietro le ultime parole dell'Alfredo. Allora si incupiva, perché il giovanotto entrava e usciva dai suoi pensieri come se stesse recitando una commediola e non sapesse bene quale ruolo ricoprire. Era ora di dare una svolta decisa a tutta la faccenda. Visto che l'Alfredo non ne sembrava capace, Adelaide sapeva che toccava a lei risolversi a qualcosa.

Ma cosa?

Insistere come aveva sempre fatto, attendere, lasciar perdere o attaccare?

Scelse l'attacco.

Armi leggere, per intanto. Alfredo andava combattuto sul suo stesso terreno.

Cominciò subito dopo Pasqua.

Per un paio di sere lasciò che il giovanotto l'aspettasse ancora inutilmente. La terza sera chiese a una compagna di lavoro di andargli a dire che era stata convocata dal direttore, facendogli intendere che c'erano grosse novità in arrivo. Lei non si fece viva. Si mostrò la sera seguente, ma in ritardo e affannata. Quando Alfredo le si fece incontro, Adelaide gli impedì di aprire bocca.

«Scusa tanto, ma devo correre a casa dalla mamma.»

E volò su per la scalinata.

La sera successiva Adelaide dovette nuovamente correre a casa perché la mamma quella mattina, tornando dal pollaio, s'era distorta una caviglia e non poteva muoversi. Per una settimana, nonostante l'intervento del *giustaoss* Specchiati, la caviglia della mamma obbligò la ragazza a rinunciare ai dieci minuti di chiacchiere col sempre più perplesso Alfredo, i cui dubbi, circa la fondatezza delle cose che la ragazza gli raccontava, cominciarono a farsi pesanti dalla sera in cui la mamma stava meglio e cominciava a muovere qualche passo. Ma il dottore, che l'aveva visitata proprio il giorno prima, aveva consigliato prudenza, qualche passo con il bastone, e ancora riposo. Solo che il dottore, proprio il giorno prima, era rimasto a piedi con la macchina ed era toccato proprio all'Alfredo portargli soccorso: e così, *pour parler*, gli aveva chiesto notizie circa la salute della donna. Al che il medico gli aveva risposto che, per quanto ne sapeva lui, la mamma di Adelaide godeva di una salute di ferro.

Stupido sì, ma non al punto da non capire che la ragazza non stava solo giocando.

Così una sera, dopo l'ennesima scusa per piantarlo lì e correre a casa (erano arrivate venti galline da uova e doveva aiutare a sistemarle nel pollaio), l'Alfredo capì che era scoccata l'ora di prendere una sacrosanta decisione, che maturò nel corso della notte e definì nei particolari la mattina dopo, appena sveglio.

19.

Pure il maresciallo Pezzati si svegliò con in testa una decisione già presa e telefonò immediatamente al Dellamano per comunicargliela: temeva che se avesse aspettato avrebbe potuto ripensarci.

Era stato il gestore dell'alpe a chiamarlo il pomeriggio precedente. Rassicurato l'amico maresciallo che tutto filava liscio, gli aveva sottoposto la questione.

Non era la prima volta che capitava. Spesso, infatti, chiacchierando con i clienti, con i gitanti o con i fornitori, il Dellamano veniva a scoprire l'esistenza di posti di lavoro fissi che avrebbero potuto far comodo a qualcuno dei balordi che aveva in affido.

Pochi giorni prima Egisto Casamatti, valsassinese proprietario di una ditta all'ingrosso di latticini, gli aveva confidato di essere alla ricerca di un operaio e soprattutto di un autista cui affidare le consegne a domicilio. La conversazione era avvenuta nella stalla, e non era sfuggita alle orecchie sempre all'erta del Taglia. La stessa sera l'Ernesto si era presentato dal Dellamano e gli aveva confessato di non aver potuto fare a meno di ascoltare quello che i due s'erano detti. Quindi si era proposto per quell'incarico di autista.

«Ma sai guidare?» aveva chiesto il Dellamano.

«C'è chi nasce con la camicia», aveva risposto il Taglia. «Io sono nato con la patente!»

Il Dellamano non poteva dire né sì né no: toccava al maresciallo decidere.

Il Pezzati ci ragionò su per un paio di giorni. La vinsero, alla fine, almeno due considerazioni. Innanzitutto, che dal Dellamano il Taglia non ci poteva stare in eterno, quindi, finito il periodo in montagna, sarebbe calato a valle riprendendo probabilmente la vita del donda. A meno che, appunto, non avesse un lavoro. E un lavoro come quello, senza cartellini da timbrare, capireparto cui ubbidire, orari elastici, la libertà di girare a piacimento sembrava fatto apposta per lui. Inoltre non poteva pretendere che quel Casamatti lo aspettasse fino a settembre. Alla fine aveva deciso di concedere al Taglia quella possibilità per darsi una regolata.

La sera stessa, dopo aver parlato con il Pezzati, il Dellamano diede la notizia all'Ernesto. Gli fece presente che quel posto era un dono del cielo e che in più continuava a offrirgli la possibilità di dormire e mangiare lì all'alpe in modo da stare alla larga dalle tentazioni. Se avesse combinato altri guai, però, avrebbe poi dovuto vedersela non solo con il maresciallo ma anche con lui.

«Tranquillo», promise il Taglia.

Dopo aver fatto i bagagli, si recò nella stalla e mandò a dar via il culo, chiamandole per nome una per una, tutte le trentadue vacche del Dellamano.

La mattina successiva si presentò in caserma, perché anche il Pezzati ci teneva a dirgli due paroline, semplici semplici: che non sprecasse l'occasione e si facesse vedere il meno possibile in paese.

«Promesso», rispose l'Ernesto.

«Staremo a vedere», rispose il Pezzati.

Ma nelle settimane che seguirono, man mano che i giorni passavano e del Taglia, anche tramite il Dellamano che si teneva informato dal Casamatti, non giungevano che buone notizie, le perplessità del maresciallo Pezzati diminuirono.

Forse l'aveva imbroccata, giunse a pensare il maresciallo quando si rese conto che del Taglia non compariva neanche più l'ombra.

20.

Adelaide invece se lo trovò davanti una mattina alle sei. Era uno dei suoi ultimi giorni da operaia. Poi sarebbe stato ufficio.

Il Taglia stava appoggiato al portone d'ingresso dell'Orrido, e quando la vide arrivare saltò fuori dal buio dove s'era nascosto facendola saltare in aria.

«Dindina», salutò, come se fosse la cosa più naturale del mondo.

Era un vezzeggiativo che aveva coniato lui stesso. Lo pronunciava con una voce talmente bassa da mettere i brividi.

Il brivido venne alla ragazza, dopo tanto tempo che non lo vedeva.

«Ma...»

L'Ernesto non le diede tempo di proseguire.

«Dindina, dovresti farmi una cortesia», disse.

«E sarebbe?»

Il Taglia le allungò una borsetta con la scritta CASAMATTI - LATTICINI ALL'INGROSSO.

«Dimmi!»

«Basta che consegni questa borsetta al Lino, il capomeccanico.»

Adelaide rifletté un momento.

«Perché non gliela consegni tu?»

«Perché il Lino prima delle otto non entra e io non ho tempo di aspettarlo, devo partire per le consegne.»

E poi, meno si faceva vedere in giro per il paese meglio era per lui.

Adelaide aveva già la borsa in mano. L'aprì, ci guardò dentro, capì cosa conteneva.

«Ma...»

«Dai, solo per questa volta.»

Senza che i due se ne fossero accorti, il Tedesco li aveva osservati, li aveva visti confabulare, aveva notato il passaggio della borsa. Non perse l'occasione di farlo notare all'Adelaide.

«Cosa ci sarà mai in quella borsa?» chiese alla ragazza davanti al cancello d'ingresso.

«La semenza dei curiosi», rispose d'impeto Adelaide.

Il Tedesco sorrise.

«Sta' attenta, il Taglia è uno che i guai li procura anche agli altri e i carabinieri non sono come quelli delle barzellette.»

«Grazie per l'informazione», rispose la ragazza.

Tuttavia, per una volta, il Tedesco aveva ragione.

21.

«Fammela conoscere», disse Benvenuta.

Tutto lì, a sigillo di un lungo e impacciato discorso che il figlio le aveva tenuto per arrivare a dire, in sostanza, che aveva la morosa.

L'Alfredo più che perdersi in chiacchiere era il tipo che nelle chiacchiere si perdeva. Per questa ragione, dopo aver capito che l'Adelaide, con tutta quella manfrina della mamma di qua e la mamma di là, aveva voluto fargli intendere qualcosa di preciso, aveva deciso di mettere in tavola con la madre l'argomento e per qualche sera, prima di addormentarsi, aveva organizzato il suo discorso.

Chiare nella testa, meravigliosamente fluenti, tutte quelle parole messe in fila avevano fatto a gara per uscire dalla sua bocca prima delle altre nel momento di pronunciarle. Il risultato era stata quella sentenza, «Fammela conoscere», che Benvenuta aveva pronunciato come se Adelaide fosse una pietanza da assaggiare, ma già destinata alla spazzatura, e che all'Alfredo aveva sottratto l'energia per dire che loro due, perlomeno di vista, si conoscevano già.

«La mamma vorrebbe conoscerti», fu la frase che concepì per mettere al corrente Adelaide della novità.

La ragazza tenne a freno l'entusiasmo.

«Quando?» chiese.

Già, quando?

Mica se l'era chiesto l'Alfredo, non s'era posto il problema.

Bastò il comparire di due rughe sulla sua fronte perché Adelaide scattasse come una molla.

«Quando deciderà, fammelo sapere!»

E si voltò, pronta ad aggredire la scalinata.

Fu lui o un altro a parlare al suo posto?

Alfredo non l'avrebbe mai saputo.

«Domenica», gli sfuggì.

Adelaide si girò. Il Tedesco era come suo solito sulla soglia della portineria.

«Siamo sicuri?» chiese ad alta voce.

Bugia per bugia, l'Alfredo ormai era in ballo.

«Sì», disse, e stavolta era proprio lui a parlare.

«D'accordo», disse lei.

Ma non tornò sui suoi passi. Riprese la strada verso casa, certa che Alfredo avesse azzardato l'invito per domenica e che adesso gli toccasse correre a casa per mettere al corrente la madre. Si augurò, per lui, per lei, per loro due, che tutto filasse liscio, perché quella era l'ultima occasione: se per una ragione qualunque il giovanotto si fosse rimangiato la parola, Adelaide, pur con tutto il dispiacere del mondo, l'avrebbe definitivamente lasciato al suo destino. Che si strozzasse con quel maledetto cordone ombelicale!

Mancavano tre giorni a domenica, la temperatura era in calo. Una volta a casa, Adelaide trovò suo padre che, in piedi sul terrazzino, guardava il cielo.

«Il tempo sta cambiando», disse.

Non solo quello, forse, fu il pensiero di Adelaide.

22.

Cambiò eccome.

Esattamente vent'anni prima, ricordò il padre di Adelaide domenica mattina, aveva nevicato. Una spruzzatina che si era immediatamente sciolta nel pomeriggio, quando il sole era tornato a splendere.

Adelaide uscì di casa sotto un cielo cupo che non prometteva neve e nemmeno acqua, solo grigiore. Erano le nove e trenta, l'appuntamento era in piazza della chiesa, messa alle dieci e poi, alè!, Adelaide era curiosa di vedere, capire, anche annusare tutto quello che la stava aspettando.

Quando finalmente entrò in casa, e Alfredo, dopo averle ceduto il passo, chiuse la porta alle sue spalle, la prima cosa che fece fu proprio annusare. Di cucina, nessun profumo. Un altro odore, piuttosto, nell'aria. Odore di un ricordo lontano, come quello di suo padre. Non proprio vent'anni, ma comunque un bell'arco di tempo. Una gita che aveva fatto con la scuola, a Varenna, per visitare il Museo di Storia Naturale: odore di animali imbalsamati.

Come la padrona di casa.

Più la guardò, più Adelaide rifletté che il soprannome che le avevano affibbiato era quantomeno indovinato. Addirittura generoso.

Per tutta la durata del pranzo Benvenuta parlò l'indispensabile e con frasi scontate.

Ne vuole ancora, non ne vuole più e via di questo passo.

Ma di cosa poteva aver voglia, ancora, Adelaide?

Non certo di quei ravioli scipiti serviti come primo a bagnomaria in un brodetto che se non era di cavedano era di gambe di sedano, tant'era vago il sapore. Nemmeno dell'anemico arrosto servito per secondo accompagnato da acqua di rubinetto, ma bevuta in bicchieri di cristallo, o della torta finale, crostata di mele di cartone.

Una cucina siffatta non poteva certo infondere allegria e il risultato era Alfredo che, se avesse respirato ancora un po' l'atmosfera di quella casa, sarebbe stato definitivamente imbalsamato.

Verso metà pomeriggio Adelaide si meravigliò di avvertire un peso allo stomaco. Con grazia, evitando il caffè con una piccola bugia («Non ne prendo mai»), disse che per lei s'era fatta l'ora di andare.

«Devo accompagnare la mamma al Vespero.»

Lo disse senza intenzione di ferire Alfredo il quale, audacemente, scattò in piedi e disse:

«Ti accompagno un pezzo».

Fino alla scalinata. Non parlarono. Il giovanotto però la prese sottobraccio, gesto che fino ad allora aveva osato solo nelle passeggiate serali. Al momento di salutarsi, Adelaide lo guardò.

Avrebbe tanto voluto chiedergli come poteva resistere in quella casa, con sotto gli occhi quel viso da cane incazzato.

«Anche i miei ti vorranno conoscere», disse invece.

Poi si avviò, con la precisa intenzione di vomitare tutto l'insulso cibo che aveva ingurgitato, cosa che fece non appena entrata in casa, con l'ausilio di due dita infilate in gola.

23.

Il maresciallo Massimino Pezzati beveva il Campari. Uno al giorno, alle dodici in punto. Dettava il tempo il campanile della prepositurale. Al primo tocco delle dodici, il Pezzati lasciava la caserma, attraversava la strada ed entrava nel caffè dell'Imbarcadero.

Il cameriere Squinzano si faceva un punto d'onore di farglielo trovare bello e pronto, nel bicchiere sudato, fresco, giusto da bere. Il maresciallo non doveva fare altro che poggiare il gomito sul bancone e goderselo.

Quella mattina qualcosa non funzionò.

Non fu colpa del cameriere. Il Campari era lì, come al solito, il maresciallo invece no.

Eppure Aristide Squinzano non aveva sbagliato una mossa. Al primo tocco delle dodici aveva tirato fuori la bottiglietta dal frigo, al quarto il bicchiere, al sesto aveva stappato, all'ottavo versato, al decimo poggiato il bicchiere sul bancone.

Quando il Pezzati era finalmente arrivato e s'era portato il bicchiere alla bocca per dare un primo sorso, l'aveva immediatamente rimesso sul bancone.

«È tiepido», disse.

Non c'era accusa, semmai dispiacere.

L'Aristide lo tranquillizzò.

«Non c'è problema, maresciallo. Glielo cambio.»

«Mi dispiace», si scusò il Pezzati. «È colpa mia.»

Era vero.

Da qualche mese infatti il maresciallo non vedeva più bene come prima. Aveva misurato, giorno dopo giorno, il calo della vista prendendo a metro la cartina della zona di competenza della sua caserma, che stava appesa dietro la scrivania. A tre metri leggeva ancora bene i nomi di Bellano e Varenna, le frazioni invece scomparivano. Due passi indietro, e anche i centri più grossi si contraevano in una macchia indecifrabile.

Occhiali, s'era detto, e con vergogna. Ma aveva aspettato, illudendosi che fosse una fase temporanea, magari solo un po' di stanchezza.

Balle.

Allora, in segreto, s'era fatto fare un paio di occhiali e ne aveva subito apprezzato il vantaggio. Ma di nascosto, quando era sicuro che nessuno lo vedesse. E poiché aveva abituato i suoi carabinieri a entrare nel suo ufficio senza chiedere troppi permessi quando teneva la porta aperta, aveva cominciato a tenerla sempre chiusa e aveva ribadito più volte che, se dovevano entrare da lui, avrebbe gradito che l'avvisassero bussando. Così, se per caso indossava gli occhiali, aveva tutto il tempo di nasconderli in un cassetto.

Quella mattina, uscito dalla caserma con i tocchi di mezzogiorno in aria, aveva gettato uno sguardo intorno prima di attraversare la strada, e qualcosa aveva attirato la sua attenzione.

Era lui o non era lui?

Da tempo non lo vedeva in paese...

Che fosse lui quello lì sul molo, a braccia conserte e appoggiato sulla murata a scrutare il lago? Aveva un bello schiacciare gli occhi, come se volesse spremere le diottrie che gli restavano!

Sembrava lui, ma non poteva esserne sicuro.

Gli sarebbe bastato avere sottomano i maledetti occhiali e inforcarli per risolvere il dubbio. Ma lì, in mezzo alla strada, sotto gli occhi di tutti non l'avrebbe mai fatto.

Un maresciallo dei carabinieri con gli occhiali, figurarsi!
Così il Campari si era intiepidito.
Bevuto invece un sorso di quello nuovo, fresco il giusto, il Pezzati vide chiaro su ciò che doveva fare.
«Squinzano», chiamò.
Il cameriere finì di bere il Campari tiepido e accorse alla chiamata.
«Mi dica maresciallo.»
Il Pezzati gli fece cenno di uscire da dietro il bancone e di accompagnarlo fino alla porta a vetri dell'ingresso.
«Dimmi una cosa», disse poi.
Lo vedeva quel tipo là appoggiato al muretto del molo?
Il cameriere sorrise.
«Io ho perso i capelli, maresciallo, non la vista.»
«E cosa vorresti dire?» ribatté il Pezzati piccato.
«Niente, così...»
«E allora lascia perdere. E invece dimmi, chi ti pare?»
«Quello? L'Ernesto! Il Taglia, quello della lotteria.»
«Appunto», fece il maresciallo, «pareva anche a me. Solo che è dimagrito, non sembrava lui.»
Lo Squinzano scosse la testa.
Dimagrito? No, a lui sembrava sempre lo stesso.
«È in anticipo anche oggi», commentò.
«Anticipo?» sbalordì il maresciallo.
«Sono tre giorni che staziona lì, ma è sempre venuto di pomeriggio», disse lo Squinzano.
«Tre giorni?»
«Magari sta aspettando la frega degli agoni», sorrise il cameriere.
"Gli agoni, eh!" mormorò tra sé il Pezzati.
Poi gli allungò il bicchiere vuoto.
«Va', torna al posto», disse.
E grazie.

24.

Pure l'Alfredo vomitò, proprio come Adelaide, esattamente sette giorni dopo.

Fu, galeotto, il pranzo in casa della ragazza.

Con qualche differenza.

Meteorologica, innanzitutto. La cappa di grigio aveva dovuto cedere il posto a un robusto phon che nel giro di una notte aveva spazzato il cielo. In tre giorni il vento s'era sfogato e aveva lasciato dietro di sé tempo e temperatura degni del mese di maggio.

Alfredo aveva accompagnato come d'abitudine sua madre alla messa grande e poi l'aveva lasciata con un certo rimorso perché, alla domanda su cosa si sarebbe fatta per pranzo, Benvenuta aveva guaito un «Non lo so» che aveva il significato del digiuno. Tuttavia, forse per la bella giornata, forse per la scarpinata fatta per raggiungere la frazione dove Adelaide abitava, forse per la novità assoluta di quella domenica fuori dalla cinta delle mura domestiche, quando il giovanotto era entrato in casa dei suoi ospiti aveva immediatamente avvertito una fame della madonna e il pensiero della mamma digiunante si era fatto piccolo e accomodato in un cantuccio. Il gioioso disordine di quella casa di campagna, disordine non solo di oggetti ma anche di profumi che aleggiavano, contribuì a far sì che Alfredo dimenticasse chi era sino a poco prima del suo ingresso, onde permettergli di memorizzare ogni particolare della giornata. Nessuna formalità, il tu quasi subito adottato, la luce che inondava la cucina, entrando da un'ampia finestra da cui si vedeva un largo panorama di lago: tutto ciò aveva innescato in lui un'allegria spontanea grazie alla quale non riusciva a chiudere una frase senza sorridere. Il pranzo era stato un tripudio. La madre di Adelaide, Colomba, aveva tenuto a sottolineare che il menu era stato dettato da suo marito Domenico: mortadella e cotechino, polenta, gallina a lesso con il ripieno, uno sformato di patate e cipolle. Il vino era offerto dalla vigna di casa. Per chiudere, un bicchierino di liquore fatto con le ciliegie di Spagna. Tra una portata e l'altra non c'era stato un momento di silenzio. A condurre la conversazione sempre il padrone di casa, abbonato da anni al «Corriere della Sera» che leggeva da cima a fondo: politica e sport soprattutto non avevano segreti per lui.

Alfredo tornò a casa euforico e un po' incerto sulle gambe. Non aveva pesi sullo stomaco, ma una volta rientrato tra le mura domestiche cominciò a percepire un accenno di nausea. Non ebbe bisogno del neroniano esercizio, si liberò spontaneamente, aveva mangiato e bevuto troppo.

Benvenuta gli preparò una camomilla.

«Chissà le porcherie che ti hanno fatto mangiare», commentò mentre gliela serviva.

25.

Tre e tre sei.

Secondo le parole del cameriere Squinzano, l'Ernesto stava in giro già da tre giorni. Per altri tre il maresciallo lo fece tenere d'occhio, con discrezione, dai suoi carabinieri. Appurò che, quando non stava sul molo, lo si poteva reperire al Circolo dei Lavoratori, ai giardini di Puncia, alla trattoria della Calchera, all'osteria del Crachen, al trani della Lena, che veniva ancora chiamato così nonostante avesse cambiato denominazione da una ventina d'anni, e in numerose delle altre osterie che punteggiavano il paese.

E cosa faceva, come passava il tempo?

Bo', niente.

«Sembra pensoso», riferì uno dei carabinieri, «come se aspetti qualcosa. O qualcuno.»

Aveva tempo da perdere, insomma. Materia che invece difettava al maresciallo Pezzati. Che allora, allo scopo di risolvere il busillis, telefonò dapprima al Dellamano per farsi dare il telefono del Casamatti e poi al Casamatti stesso.

Al professionale «Pronto?» che sparò nella cornetta, il grossista, non appena capì chi stava all'altro capo del telefono, fece seguire un balbettio da cagasotto, tanto che il Pezzati s'immaginò che la ditta fosse dotata di un duplex e lui stesse parlando con due persone contemporaneamente.

«Vorrei parlare con il titolare», specificò il maresciallo.

Il titolare si sarebbe volentieri negato, tuttavia rispose. Ma s'imparpagliò nuovamente quando si sentì chiedere notizie attorno al Tagliaferri.

Be'... vede... in un certo senso...

In un certo senso il maresciallo Pezzati s'era già rotto i coglioni. Troncò, un colpo d'ascia.

«Alle sue dipendenze c'è o non c'è tale Ernesto Tagliaferri?»

«Tagliaferri?» prese tempo il Casamatti.

«Tagliaferri. Di Bellano.»

«Di Bellano?»

Il Pezzati si girò verso la cartina alle sue spalle. Cassina Valsassina, sede della ditta Casamatti, era fuori dal suo territorio di competenza. Tra l'altro, senza occhiali, riusciva a stento a leggerne il nome. Un motivo in più perché le eliche gli girassero a tutta birra.

«Sì, Bellano! Non lo conosce, le suona nuovo il nome?»

Negare, il Casamatti non poteva. Semmai temporeggiare ancora un po', sparando balle.

«Ma no, cosa dice... il fatto è che...»

... che Tagliaferri era un cognome molto comune lì in Valsassina e cheeee... che lui non si occupava direttamente delle assunzioni e quindi...

«... capirà, maresciallo...»

... che lui non sapeva chi andava e chi veniva...

"Va bene", concluse tra sé il Pezzati.

Adesso basta. Approfittò dei puntini di sospensione.

«Caro signore, io so una cosa. Cioè, che lei non sta rispondendo a una mia domanda.»

«Ma no...»

«Ma sì.»

Quindi gli facesse la cortesia di non muoversi dal suo ufficio.

«Perché?»

«So io», rispose il Pezzati.

E mise giù il telefono. Per immediatamente rialzarlo e chiamare il maresciallo Ingrati, comandante della stazione di Introbio il cui nome il Pezzati riusciva a leggere chiaramente senza bisogno di occhiali.

Due ore dopo, e dopo che il collega ebbe fatto una visitina al Casamatti, il Pezzati aveva le informazioni che voleva. Il grossista non era proprio un modello di virtù, lo informò il maresciallo Ingrati: già un paio di volte nel corso degli ultimi anni aveva avuto l'onore di entrare nel mirino della Guardia di Finanza e quello di ospitare l'Ispettorato del Lavoro. Effettivamente un fattorino che rispondeva al nome di Tagliaferri Ernesto aveva lavorato alle dipendenze del Casamatti. Qualche tempo prima, il Casamatti in persona, ispezionando per caso il carico del furgoncino alla cui guida stava il detto Tagliaferri, aveva scoperto, occultate tra formaggi, formaggini, burro e yogurt, numerose stecche di sigarette, Turmac, HB, Peer, Astor, Muratti eccetera di evidente produzione e provenienza straniera. Davanti all'evidenza il Tagliaferri non aveva potuto negare e il Casamatti l'aveva licenziato su due piedi.

«Licenziamento sui generis», specificò l'Ingrati.

E qui si spiegava la ritrosia del Casamatti.

Perché il Tagliaferri non era stato assunto in maniera regolare, come altri che lavoravano in quella ditta.

«Avrebbe potuto negare anche con te», osservò il Pezzati.

«Ci ha provato», confermò l'Ingrati, «ma gli ho servito un motivo di tutto rispetto per invitarlo a riflettere. Quando gli ho fatto presente che lui stesso aveva commesso un reato per non aver denunciato la storia delle sigarette di contrabbando, si è sciolto come uno dei suoi panetti di burro. E mi ha confessato che il Tagliaferri gli ha in un certo senso estorto la buonuscita, facendogli intendere che se non avesse sganciato sarebbe andato all'Ispettorato del Lavoro.»

«Se ha scucito i soldi, sono cazzi suoi», commentò il Pezzati.

«Infatti», confermò l'Ingrati.

«Serve altro?» chiese poi.

«Caffè pagato», rispose Massimino Pezzati.

Dopodiché si sedette e rifletté. Bastava aspettare, adesso. Che i fondi del Taglia si prosciugassero, così che non potesse più fare il donda tra il molo e le osterie. In quel momento, i guai sarebbero ricominciati.

Quindi, d'ufficio e senza il minimo dubbio, l'Ernesto rientrò nella lista dei balordi da tenere d'occhio.

26.

Ormai era implicitamente stabilito che le due famiglie avrebbero dovuto incontrarsi, fare la conoscenza.

E, come decretò una compagna di lavoro con la quale Adelaide si era sempre confidata, senza aspettare le «candele greche».

Se mai i dubbi dei due erano come, dove e quando.

Quando: a breve, il ferro andava battuto adesso che era caldo.

Come: seduti intorno a un tavolo per pranzo.

Dove: colpo di genio di Adelaide.

Cadeva infatti, di lì a due settimane, il compleanno della signora Benvenuta; quanti anni avesse, meglio non chiederlo o non dirlo. A fronte del fausto evento c'era da festeggiare anche la promozione della stessa Adelaide, la cui carriera di operaia era ormai agli sgoccioli, dopodiché avrebbe fatto il suo ingresso negli uffici della direzione.

Alfredo propose il ristorante: avevano sempre festeggiato così il compleanno della donna.

«Il ristorante?» storse la bocca Adelaide.

Non c'era intimità. Non c'era libertà di ridere, scherzare, di fare i propri comodi.

Però, obiettò Alfredo, per una volta almeno avrebbe risparmiato a sua madre la fatica di mettersi ai fornelli.

Adelaide sorvolò sui miseri risultati che sortivano da quelle fatiche.

Dritta alla meta:

«Mica ti ho detto che deve cucinare», disse.

A casa sua, dai suoi!

«Dai tuoi?»

«Ma certo!»

Servita e riverita come si meritava in un giorno tanto speciale!

«Servita e riverita», ripeté Alfredo a sua madre quella sera stessa dopo averle illustrato il programmino che la aspettava di lì a un paio di domeniche.

Prima di rispondere, la Benvenuta chiese al figlio se fosse proprio convinto. Non si riferiva al pranzo in suo onore, ma alla ragazza.

«Be', sì», rispose il giovanotto.

La donna incassò senza batter ciglio, poi deviò il discorso.

«Perché sai, la domenica...»

La domenica usciva solo per la messa, e solo se la diceva il signor prevosto. Tant'è che quando il monsignore, d'inverno, se ne andava al mare per due settimane a curarsi l'enfisema dovuto al fumo, lei la messa l'ascoltava alla radio: su Radio Croce.

«Via, mamma. Per una volta...»

«E tutta quella strada?»

Strada in salita, mulattiera.

Ma i due avevano pensato a tutto.

«Non ti preoccupare», disse Alfredo.

27.

La seconda domenica di giugno, l'auto del servizio pubblico guidata dal taxista Aurelio Scassinelli passò, alle dieci della mattina, da casa di Alfredo per caricare madre e figlio. L'auto, una Fiat 1300, non era il massimo della pulizia perché lo Scassinelli, essendo scapolo e tiratardi, spesso ci dormiva e, quando era in calore, ci caricava anche la sua setterina da caccia, temendo che, lasciandola incustodita, potesse venir impunemente «frequentata» da bastardi senza arte né parte. Inoltre aveva il sedile posteriore sfondato, per cui Benvenuta dovette accomodarsi su quello davanti, che era incastrato, costringendola a compiere il trasferimento con le ginocchia quasi in bocca. Tra il fatto che veniva da Colico, dove abitava, e che era giorno di festa, lo Scassinelli spuntò un bel prezzo all'andata, con il quale coprì abbondantemente anche il viaggio di ritorno, effettuato in solitaria perché Benvenuta aveva deciso che sarebbe tornata a casa a piedi. Il cimitero era infatti sulla strada, e da troppo tempo i morti di famiglia aspettavano una sua visita.

Su Bellano, e su piazza Grossi in particolare, aleggiava un'aria pesantemente mortificata dall'odor di fogna. Sulla frazione dove stava la casa di Adelaide invece l'odore del fieno sfalciato da poco e lasciato nei campi a seccare dettava legge.

Pur avendolo fortemente voluto, Adelaide temeva quell'incontro. Aveva fatto in modo che nulla di ciò che le dava pensiero trasparisse e andasse a turbare la tranquillità che i suoi genitori invece esibivano, preoccupati solo di mettere insieme un menu che fosse all'altezza della doppia festività: lasagne, un cappone miracolosamente scampato alle mattanze del Natale precedente, che suo padre aveva reperito in quel di Noceno, una coscia d'agnello, insalatina e patate novelle, giardiniera, funghi sott'olio, una miascia fatta come Dio comanda.

Nonostante ciò, Adelaide fu certa che qualcosa sarebbe andato storto quando vide la futura suocera entrare in casa. Il volto faceva invidia a quello di uno dei due ladroni affrescati in una volta laterale del santuario di Lezzeno che da bambina, dopo averli visti per la prima volta, le avevano fatto venire una febbre per lo spavento. Dopo saluti compìti, accettò immediatamente di accomodarsi sull'unica poltrona buona, di vimini, che c'era in casa, e vi si lasciò andare come se tornasse da un viaggio scomodo e periglioso. Fino al momento di sedere a tavola, si guardò in giro, sembrava una passera solitaria chiusa in gabbia. Poi d'un tratto, per una frazione di secondo che sfuggì a tutti tranne che a Adelaide poiché non ne perdeva uno, storpiò il viso in un ghigno che tramontò in fretta così com'era nato.

Cosa diavolo aveva visto di così divertente?

Una ragnatela.

Tutto lì.

In un angolo del muro, a lato di un quadretto del Sacro Cuore di Gesù, sfuggita alla pulizia, all'occhio di sua madre.

Adelaide si accomodò a tavola con quella ragnatela sul cuore.

Avrebbe bestemmiato se ne fosse stata capace. O pianto, pensando al daffare che i suoi s'erano dati.

Gliel'avrebbe fatto pagare quel ghigno! Stesse tranquilla, lei e i peli che le uscivano dal naso. Sapeva aspettare.

Mangiò poco, e controvoglia. Come quasi tutti, tranne

suo padre e sua madre che diedero l'impressione di non essersi accorti di nulla.

Non fu un pranzo allegro. Avanzò un sacco di roba.

Finì nel pastone del maiale.

28.

Lunedì mattina la ragnatela non c'era più. Fu la prima cosa che Adelaide notò prima di uscire per andare al lavoro. Un'ulteriore umiliazione. Credeva di essere stata l'unica a notare l'indisponente ghigno di Benvenuta. Invece anche a sua madre non era sfuggito, né il ghigno né il motivo. E alla sera, prima di coricarsi, aveva mondato l'angolo.

«Giustizia è fatta», aveva poi detto al marito.

«Va bene», aveva risposto l'uomo, «ma il cicisbeo?»

«Si chiama Alfredo», l'aveva ammonito la moglie.

D'accordo, Alfredo. Ma non sembrava lo stesso dell'altra volta.

«Un cagnetto al guinzaglio.»

«Una volta sposati, le cose cambieranno.»

«Ma si sposeranno mai?» aveva chiesto l'uomo.

Appunto.

Cosa aspetti a sposarti, bellezza?

29.

«Cosa aspetti a sposarti, bellezza?»

Ormai era quella la formula con la quale l'Ernesto salutava l'Adelaide quando si appostava davanti all'ingresso dell'Orrido e le consegnava la borsa con il solito contenuto.

Vedere il Taglia a Adelaide non dispiaceva, anche se aveva rinunciato da tempo a farne un avversario dell'Alfredo. Visto che ormai sapeva cosa c'era nella borsa, avrebbe voluto trovare il coraggio per dirgli di smettere di usarla per quelle consegne. Soprattutto perché il Tedesco, di guardia sulla soglia dell'atrio, non perdeva occasione di farle notare che niente sfuggiva alla sua vista e le lanciava frasi fatte, tipo «chi va al mulino s'infarina», che, dai e dai, avevano messo addosso a Adelaide una certa inquietudine.

Anche quel lunedì mattina il Taglia la stava aspettando. Adelaide lo vide non appena sbucata dalla curva dell'Orrido, la solita borsa in mano, la solita richiesta, consegnarla al capomeccanico Lino.

Adelaide la prese, ma non nascose un gesto di nervosismo.

«D'accordo», disse, «ma è l'ultima volta. Per la prossima cercati qualcun altro.»

«Sei arrabbiata con me?» buttò lì l'Ernesto.

Anche.

Ma non era solo quello.

Adelaide da un giorno con l'altro aspettava l'esito del concorso per dattilografa e, se il Signore l'avesse aiutata, avrebbe finalmente potuto abbandonare il posto da operaia. Questo significava che non sarebbe più entrata dal cancellone insieme con gli altri, ma dall'atrio, insieme con tutti gli impiegati.

Avrebbe imboccato, insomma, la scala che portava agli uffici e sarebbe suonato quantomeno strano che lei si infilasse tra gli operai e andasse nei reparti nonostante il nuovo incarico.

«È abbastanza chiaro?» chiese Adelaide.

«Limpido», rispose il Taglia che, dopo averle scoccato un bacetto che risuonò nell'aria, si involò risalendo la scalinata che portava al cimitero.

30.

A Livio Monega, proprietario del caffè dell'Imbarcadero, fregava niente dello sport.

Il cassetto, alla sera, quando chiudeva: quello era l'unico sport che gli piaceva, contare denari.

Però, quando aveva orecchiato che l'associazione Ciclo Bellanese avrebbe organizzato per domenica 24 giugno la Sanremo del Lario, gara ciclistica per dilettanti di terza categoria, valevole per il campionato provinciale, aveva immediatamente fiutato l'affare. A Benedetto Malenco, segretario della Ciclo, che l'aveva interpellato chiedendo un contributo per l'acquisto di coppe e medaglie, aveva risposto:

«Farò di più».

Soldi non ne aveva sganciati.

«Vi darò la vetrina a gratis!»

La proposta aveva lasciato interdetto il Malenco. La spiegazione del Monega l'aveva illuminato.

«Vetrina d'angolo, dove esporre i premi!»

Un figurone visto che la gara partiva e arrivava sul lungolago Grossi, al cui imbocco c'era il suo locale.

«Premiazione nel giardinetto e, in caso di pioggia, nella sala da tè!»

Al Malenco la proposta era piaciuta. La Ciclo aveva una sede che gli stessi affiliati chiamavano «bùs» e inoltre quella era la prima gara ufficiale che, a due anni dalla fondazione, la federazione le affidava. Per suggellare l'accordo i due s'erano stretti la mano. Mancavano un paio di settimane all'evento. Il Monega non aveva perso tempo e aveva fatto bene i suoi calcoli.

«Dunque...»

Sessanta ciclisti iscritti. Minimo uno o due parenti al seguito, genitori fratelli amici eccetera. I dirigenti, i meccanici e compagnia bella.

«Vogliamo fare tre?»

Aveva fatto tre, meglio stare bassi.

Il pubblico.

Aveva deciso per un forfait calcolando, per difetto, duecento persone.

Alla fine aveva tirato una riga e chiuso i conti: cinque-seicento persone avrebbero affollato il lungolago.

Quando aveva comunicato al panificio dei fratelli Scaccola che per quella domenica gli servivano quattrocento michette e all'alimentarista Spinotti una quantità di affettati sufficiente a imbottirle, entrambi gli avevano chiesto se fosse matto.

«Sì, da legare», aveva risposto lui.

Facendo presente a entrambi che non erano gli unici sulla faccia della terra a sfornare pane e a tagliare salumi, disse loro che se volevano evadere l'ordine bene, sennò si sarebbe rivolto altrove.

«Contento te», avevano risposto.

Ecco, bravi, aveva chiuso il Monega.

A quattro giorni dalla gara, il Malenco gli portò coppe e medaglie.

«Vuoi una mano per la vetrina?» chiese.

«No», rispose il Monega.

Voleva fare tutto da solo. Aveva già in testa un progettino. Vi si dedicò quella stessa sera, dopo aver chiuso il caffè e congedato il cameriere Squinzano.

La mattina di giovedì la vetrina faceva mostra di sé.

Le medaglie, tre patacche color oro, argento e bronzo, pendevano dal soffitto della vetrina ad altezza variabile, a significare la diversa posizione dei primi tre classificati. Le coppe, quelle per le tre società meglio classificate entro i primi dieci, per il vincitore del Gran Premio della Montagna e per quello dei traguardi volanti, stavano appoggiate su un panno azzurro che il Monega aveva ritagliato da un vecchio lenzuolo dandogli la forma del lago di Como. Sul fondo della vetrina aveva applicato fotografie di ciclisti delle più varie epoche, da Guerra a Girardengo a Bartali, Coppi, Gimondi e Adorni, mettendoli tutti in gruppo. Non aveva dimenticato di incollare, sopra il gruppone, una scritta con lettere ritagliate dalla «Gazzetta dello Sport» che recitava «Vinca il migliore!». Infine, nell'angolo in basso a destra, ma ben visibile perché tracciato in vernice rossa, un cartello con la scritta «Quì punto di ristoro».

Solo il maestro Fiorentino Crispini contestò l'accento, ma il Monega se ne fregò.

La domenica della gara, Livio si alzò per tempo e la prima cosa che fece fu controllare il cielo: nemmeno una nuvola e un leggero tivano.

Perfetto!

Poi aprì il caffè e distribuì i compiti per la giornata. Il cameriere Squinzano al banchetto delle michette, al banco del bar tal Pittarelli, avventizio assunto solo per la giornata.

Alla cassa, naturalmente, lui.

31.

Il percorso della Sanremo del Lario era variegato. Da Bellano, lungolago Grossi, a Lecco lungo la statale 36. Da lì, in salita, verso la Valsassina poi, in discesa, di nuovo a Bellano per puntare su Colico. Al Trivio di Fuentes inversione di marcia e ritorno a Bellano per concludere sul rettifilo del lungolago. Alle otto, operazioni di controllo e assegnazione dei numeri, alle nove partenza.

Alle otto e trenta l'Ernesto Tagliaferri si presentò in piazza Verdi dove s'erano concentrate tutte le auto accreditate a seguire la gara. Era al volante di una 1100 blu, ricoperta di scritte. Sui due lati «Sanremo del Lario», sul cofano «Il Bellanasco», titolo di un foglietto mensile che trattava argomenti di interesse locale.

L'idea era stata proprio dell'Ernesto e aveva entusiasmato i giovani redattori del giornaletto: avrebbero fatto un figurone. C'era solo un problema, aveva confessato il Taglia: lui non aveva auto.

«Nessun problema», aveva assicurato uno di quelli.

Suo padre, aveva detto, non gli avrebbe negato la propria. E così era stato.

Come agli altri, anche all'Ernesto e ai due giornalisti in erba che lo accompagnavano venne raccomandato di tenersi dietro i corridori per non intralciarne la marcia. Davanti poteva stare solo il mezzo dei carabinieri con il maresciallo Pezzati a bordo per fare da sentinella agli incroci.

Al vedere l'Ernesto, il maresciallo gli si fece incontro.

«Tagliaferri», disse, «niente consegne oggi?»

Il Taglia si mise subito sul chi vive.

«Cioè?»

«Voglio dire, niente lavoro oggi? Il Casamatti come farà senza di te?»

«Ma è domenica, maresciallo!»

Il Pezzati sorrise, dandosi una pacca sulla fronte.

«Me n'ero quasi dimenticato. Il giorno dedicato al riposo, e guarda cosa ci tocca fare...»

«Be'», osservò l'Ernesto, «quando si può dare una mano...»

Il Pezzati fece per dire qualcos'altro. Gli troncò la parola in bocca l'altoparlante che richiamò tutti ai loro posti. Mancavano pochi minuti alla partenza, e alle nove i corridori cominciarono a pedalare.

L'Ernesto ebbe cura, sin dall'inizio, di tenersi in coda a tutti, nonostante le proteste dei due accompagnatori i quali osservarono che, così facendo, non si riusciva a vedere niente. Sino a Lecco filò tutto liscio. Poco prima di entrare in città, il Taglia rallentò sensibilmente, perdendo contatto con il resto delle auto al seguito, e davanti al ristorante La Montagnina, un centinaio di metri prima del molo della Navigazione, fece la sua prima fermata. Solo allora i due redattori del «Bellanasco» si resero conto che il bagagliaio della macchina era stracolmo di stecche di sigarette.

Uno dei due, il fornitore della macchina, protestò immediatamente.

«Ma che cazzo fai!»

Il Taglia fu serafico.

«Niente», rispose.

Consigliava a entrambi di fingere di non vedere. Sarebbe stato meglio per tutti.

Perché, spiegò, se qualcuno avesse avuto intenzione di fare la spia prima, durante e dopo, a lui non sarebbe costato niente dire che erano d'accordo tutti e tre e nei guai ci sarebbero finiti in compagnia.

«Compreso, magari, il proprietario della macchina», concluse l'Ernesto, ottenendo il risultato di ridurre al silenzio i due.

Da Lecco in avanti fu un rosario di fermate. La consegna era evidentemente grossa, visto che l'Ernesto aveva con sé un elenco di luoghi. Dopo Lecco, Introbio, Moggio, Cassina, Barzio, Cortenova.

A Primaluna, la sosta presso il ristorante Larice Bruciato durò più delle precedenti. Quando ritornò in macchina, il Taglia aveva un alito che sapeva francamente di cognac. Alla protesta di uno dei due redattori, secondo il quale, così facendo, sarebbero arrivati a Bellano non solo quando i corridori avevano già tagliato da un pezzo il traguardo ma erano anche ripartiti, armi e bagagli, verso casa, l'Ernesto rispose seccamente.

«Diremo che abbiamo bucato.»

E ripartì con un balzo e una sgommata.

Ormai mezzo bagagliaio era stato consegnato. L'altra metà era appannaggio delle tappe previste tra Colico e Bellano, ma non giunse mai a destinazione.

Poco dopo Taceno infatti, effettuata la consegna presso il bar-tabacchi-trattoria La Pioverna e bevuto l'ennesimo cognac, il Taglia impostò male una delle strette curve tra Taceno e Portone. La macchina eseguì una specie di virgola. Per rimetterla in carreggiata ci sarebbero voluti ben altri riflessi rispetto a quelli su cui poteva contare il Taglia in quel momento. Le grida dei due del «Bellanasco» accompagnarono la scivolata dell'auto verso il ciglio a monte della strada, contro il quale si fermò con un impatto devastante. Una fortuna, tutto sommato: fosse scivolata a valle, verso il letto del Pioverna, sarebbe stato necessario il cucchiaino per raccogliere i tre.

Per l'urto, il motore della 1100 venne sbalzato fuori. L'Ernesto e il passeggero a lato infransero con la testa il parabrezza, quello seduto dietro si scanchignò il naso picchiando contro il sedile anteriore.

L'ambulanza, non quella nuova promessa all'ospedale dall'Avis, ma il solito vecchio catorcio militare di un verde mimetico ormai sbiadito, arrivò nel giro di una mezz'ora.

Dietro di lei il mezzo dell'Arma dal quale scesero i carabinieri Scaramuccia e Mesana. Il Pezzati, nonostante avesse voluto, non era potuto andare a rilevare l'incidente, trattenuto a valle da un altro casino scoppiato a fine gara.

32.

Era stato il Monega a sollevare la questione, subito dopo la conclusione della gara e prima della cerimonia di premiazione.

Cinquecento persone presenti, aveva calcolato a occhio un quarto d'ora prima che partisse la gara: avrebbe fatto vendemmia... Aveva lasciato cominciare la corsa, poi aveva piazzato il banchetto con i panini e aveva trascorso il tempo dell'attesa dando una mano a sistemare il palco della premiazione. All'arrivo dei primi, un gruppetto di tre, finale in volata, si era piazzato, famelico, alla cassa del bar.

Dopo venti minuti passati senza riscuotere neanche un centesimo era uscito a vedere cosa stesse succedendo e aveva preso visione del dramma.

Il cameriere Squinzano stava rifornendo di panini il banchetto perché la prima pigna era svanita nel nulla.

«Si può sapere cosa cazzo fai?» aveva gridato il Monega mentre alle sue spalle si intruppava una folla composita di ciclisti e accompagnatori affamati e con le braccia tese verso le michette. Lo Squinzano aveva il riporto scomposto per via della breva che si era da poco alzata. Aveva risposto strabuzzando gli occhi.

«Gli do i panini!»

«Ma a chi cazzo li dai se nessuno li paga!»

C'era stata una pausa di vento, il riporto era planato dolcemente sul cranio del cameriere.

«Ma non sono gratis?»

«Ma che gratis e gratis, porca di quella troia...» aveva inveito il Monega, ponendosi davanti al banchetto e allargando le braccia.

«Fuori dai coglioni!» aveva gridato alla massa dalle braccia tese, simile a un mostro dell'antichità. «Chi vuole il panino lo deve pagare!»

Qualche sveltone nel frattempo, approfittando del caso, si stava servendo direttamente dalla cesta.

«Ma che pagare se sono gratis!» s'era levata allora una voce.

Apparteneva a uno che indossava la maglietta del Pedale Galbiatese. Non era un corridore, aveva piuttosto il fisico di un pugile, e probabilmente non era nemmeno uno sportivo vero e proprio, avendo una sigaretta all'angolo della bocca che non s'era tolto neanche per parlare. Però doveva godere di qualche stima nell'ambiente perché allo scoppio della sua voce la gente s'era quasi zittita e tirata un po' indietro.

«Vai Gimbo!» l'aveva sostenuto qualcuno e il Gimbo aveva fatto due passi verso il Monega.

«Perché pagare se sono gratis?» aveva ripetuto.

Il Monega aveva negli occhi solo il suo cassetto orfano, non aveva valutato le dimensioni del soggetto.

«Ma porca puttana, ma chi ve l'ha detto!» aveva gridato.

«L'hanno detto», aveva ribattuto il Gimbo. «Noi qui siamo ospiti.»

«Ma che ospiti delle mie balle!» era insorto il Monega. «Ladri, ecco cosa siete!»

All'insulto, il Gimbo aveva fatto il gesto di tirar su maniche che non esistevano, mentre la gente aveva ricominciato a rumoreggiare, come e più di prima.

«Ladri a chi?» aveva proposto il Gimbo ormai pericolosamente vicino al Monega.

A quel punto il maresciallo Pezzati, avvisato del pericolo di rissa, s'era messo in mezzo.

Il Monega, da pallido, era ridiventato rosso. Alla domanda del Pezzati su cosa stesse succedendo aveva risposto: «Io questi qui li denuncio tutti, dal primo all'ultimo».

Il Gimbo, interrogato con lo sguardo, s'era difeso.

«I panini sono gratis. L'hanno detto.»

«Gratis, gratis», aveva ribadito il coro alle sue spalle.

Il Pezzati, rendendosi conto che in mezzo a quella cagnara non avrebbe cavato un ragno dal buco, aveva fatto cenno ai due contendenti di avvicinarsi.

«Ne discutiamo in caserma, d'accordo? Prima lasciamo fare le premiazioni e poi ne parliamo, come bravi bambini.»

«Però adesso i panini li pagano se li vogliono», aveva interloquito il Monega.

«Non sono affari miei», aveva sentenziato il maresciallo.

«E poi voglio che sia presente anche il segretario della Ciclo, il Malenco.»

«Altro?» aveva chiesto il maresciallo.

No, basta così.

«Allora adesso finish, sciò! Se sento ancora gridare ve la canto io la canzone.»

E, prima di allontanarsi, avendolo visto tra la folla con un taccuino in mano, aveva chiamato a sé Ignazio Grillini.

«Vediamo di non scrivere altre cazzate, eh!»

La telefonata d'avviso circa l'incidente avvenuto in località Portone era arrivata proprio nel pieno della discussione che si stava svolgendo tra le quattro mura della caserma.

Non c'era il Gimbo, sostituito dal segretario del Pedale Galbiatese, commercialista con alle spalle una carriera di studi in legge interrotta causa matrimonio riparatore. Tuttavia qualcosa dei vecchi studi era rimasto nella memoria del commercialista.

«Vox populi, vox dei», aveva detto a sostegno della tesi che la voce circa la gratuità dei panini non poteva essersi generata da sé, qualcuno doveva averla pur propalata: un responsabile, o colpevole, quindi c'era, bastava trovarlo.

Cazzata, aveva pensato il Pezzati, dando la parola al Malenco.

«A nessuno della Ciclo è mai venuto in mente di dire una cosa del genere», aveva affermato. «Tuttavia va tenuto presente il gran numero di spettatori. A chiunque potrebbe essere venuto il ghiribizzo di inventarsi una bugia siffatta, magari anche solo per il gusto di creare scompiglio, seminare zizzania...»

E due, calcolò il maresciallo.

Il Monega aveva atteso il suo turno fremendo.

«Sta di fatto che a me restano sul gobbo più di quattrocento panini», aveva comunicato.

Quelli che s'erano involati senza essere pagati. E quelli che erano rimasti sul banchetto, perché dopo il casino nessuno più si era avvicinato e lo Squinzano aveva ingannato il tempo sistemandosi il riportino.

«Me li hanno rubati. E chi ruba è un ladro e io lo denuncio.»

Terza cazzata.

Una denuncia siffatta era destinata a finire in niente prima ancora di essere firmata. I ladri, se così potevano essere definiti, potevano contare su un vagone di attenuanti. I prezzi non erano esposti, il cartello «Ristoro» poteva trarre in inganno chiunque, il banchetto occupava suolo pubblico e anche questo era valido motivo di confusione.

«Se la giustizia non mi aiuta, farò da solo», aveva proclamato il Monega.

«Si accomodi», aveva interloquito il maresciallo, «e buona fortuna.»

Ce ne voleva tanta visto che nel frattempo corridori, accompagnatori e compagnia cantante se n'erano andati e il lungolago era tornato deserto come se l'estate, anziché iniziare, fosse finita da un pezzo.

A conclusione, il Pezzati aveva proposto di chiudere lì la faccenda. I due segretari s'erano detti d'accordo.

«Ci penserò», aveva invece dichiarato il Monega che stava già riflettendo di proporre un affare all'oste del Crachen, che teneva maiali: tutti quei panini da dare in pasto ai suini in cambio di un certo numero di salami quando sarebbe arrivato il momento.

Dell'incidente il maresciallo Pezzati prese visione verso metà pomeriggio, dopo aver fatto un sonnellino ristoratore dentro il quale era entrato ripetendosi un verso del poeta amato: «Umana cosa picciol tempo dura» e aver letto il verbale compilato dal carabiniere scelto Mesana e dal carabiniere Scaramuccia, inviati sul posto.

Auto da rottamare, tre feriti all'apparenza non gravi – Tagliaferri Ernesto, Pedevelli Aurelio, Scartini Gino –, ma comunque ricoverati presso il locale nosocomio per accertamenti.

33.

L'Orio dell'autofficina, quella dove lavorava l'Alfredo, era l'unico che da Varenna in su, Colico escluso, possedesse un mezzo per il recupero delle macchine incidentate.

Faceva un servizio ventiquattr'ore su ventiquattro un po' particolare, nel senso che la domenica soprattutto, e soprattutto con la bella stagione, se ne andava in montagna partendo alla mattina presto e tornando la sera. Se era tempo di funghi poi, poteva essere lunedì o mercoledì, contava niente. Lasciava tutto in mano all'Alfredo, che non aveva la patente per guidare il mezzo, e ciao moretta.

Quella domenica era stato all'alpe di Deleguaggio, sui monti di Premana, a trovare un amico, e solo verso sera il maresciallo era riuscito ad avvisarlo che c'era un'auto da recuperare, dandogli gli estremi del proprietario cui spettava l'onere finanziario dell'operazione.

Informato circa il luogo dell'incidente, del fatto che l'auto non intralciava il traffico e che la stessa era in condizioni tali da aver bisogno più di uno sfasciacarrozze che di un meccanico-carrozziere, l'Orio se la prese comoda. Partì nel primo pomeriggio di lunedì, si concesse più di una briscola alla Trattoria Portone in compagnia di due stradini e di un geometra dell'amministrazione provinciale, e poi provvide al recupero.

Quando fece ritorno all'autofficina era ormai ora di chiusura.

«Guarda un po'», disse all'Alfredo, indicando la 1100.

L'Alfredo su quelle cose aveva l'occhio lungo.

«Un mese almeno solo per la carrozzeria», diagnosticò.

Poi salutò e scappò di fretta, perché era ormai l'ora dell'appuntamento serale con Adelaide.

Un appuntamento che sarebbe stato cruciale. Lo aveva deciso due giorni prima, subito dopo cena, quando sua madre era sbottata col dire:

«Ma lo vuoi capire che quella ragazza ti vuole sposare?» e poi era tornata silenziosa.

In quel momento aveva capito che anche lui la voleva sposare e che l'ora per mettere insieme una frase che suonasse come dichiarazione e richiesta era maturata.

Sorprese sé stesso, poco dopo, quando tutte le parole che aveva pensato in quelle ore si allinearono obbedienti e gli uscirono di bocca come se non fosse lui a parlare.

Adelaide si illuminò.

«Ma ho capito bene?» chiese.

«Credo di sì», rispose lui.

Allora, senza badare al Tedesco, cui scappò un sorrisetto malizioso, lei lo baciò.

34.

Nemmeno l'Orio badò all'ora quando prese in mano la cornetta del telefono per chiamare il maresciallo Pezzati.

Subito dopo cena infatti il Pedevelli padre, proprietario della macchina incidentata, gli aveva telefonato per chiedergli la cortesia di fare entro l'indomani mattina una stima dei danni subiti dalla vettura perché sarebbe passato con il perito dell'assicurazione e insieme con lui avrebbero discusso il da fare.

«So di darle una scocciatura, ma le garantisco che non lo farà per niente.»

L'Orio era partito al galoppo. E un quarto d'ora dopo s'era trovato davanti alla sorpresa.

«O cazzo!»

Non fece caso all'ora, quindi, e chiamò subito in caserma chiedendo al carabiniere Scaramuccia di parlare direttamente con il maresciallo.

«Maresciallo, ma ha visto?» esordì l'Orio.

Istintivamente il Pezzati si guardò in giro per l'ufficio tenendo la cornetta incollata all'orecchio.

«Cosa?» chiese.

«Ci saranno trenta stecche di sigarette qui!»

«Qui, dove?» chiese il Pezzati.

Ma conosceva già la risposta.

Tanto che l'Orio ribadì:

«Qui», senza specificare.

«Vengo subito», avvisò il maresciallo.

35.

Bravi carabinieri!

«Carabinieri coi brufoli!»

In realtà i brufoli li aveva solo Scaramuccia. Il carabiniere scelto Mesana, mai avuti. Ma preferì stare zitto perché il maresciallo Pezzati aveva l'aria incazzata.

«Ma come, vi mando a rilevare un incidente, e non vi accorgete di niente!»

Quindi:

«Dobbiamo farci bagnare il naso da un carrozziere?».

Poi:

«O forse avete pensato che quella fosse una macchina del Monopolio di Stato?».

Basta così, decise infine il Pezzati. Ormai erano le undici suonate, il mazzo glielo aveva fatto e lui s'era sfogato.

«Va', va', andate a dormire», disse.

Adesso la faccenda riguardava lui e il Tagliaferri.

Una bella coppia di coglioni.

Proprio così, ammise tra sé il maresciallo.

Il Taglia perché credeva di essere il re dei furbi.

E lui un po' coglione lo era stato per due ragioni. La prima perché aveva mollato la guardia. D'altronde, non c'era soltanto il Taglia da tenere d'occhio in quel paese. La seconda era più grave. Colpa della vista, degli esecrati occhiali.

Frugò tra le carte che aveva sulla scrivania e la trovò. Una nota informativa nella quale il collega di Gravedona lo informava che i contrabbandieri della sponda occidentale avevano ripreso alla grande l'attività, dopo un periodo in cui la Guardia di Finanza li aveva mazziati per benino. C'erano anche alcuni nomi, tra i quali quel Marchetti di buona memoria. La nota era datata sette giorni prima e lui s'era messo a leggerla dopo aver inforcato gli occhiali. Solo che mentre leggeva uno dei suoi carabinieri aveva bussato, lui aveva nascosto gli occhiali, l'aveva fatto entrare, s'era esibito davanti a quello fingendo di leggere fino in fondo l'informativa, poi l'aveva riposta sul tavolo e vattelappesca, se l'era dimenticata.

A conti fatti, ragionò il maresciallo, era andata bene. Il Taglia s'era messo nella merda con le sue mani, gli si era servito da sé su un piatto d'argento: era in ospedale, con trenta punti di sutura sulla capoccia, trattenuto in osservazione per qualche giorno.

Parlare però poteva.

Parlò eccome, infatti.

Anzi, cantò, sotto la precisa direzione del maresciallo Pezzati, che lo fece rosolare per bene prima di incontrarlo.

36.

Martedì mattina il Pezzati s'era recato in ospedale e aveva raccolto la testimonianza dei due compagnucci del Taglia. Prima però era passato da lui, dicendogli che lo lasciava per ultimo perché aveva parecchie cose da chiedergli.

«Cosine», aveva detto, accompagnando la frase con un sorrisetto tutt'altro che tranquillizzante.

Volutamente non l'aveva interrogato quel giorno e il Taglia, pur senza darlo a vedere, aveva cominciato a cuocere. L'agitazione dell'Ernesto era sensibilmente aumentata quando la caposala del reparto, suor Oriente, gli aveva comunicato che per ordine del Pezzati non avrebbe potuto ricevere visite senza il suo permesso, esclusi naturalmente i sanitari. Il sanitario, nella persona dello stesso professor Invitto Lodi, l'aveva visitato quello stesso pomeriggio. Imbeccato dal Pezzati, aveva riferito al degente che doveva controllare se fosse in condizioni tali da sopportare un viaggio di trasferimento.

«Dove?» s'era allarmato l'Ernesto.

«Credo all'ospedale militare di Baggio», aveva risposto il Lodi.

L'agitazione del Taglia era diventata ansia vera e propria, tanto che a sera aveva accusato un accenno di febbre.

Giocando sul fatto che il Tagliaferri era ignorante in materia, il Pezzati l'aveva fatta sparare al professore: sapeva che la prospettiva di finire in mani estranee non poteva che spingerlo a diventare morbido e ubbidiente.

Sempre su suggerimento del Pezzati, mercoledì mattina suor Oriente aveva comunicato al Taglia che il maresciallo si vedeva costretto a rinviare l'interrogatorio, essendo in attesa di ordini superiori circa il suo destino dalla tenenza di Lecco. L'Ernesto aveva così passato tutto il mercoledì a immaginare di essere finito in un trappolone. Qualche infame magari, magari proprio quel Marchetti di merda, aveva cantato per farsi bello e gli aveva addossato colpe che non aveva. A sera era ormai convinto che fosse andata così: non si spiegavano altrimenti l'isolamento e l'interesse da parte della tenenza di Lecco. Aveva dormito una mazza, nonostante certe gocce che la suora, avendone pietà, gli aveva fatto prendere. L'ultima botta gliela diede giovedì mattina suor Oriente quando, questa volta senza mentire, gli disse che il professore aveva stabilito che poteva essere dimesso in giornata.

«Ma dove vado?» chiese immediatamente il Taglia.

«Lo stabilirà il signor maresciallo», fu la risposta della religiosa.

E, come in un gioco di prestigio, il maresciallo Massimino Pezzati si materializzò alle spalle di suor Oriente.

Il momento finalmente era arrivato.

«Maresciallo», sbottò il Taglia, «faccio tutti i nomi che vuole.»

Il Pezzati gli fece cenno di stare calmo.

«Quelli che sai, Tagliaferri», disse. «Mi bastano quelli.»

37.

Per l'occasione l'Ernesto doveva aver ripassato per bene il codice di comportamento del perfetto infame, che prevede di confessare anche quello che non viene richiesto.

Dapprima, e senza celare una certa soddisfazione, sparò il nome del Marchetti.

Era lui che, di notte e con la barca carica di sigarette, attraversava il lago e distribuiva sulla sponda di qua.

«Da solo?» chiese il maresciallo.

«No», rispose il Taglia.

Sulla barca stavano in tre. Barca a motore tra l'altro, per fare più in fretta. Spegnevano a circa cento metri dalla riva e poi sotto coi remi. Tre in ogni caso, come si diceva. Purtroppo, stante il buio, degli altri due non poteva fornire una descrizione accurata.

«Peccato», fece il Pezzati.

Però almeno i nomi se li ricordava. Canavelli uno, dell'altro sapeva il soprannome, Bisarca.

«Non se li segna maresciallo?» chiese l'Ernesto notando che il Pezzati non aveva con sé taccuini.

«Ho la memoria buona», rispose quello. «Tu pensa a raccontare.»

Consegna una volta alla settimana, in giorni variabili, avviso per telefono. Punto d'incontro, la puncia del Cane.

«Consegna su ordine», specificò il Taglia.

«Cioè?»

Cioè, lui ordinava il quantitativo che gli serviva dopo aver raccolto le comande e tanto gli veniva dato. Pagamento sull'unghia.

«Quanta roba ogni volta?» chiese il maresciallo.

«Di media una cinquantina di stecche.»

Il Pezzati storse il naso: in tre su una barca, di notte, a rischio di essere beccati dalla Finanza, per cinquanta stecche di sigarette?

Il Taglia comprese al volo.

«Mica venivano solo per me», chiarì immediatamente.

Attraccavano a Corenno Plinio, in una spiaggetta quasi sotto il castello. Lì c'era il Dondini, Eusebio Dondini, che poi distribuiva anche in Valvarrone.

A Dervio, allo scivolo, Silvino Pellicani.

Lui alla puncia del Cane.

A Gittana, Eriberto Maglia, non quello degli alimentari, ma il proprietario del circoletto Dopolavoro Ars et Labor.

A Varenna, in un'insenatura di lato allo sbocco del fiumetto, Pinelli Ascanio, che d'estate spuntava anche un paio di quintali alla settimana per via del turismo.

Finito di parlare, il Taglia tirò un bel respiro di soddisfazione. Era contento come una Pasqua, non immaginava che fare il ruffiano potesse essere così piacevole.

Il Pezzati però ne frenò l'entusiasmo.

«E poi?» chiese.

«E poi cosa? Maresciallo, le ho detto tutto quello che sapevo!» obiettò l'Ernesto.

«Le fumavi tutte tu quelle sigarette?» chiese il Pezzati.

«Capito», fece il Taglia. Il caramba voleva sapere come avveniva la distribuzione.

Va bene.

Magazzino in casa. Alcuni andavano direttamente da lui a ritirare la merce. Ad altri la consegnava lui, o sennò...

Cazzo!, si interruppe l'Ernesto.

Per colpa dell'entusiasmo s'era tradito. Il manuale del perfetto infame non prevedeva che si giungesse a tanto.

Poteva solo sperare che il maresciallo non avesse notato la sua esitazione.

Magari!

«Sennò?»

Solo in quel momento il Taglia si ricordò di avere la bellezza di trenta punti di sutura sul cranio e un'imponente fasciatura a mo' di turbante. Fece la faccia di quello che soffre e si portò una mano alla fronte.

«Cosa c'è?» chiese il maresciallo.

«Mi è venuto mal di testa», rispose l'Ernesto.

Il Pezzati sorrise.

«Ascolta», disse, «il mal di testa te lo faccio venire io se non mi dici tutto quello che voglio sapere. È chiaro?»

«Sì... però...»

«Sennò!» ribadì il Pezzati. «Eravamo rimasti lì!»

«Però, quello che le dirò resterà tra noi?» chiese l'Ernesto.

«Ma sei scemo?!» esplose il maresciallo. «Ma cosa credi di essere, Arsenio Lupin, il ladro gentiluomo? Ti avverto che il pretore si fida di me e se gli chiedo di avere un occhio di riguardo per quelli che aiutano le indagini mi dà retta. Avanti quindi.»

«Be', un bel punto di smercio era il Lino», borbottò il Taglia.

«Lino, chi?»

«Il capomeccanico del cotonificio.»

«Chi altri rifornivi?»

«Non è che proprio lo rifornissi io...» mormorò l'Ernesto.

«Spiegati perdio!»

Ecco, per non esporsi troppo, farfugliò il Taglia, per non dare troppo nell'occhio insomma... ecco, aveva pensato di sfruttare alcune conoscenze.

«Cioè ti aiutavano a smerciare.»

«Sì, insomma, portavano dentro le stecche.»
«Sapevano quello che stavano facendo?»
«Maresciallo, mi giura che...»
«Lascia perdere i giuramenti Tagliaferri, e tira fuori i nomi.»
L'Ernesto si rimise una mano sulla fronte.
«Comunque non c'entrano», ribadì.
«Tu fammi 'sti nomi e lascia giudicare a me», puntualizzò il maresciallo.
Senza via d'uscita, il Taglia fece l'elenco.
Adelaide era compresa.

38.

Quella sera stessa il maresciallo Pezzati si immaginò la scena come se fosse la sequenza di un film. Pensò anche alla battuta finale. La mormorò più volte, godendo.

«Adesso può chiamare la Finanza.»

Quando la mattina seguente, in compagnia del carabiniere scelto Mesana, si presentò nell'ufficio del direttore del cotonificio per informarlo che nel suo stabilimento si nascondeva una tabaccheria clandestina, questi rispose:

«Maresciallo, voglio sperare che lei si sbagli».

Al Pezzati dava un certo prurito che si mettesse in dubbio la sua parola.

Fu secco.

«Non sbaglio.»

E, tanto per essere preciso, gli spiegò dov'era.

«Nel magazzino dell'officina interna.»

Chi la gestiva.

«Il vostro capomeccanico, tale Lino Scomparti, da Casargo.»

Come veniva rifornita.

«Variabilmente. A volte lo Scomparti si serviva direttamente dal fornitore, a volte riceveva la merce grazie alla complicità di alcune operaie.»

«Posso conoscerne i nomi?» chiese il direttore.

«Con piacere.»

Oltre a quello di un altro paio, al sentire il nome di Adelaide il direttore sbottò.

«Non ci posso credere!»

«E perché mai?» chiese il maresciallo.

Perché...

Perché, innanzitutto, lui per primo l'aveva sempre ritenuta una donna seria, onesta, lavoratrice indefessa, mai un giorno di malattia nei quattro anni in cui aveva lavorato alle linee, tanto che era stato particolarmente contento che si fosse decisa a fare un corso per dattilografa e partecipare a un concorso interno per entrare negli uffici della direzione: era certo che sarebbe diventata una collaboratrice preziosa, insostituibile. In secondo luogo, era il tipo di ragazza che, se lui avesse avuto un figlio maschio – purtroppo aveva solo due femmine –, sarebbe stato più che felice di avere per nuora. Era nata per dedicarsi al lavoro e alla casa, anzi, soprattutto alla casa, al marito, ai figli. Insomma, non la voleva dipingere come una santa, ma al direttore pareva di avere sufficienti motivi per restare allibito davanti a una rivelazione del genere. E se quelle parole non fossero venute dalla bocca del signor maresciallo, avrebbe stentato a crederle vere.

«Tuttavia così è», ribadì il maresciallo, che non vedeva l'ora di fare un sopralluogo in officina e finalmente sputare la famosa frase che dalla sera prima gli prudeva sulla punta della lingua.

39.

Il capomeccanico non lo volle nemmeno vedere.

Lettera di licenziamento in tronco, decise il direttore Selchi, consegnata a mano, che non si facesse mai più vivo da quelle parti.

Con Adelaide la faccenda era diversa.

Il maresciallo Pezzati, dopo aver delibato la soddisfazione di vedere la Finanza ringraziare l'Arma per il lavoro svolto, l'aveva illuminato sulle conseguenze. Se per il Taglia e il Lino un bel processo era scontato, non così sarebbe accaduto per gli altri, Adelaide compresa, coinvolti nella vicenda.

Nel loro comportamento non c'era dolo, non l'avevano fatto per denaro, se mai l'avevano fatto perché erano ingenui o scemi. Nessun pretore si sarebbe accanito su di loro e, visto che erano tutti incensurati, alcune addirittura madri di famiglia, gli era sembrato giusto stralciare la loro posizione dagli atti dell'indagine, onde evitare inutili lungaggini. Restava aperta la questione, come dire?, morale.

«Ma questa non è cosa che riguarda noi carabinieri», aveva concluso il Pezzati. Il direttore ci aveva ragionato, e ragionando aveva stabilito che non poteva agire con due pesi e due misure. Al doveroso licenziamento con il quale aveva colpito il capomeccanico, doveva affiancare qualcosa che somigliasse a una punizione anche per Adelaide e le altre, per evitare l'insorgere di chiacchiere, sospetti di favoritismo o chissà cos'altro.

D'altra parte, quando aveva chiamato il Tedesco per consegnargli la lettera del Lino, questi, con un'incredibile faccia tosta, gli aveva chiesto:

«Solo una?» a riprova che non solo la presenza dei carabinieri ma anche il motivo della visita presso il cotonificio era diventato di pubblico dominio, confermato dal successivo intervento dei finanzieri.

Lasciò passare un paio di giorni, poi la fece chiamare nel suo ufficio.

Adelaide era già inquieta di suo. Il Tedesco, all'ingresso, non le aveva risparmiato qualche battutina. La sosteneva il pensiero della sua buona fede, ma non fu sufficiente a rincuorarla quando si trovò faccia a faccia con il direttore.

«Le parlo come se fosse mia figlia», esordì questi invitandola poi ad accomodarsi.

Guardando perlopiù il piano della scrivania, il Selchi entrò in argomento affermando che gli sembrava inutile perdere tempo in chiacchiere.

«Ho sotto gli occhi il verbale della commissione che ha valutato i lavori di tutti coloro che hanno fatto domanda per essere assunti negli uffici con vari incarichi», esordì.

Adelaide, per quanto riguardava il settore delle dattilografe, era risultata tra le prime tre. A quel punto il direttore la guardò in viso.

«Però entrambi sappiamo quello che è accaduto, vero?» disse.

Adelaide chiuse gli occhi, immaginò di aver di fronte suo padre. Le venne il magone al pensiero che quella faccenda arrivasse alle sue orecchie e a quelle di sua madre.

«E mi vedo costretto a prendere provvedimenti», aveva nel frattempo detto il direttore.

Il nome dell'azienda lo richiedeva, il suo stesso nome in qualità di direttore e responsabile!

Non voleva attendere che la direzione generale gli

chiedesse di prendere provvedimenti più gravi di quelli che aveva pensato.

Certo, la sua, come quella delle altre operaie coinvolte, non era una situazione paragonabile a quelle del capomeccanico o di quell'altro, quel Tagliaferri. Lo stesso maresciallo l'aveva rassicurato, così che anche lei doveva stare tranquilla circa le conseguenze. Il suo nome non sarebbe comparso in alcun verbale, non avrebbe subito processi.

Però, l'azienda..., sospirò il Selchi.

«Quindi avrei fatto una riflessione», proseguì, «diciamo che avrei preso una decisione in proposito.»

«Si licenzi lei, spontaneamente, e chiudiamo senza far troppo chiasso questa faccenda.»

Adelaide, mortificata e piena di vergogna, avrebbe voluto dire quanto le dispiaceva.

Il direttore le rubò le parole di bocca.

40.

Era parso opportuno al maresciallo Pezzati chiarire per bene le idee al Tagliaferri che, grazie alla piena confessione resa, s'era fatto la fantasia di aver risolto tutti i suoi problemi.

Il Pezzati aveva proceduto al chiarimento il giorno stesso della dimissione quando, di persona, era andato a prenderlo in ospedale e l'aveva accompagnato a casa.

Gli era stato impossibile non notare l'allegria del Taglia, un'esuberanza che lo aveva spinto addirittura a tentare un abbraccio e un bacio a suor Oriente, prima di lasciare la stanza. Sulla jeep con la quale era andato a prenderlo, l'Ernesto fischiettava, e a un certo punto gli aveva chiesto quali progetti avesse per l'estate. Infine, sulla porta di casa, aveva salutato dicendo:

«Bene maresciallo, grazie di tutto e arrivederci a mai più».

Al che il Pezzati aveva risposto:

«Ma sei scemo davvero o fai finta?».

Si ricordava che era in attesa di processo?

Che doveva stare a disposizione, che non poteva allontanarsi?

Che doveva sottostare al controllo da parte dei suoi carabinieri due volte al giorno?

Manco fosse quello di un attore di lunga data, il viso del Taglia era stravolto per lo stupore.

«Io?» aveva chiesto.

«No, io», aveva risposto il Pezzati.

Addirittura al maresciallo era sembrato che il torace dell'Ernesto si sgonfiasse.

«E allora?» aveva esalato.

«Allora cosa?»

«Cosa devo fare?»

Al maresciallo era salita un po' di pena.

«Ce l'hai un avvocato?»

Manco gli avesse predetto la morte di lì a un'ora.

«L'avvocato?»

«O Tagliaferri, sveglia! Guarda che non sei finito in un'avventura di Diabolik! Lo vuoi sentire o no il parere di un avvocato?»

«Veramente...» aveva boccheggiato l'Ernesto.

«Sì, va be', ho capito», aveva concluso il maresciallo.

Il Tagliaferri non sapeva nemmeno dove stessero di casa gli avvocati. Fosse stato un criminale vero, l'avrebbe lasciato a grattarsela da solo. Ma, più lo conosceva, più si rendeva conto che era solo cretino, un bulletto che forse quella disavventura avrebbe redento.

«Ci penso io, va'», aveva promesso.

L'avvocato Cristiano Spendace non gli avrebbe negato la cortesia di concedere un abboccamento all'Ernesto e dargli qualche dritta su come comportarsi davanti al signor pretore.

41.

Fumatore incallito di sigarette senza filtro, prodotte e reperibili solo in Svizzera, che si procurava attraverso canali tutti suoi, snobbando il contrabbando indigeno, l'avvocato Spendace rispondeva ai quesiti che gli venivano sottoposti in due maniere: agitando per aria la mano, segno di accettazione, e di più, di cosa praticamente fatta, oppure con una frase, «Quanti cazzi vuoi sapere», a significare che rifiutava perché a lui le cause piaceva vincerle.

Al Pezzati disse che il primo quarto d'ora che si fosse liberato l'avrebbe dedicato al suo protetto. Per decisione propria si recò di persona a casa del Taglia, non gradendo che nel suo studio si facessero vedere certi mal combinati.

Mancavano due giorni al processo. Lo ascoltò il tempo di tre sigarette, dieci minuti.

Poi diede una sberla all'aria.

«Ascoltami bene», disse.

Perché non ripeteva.

Quella stessa sera il Tagliaferri suonò al portone della caserma.

«Cosa fai qui?» chiese il Pezzati già in sospetto.

L'Ernesto aveva il viso lustro di barba appena fatta e dopobarba. Si scusò per il disturbo e spiegò la ragione della sua presenza.

Aveva ben in mente, disse, quello che il signor maresciallo gli aveva detto circa i controlli, che potevano capitare a qualunque ora e sarebbe stato un guaio non farsi trovare. Quindi, per ragioni di correttezza e visto che il signor maresciallo l'aveva trattato così bene, era lì per avvisarlo che stava per andare a cena alla trattoria del Crachen dove, se poteva concederselo, si sarebbe trattenuto a fare qualche partita a scopa e nel caso di necessità i carabinieri avrebbero potuto trovarlo.

Il Pezzati lo squadrò per bene prima di rispondere.

«Mmmh», gli uscì appena.

Poi lo guardò allontanarsi col passo agile di un molleggiato, sembrandogli anche di cogliere uno scanzonato canticchiare.

La metamorfosi era evidente: fino al giorno prima l'Ernesto era rimasto chiuso in casa, la barba lunga, puzzava di sudore e lamentava di non riuscire a mandar giù nemmeno l'acqua.

L'ora non era così tarda da proibirgli una telefonata allo Spendace, il quale in quattro e quattr'otto, tempo due sigarette, chiarì i motivi dell'euforia del Tagliaferri.

«Incensurato.»

Tre mesi con la condizionale per il reato.

Nessun sotterfugio, reo confesso, un'attenuante.

In più – non lo si poteva negare – aveva collaborato con la giustizia.

«Tre ottimi motivi per scampare la galera», concluse l'avvocato.

E il Tagliaferri era rinato.

Inoltre gli aveva fornito alcuni consigli pratici che si palesarono sotto gli occhi del Pezzati la mattina del processo.

Il Taglia si presentò elegante, pettinato, profumato. Sembrava un altro. Non rinunciò al vezzo di fare battute, cercando il consenso degli astanti e ridendo in continuazione al punto che il pretore, interrompendo il procedimento, gli chiese cosa avesse mai da ridere.

«Guardi che alla prossima che fa, paga anche questa. Se ne ricordi.»

Ma all'Ernesto fregava niente, nemmeno dei tre mesi che s'era beccato.

Sentiva odore di aria aperta, libertà.

42.

Il giorno seguente al colloquio con il direttore, Adelaide aveva detto a sua madre che non se la sentiva di andare al lavoro, mal di pancia. Suo padre non era già più in casa: il diretto delle cinque e dieci per Milano, poi un Milano-Sondrio e infine un Sondrio-Lecco, treno locale. Sarebbe tornato non prima delle dieci di sera, a piedi, dalla stazione fino a casa, perché a quell'ora di corriere dirette verso le frazioni non ce n'erano più.

Se la fortuna la assisteva, le eventuali chiacchiere lo avrebbero risparmiato e avrebbe invece ascoltato da lei come realmente erano andate le cose.

Aveva fatto le prove generali con sua madre, la quale, per parte sua, aveva già intuito che quel mal di pancia non fosse poi così vero. Ma non si aspettava di sentire quello che Adelaide le aveva raccontato pregandola, prima di cominciare, di non interromperla.

La reazione della donna era stata prevedibile («Io ti credo», aveva detto, «ma chissà la gente cosa dirà!»), e aveva terrorizzato ancora di più la figlia al pensiero di doversi confessare al padre che della dignità e dell'onestà aveva sempre fatto un vanto di sé e della famiglia.

La gente!

Uno per tutti, il Tedesco.

Che, a furia di leggere i giornali del giorno prima che dagli uffici della direzione arrivavano a lui perché li buttasse via, parlava come i titoli che leggeva.

«Brillante operazione dei carabinieri sgomina un'intera organizzazione criminale!»

«Si cercano i complici. Tremano alcuni insospettabili!»

Da quando era stata scoperta la Premiata Tabaccheria del Cotonificio, come l'aveva subito battezzata, il Tedesco faceva roccolo nella sua guardiola intrattenendo operai e operaie golosi di pettegolezzi e fornendo generosamente pareri e particolari.

«Chi va con lo zoppo impara a zoppicare!»

Lui le fette di salame sugli occhi non ce le aveva mica, aveva notato quegli strani appuntamenti, una, anche due volte alla settimana, tra l'Ernesto e l'Adelaide soprattutto. Che ci fosse sotto qualcosa l'aveva capito al volo, ma siccome non era sua abitudine impicciarsi dei fatti altrui, era stato zitto e mosca. Mica faceva il carabiniere d'altra parte!

Se mai, le fette di salame sugli occhi ce le aveva l'Adelaide che portava dentro le sigarette, bella fresca come una rosa, e che faceva finta di non sapere cosa ci fosse in quei pacchi.

Perché, o era scema del tutto o se no...

Immancabile, qualcuno nel gruppo degli ascoltatori lo invitava a proseguire.

«Se no?»

Se no voleva dire che aveva il suo bel tornaconto a fare la finta tonta, ci guadagnava... Insomma l'Ernesto la pagava, magari in natura!

Nei giorni immediatamente successivi alla visita del maresciallo Pezzati, la guardiola del Tedesco era diventata una specie di teatrino e il Tedesco il suo banditore.

Tra i tanti titoli che gridava, ce n'era uno che aveva inventato di sana pianta.

«La piaga del contrabbando riemerge dalle acque del Lario!»

Gli sarebbe tanto piaciuto suggerirlo al Grillini e vederlo stampato sul giornale locale.

Il Grillini, invece, si era tenuto alla larga dalla notizia. Quasi in coro, il direttore del cotonificio e il maresciallo gli avevano detto che, lungi da loro l'idea di limitare la sua libertà di scrivere anche attorno a quel fatto... ma che ci stesse molto attento perché da entrambi non avrebbe avuto informazioni certificate e quindi si sarebbe dovuto fidare solo delle inevitabili chiacchiere. Si sarebbe messo su un terreno minato, a rischio e pericolo suo. Il Grillini non aveva alcuna voglia di saltare per aria e aveva giustamente giudicato che un fatto di contrabbando non era poi questa gran notizia, preferendo dedicarsi alle cronache delle numerose iniziative che animavano l'estate bellanese.

Una volta ricevuta la confessione della figlia, il genitore aveva reagito con un silenzio che per la ragazza era stato peggio di qualunque scenata. Adelaide l'aveva atteso nella cucina di casa, aveva chiesto alla madre di lasciarla sola e anche Domenico, quando la figlia gli aveva detto che gli doveva parlare, aveva compreso al volo che c'era in aria qualcosa di grave. Una volta messo al corrente non aveva aperto bocca, aveva raggiunto la moglie in camera, s'era sdraiato sul letto senza parlare, senza nemmeno togliersi la divisa da ferroviere. Adelaide era rimasta un bel po' in cucina, davanti alla finestra aperta verso il lago e il paese dal quale giungevano le note di un'orchestrina. Aveva aspirato a lungo il fondo profumo della notte ed era riuscita a piangere dandosi contemporaneamente della cretina: adesso, delle uniche tre persone che contavano nella sua vita, le mancava di mettere al corrente Alfredo. Inutile negarselo, più che quelle del giovanotto, temeva le reazioni del suo cane da guardia, sua madre.

All'Ernesto aveva dedicato solo un pensiero e ne era arrossita, ricordando la volta in cui, nello spogliatoio del cotonificio, l'aveva lasciato fare, s'era lasciata baciare e lui ne aveva approfittato per allungare una mano sotto la gonna. Al rivedere quella scena, s'era sentita macchiata come certe eroine sfortunate, protagoniste di romanzi che aveva letto, destinate a una vita di espiazione per peccati che non avevano commesso: erano racconti e romanzetti che sua madre, abbonata a «Vita Femminile», leggeva con avidità e che le passava perché a suo giudizio erano intrisi di profondi insegnamenti morali. Spesso Adelaide s'era identificata in una di quelle protagoniste, ma di quei racconti avrebbe spesso riscritto il finale, inserendoci una specie di Principe Azzurro in grado di ristabilire la verità.

L'Ernesto ne aveva almeno l'aspetto.

Ma Alfredo?, s'era chiesta quella notte.

Non aveva voluto rispondersi.

Chiusa nel buio dei pensieri e di quelle ore notturne non riusciva a immaginare che proprio Alfredo avrebbe indossato i panni del Principe Azzurro.

43.

La sera stessa del processo, dopo aver trascorso il pomeriggio facendo il bagno e prendendo il sole alla puncia del Cane, l'Ernesto prese il diretto delle diciotto e trentadue per Lecco.

Il capostazione Massaciucci lo osservò per bene dalla sua guardiola, scuotendo più volte la testa: non credeva minimamente a ciò che il Taglia gli aveva detto quando aveva fatto il biglietto, cioè che andava in città a cercare lavoro.

«A quest'ora?» aveva chiesto lui.

Per conto del Taglia aveva risposto il manovale Schirici che stava alle sue spalle.

«Al ponte Nuovo!»

Il capostazione non aveva capito.

«A mignotte, no?» aveva chiarito subito il manovale.

Il padre di Adelaide scese alla stazione di Bellano qualche ora dopo. Tornava da un Lecco-Bergamo-Lecco estenuante. C'erano più fermate su quella tratta dei capelli che aveva in testa. Inoltre il convoglio aveva accumulato una trentina di minuti di ritardo, così Domenico aveva perduto l'accelerato delle venti da Lecco a Bellano e aveva dovuto ritornare con il locale delle venti e quarantacinque.

Il Massaciucci non l'aveva visto partire e restò interdetto quando lo vide scendere dal treno, dimostrando un'evidente stanchezza e, a suo giudizio, qualcosa di più.

Si conoscevano da quanti anni?, si chiese il Massaciucci.

Nove, forse dieci.

Come passa il tempo!

E in nove o dieci anni che fossero, non l'aveva mai visto perdere una giornata di lavoro. Un uomo d'altri tempi, non c'era dubbio, tutto casa e lavoro, un esempio per tanti lazzaroni.

Il dovere prima di ogni altra cosa. Anche in una giornata come quella, quando nessuno gli avrebbe detto niente se fosse rimasto a casa per vedere come andava a finire il processo.

Cos'aveva fatto per meritarsi una figlia così?

E meno male che tutto era andato bene: ci sarebbe mancato che sulle spalle di quel pover'uomo fosse caduta anche la disgrazia di una condanna o quel che l'era!

Gli si fece incontro.

Perché sicuramente non sapeva niente e forse la bella notizia gli avrebbe tirato su il morale.

«Tutto bene», disse, sperando di far nascere un sorriso sul volto del collega.

Vide, invece, un punto interrogativo.

Forse non era stato deciso a sufficienza, rifletté il Massaciucci.

«Volevo dire, tutto liscio, il Taglia non ha fatto nomi e in più se l'è anche cavata», tentando di essere il più chiaro possibile.

Ma o quello faceva finta di non capire per la vergogna o era talmente suonato che non riusciva a capire.

Domenico rispose con una smorfia, non una parola.

Sciopero, pensò il Massaciucci.

E lo guardò ancora per un po' allontanarsi fino a quando sparì alla vista.

44.

Solo il giorno seguente al processo il maresciallo permise che la 1100 servita all'Ernesto per la sua bella impresa ritornasse al legittimo proprietario.

Augusto Pedevelli si fece vivo in officina il giorno stesso. Chiese se c'era qualche possibilità di rivederla in strada.

«Per me no», rispose l'Orio, «per l'Alfredo sì. Vediamo chi vince la scommessa. In ogni caso verrà fuori una bella spesa.»

«Sempre meglio che comperarla nuova di pacca», osservò il Pedevelli che, comunque, chiese all'Alfredo di fare un preventivo di massima prima di entrare in azione.

Fu mentre ispezionava per bene la malandata 1100, conteggiando i danni e prendendo nota delle ore di lavoro che ci sarebbero volute, che Alfredo trovò, ben nascosta sotto il sedile posteriore, l'ennesima stecca di sigarette. Pall Mall, senza filtro.

Non ebbe dubbi sul fatto che anche quella andava immediatamente consegnata al maresciallo: nei trappoloni del Taglia non ci voleva cadere nemmeno di sguincio.

In un altro momento avrebbe avvisato l'Orio e demandato a lui il compito di informare il Pezzati del ritrovamento.

Da qualche giorno, però, si sentiva diverso. Più capace. Anche se non era proprio quello il termine giusto per definire la sensazione che provava. Era certo, invece, che aveva cominciato a sentirsi così, più forte, forse?, più deciso?, dal sabato precedente, quando Adelaide gli aveva confessato la sua disavventura.

Il primo giorno di assenza dal lavoro della ragazza, l'aveva aspettata inutilmente all'uscita. La mattina dopo, l'Orio gli aveva chiesto se sapesse cosa fosse successo al cotonificio, perché gli avevano detto che il maresciallo Pezzati ci era andato in visita. Non sapeva niente, la sera era tornato, Adelaide non c'era ancora. Aveva chiesto a qualcuno se sapesse dov'era, s'era anche abbassato a chiedere notizie al Tedesco, che gli aveva risposto vagamente, dicendo che forse era ammalata. Certi sguardi però non gli erano piaciuti. Sabato mattina era partito senza dare troppe spiegazioni a sua madre, anzi, raccontando la franca bugia di una riparazione urgente che doveva fare ed era salito fino alla casa di lei. Adelaide gli aveva raccontato tutto e alla fine gli aveva anche detto che poteva ritenersi libero da ogni impegno.

A quel punto l'Alfredo s'era sentito davvero uomo.

«Ma se sei già un passo avanti?» aveva detto.

Adelaide non aveva capito.

Si era o no licenziata?, aveva spiegato il giovanotto. Aveva o no, adesso, tutto il tempo per dedicarsi a lui, alla casa, ai figli?

Lui, per conto suo, e a firma della mamma che era proprietaria, aveva già fatto partire la lettera con la quale avvisava gli affittuari di una casetta di loro proprietà in via Cavour che non avrebbero rinnovato il contratto.

Indietro non si poteva ritornare.

E Adelaide, di fronte a quell'Alfredo sconosciuto, si era messa a piangere, per la seconda volta in pochi giorni. Questa volta, però, di felicità.

Lui l'aveva trovata quella stecca e lui, quindi, l'avrebbe consegnata al Pezzati. La chiuse nel suo armadietto e, finito il lavoro, partì alla volta della caserma.

Il maresciallo Pezzati aveva avuto una giornata di tutto riposo e si stava godendo in pace l'ultima ora di servizio.

I fatti più rilevanti erano stati dapprima la visita del segretario della Pro Loco, intenzionata a organizzare una serata musicale all'aperto, con il famoso complesso Joe Comacina and his Big Band: gli serviva sapere quali permessi chiedere e a chi. Il secondo fatto era stata la visita del padre di Adelaide. Il ferroviere, che quel giorno era tornato insolitamente presto dal lavoro, si era permesso di disturbarlo poiché voleva sapere direttamente da lui, nonostante il processo si fosse chiuso come era ormai noto, se la fedina penale della figlia fosse sempre intonsa. Il Pezzati l'aveva rassicurato.

«Niente di niente, stia tranquillo», aveva detto.

«Con tutte le chiacchiere che saranno girate», aveva mormorato l'uomo.

«Raglio d'asino non sale in cielo», aveva sentenziato il maresciallo.

Era convinto che la ragazza avesse agito in buona fede. Forse un po' incauta, ecco.

«Coi tipi come quel Tagliaferri», aveva osservato, «bisogna stare sempre in campana. Sa come si dice, fidarsi è bene...»

«Certo che non me l'aspettavo», aveva detto il ferroviere.

«La smetta di preoccuparsi. È stato un incidente di percorso, servirà da lezione. E poi, mi scusi, so che non sono affari miei, ma mi hanno detto che è fidanzata e che si deve sposare.»

«Dovrebbe», aveva corretto Domenico, «con un meccanico, Alfredo Denti, lavora dall'Orio.»

«Aspetto i confetti», aveva concluso il maresciallo.

Alle sette meno venti il futuro sposo era davanti alla sua scrivania. Il carabiniere Scaramuccia, dopo avergli aperto la porta e aver ascoltato la richiesta, gli aveva indicato l'ufficio del maresciallo, al secondo piano della caserma. La porta era aperta, Alfredo si affacciò, chiese permesso. Il Pezzati sollevò la testa di scatto. Solo allora si ricordò di avere sul naso gli occhiali. Se li tolse con un gesto brusco e altrettanto bruscamente chiese:

«Lei chi è?».

Alfredo declinò le generalità.

«E cosa vuole?»

Per tutta risposta Alfredo tese al maresciallo la stecca di sigarette, specificando come, dove e quando l'aveva trovata. Il Pezzati la prese e non appena l'ebbe in mano la soppesò.

«Sicuro?» chiese.

«Certo», confermò Alfredo.

Il maresciallo la guardò. Era evidentemente manomessa. Il peso non era quello di una stecca di sigarette. E mancava la carta trasparente che di solito la avvolgeva.

L'appoggiò sul tavolo.

«Lei ha fatto il suo dovere», disse. «Lo faccia fino in fondo, sia uomo.»

Alfredo non poteva confessare che si sentiva tale solo da pochi giorni.

«Cioè?» chiese.

«Si sposi, no?»

45.

Occhiali di merda.

Detto senza offesa per chi li aveva inventati, chi li produceva e chi li vendeva.

Il maresciallo Pezzati sperò che il giovanotto non avesse registrato quel particolare. Non se lo sapeva spiegare, ma portarli gli dava un senso di colpa.

Scacciò il pensiero, mise la stecca al centro della scrivania, la guardò.

"Vuoi vedere che..." mormorò tra sé.

Quando il meccanico era entrato nel suo ufficio, stava leggendo la relazione di un appuntato della Guardia di Finanza del comando di Nobiallo, tal Marcello Piga: una pagina di alta letteratura, perché il finanziere scriveva molto bene, e riusciva, senza dire niente di preciso, a dire tutto, cioè che c'erano fondate ragioni per ritenere che da qualche tempo sulle acque del lago non navigassero soltanto sigarette e altri articoli appartenenti alla tradizione del contrabbando. Da cui derivava la necessità di una maggiore attenzione da parte delle forze dell'ordine, visto che s'era aperto un nuovo mercato.

Il Pezzati chiuse la porta dell'ufficio, inforcò gli occhiali e aprì la stecca.

«Lupus in fabula!» esclamò.

Per la frenesia dovuta alla scoperta si alzò dalla sedia e cominciò a girare in tondo per l'ufficio.

Se al processo il pretore avesse avuto sottomano quella

roba, adesso il signor Tagliaferri Ernesto non sarebbe certamente stato in giro a fare il donda, ma dietro le sbarre a fare il cavalier servente di qualche veterano del sole a scacchi.

Era sempre in tempo a incastrarlo comunque, fu il primo pensiero del maresciallo.

Cui, subito, si rispose.

«No.»

Difficile, quasi impossibile.

Il Taglia avrebbe potuto dichiarare che non ne sapeva niente e nessuno avrebbe potuto contestarlo. Oppure avrebbe potuto scaricare la colpa su uno dei due che l'avevano accompagnato. O anche mettere in dubbio la parola stessa del meccanico che aveva trovato quella roba nella macchina.

Tornato a sedere, il Pezzati si accorse di aver tenuto gli occhiali sul naso per tutto quel tempo.

Fu solo all'ora di cena che gli venne l'idea. Salì in casa pensieroso, limando per bene il progettino che aveva pensato.

Quando lo vedeva così concentrato, la moglie ne rispettava il silenzio.

«Vuoi che ti lasci solo?» gli chiese terminata la cena.

«No», fece lui, «voglio solo che faccia buio in fretta.»

Ne aveva bisogno come di un complice.

«E poi avrei bisogno dell'elenco telefonico», aggiunse.

Pure l'Alfredo era parte indispensabile del suo piano.

Il problema insorse davanti alla colonna degli abbonati, alla lettera di come Denti.

Vedeva una mazza, le righe si confondevano una nell'altra. Con gli occhiali sarebbe stata tutta un'altra vita. Ma erano chiusi nel cassetto della scrivania, nel suo ufficio. E poi nemmeno la moglie sapeva che se n'era fatto fare un paio… sì, di contrabbando.

Chiamò la moglie. Mentendo spudoratamente, disse di avere gli occhi talmente stanchi da non riuscire a leggere.

«Non è che hai bisogno di un paio di occhiali?» osservò la donna.

«Ci penserò», secco secco lui.

Per intanto gli faceva la cortesia di cercargli il numero di telefono di Alfredo Denti, quello che lavorava nell'officina dell'Orio?

La moglie si mise a disposizione. Però, se era quel giovanotto che voleva, avrebbe dovuto cercarlo sotto il cognome della madre, che da nubile faceva Specchi.

«Non ha telefono», concluse dopo aver minuziosamente consultato la rubrica.

Al Pezzati sfuggì un'imprecazione.

«E adesso?» mormorò.

«E adesso», interloquì la moglie con soave leggerezza, «chiama la sua vicina e chiedi di fartelo passare, se è così urgente.»

«Chi è questa vicina?»

«Carolina Tirelli. Chi non la conosce?»

«E sei sicura che ce l'abbia il telefono?»

«Sicura al cento per cento no», rispose la donna, «ma mi stupirebbe se non l'avesse.»

Poi, tanto per dare forza alla sua ipotesi, tirò fuori la lingua e se la toccò con la punta dell'indice.

«Le piace tenerla in esercizio», spiegò.

46.

Carolina Tirelli, due mariti sul groppone. Morti. Volati nell'aldilà, secondo alcuni, per libera scelta e allo scopo di non sentirla più parlare.

In realtà il primo s'era schiantato in moto nel 1948, il secondo invece si era arreso a un infarto nel 1970.

La lingua della Tirelli era comunque un dato di fatto. Completavano un apparecchio ricetrasmittente di rara affidabilità occhi e orecchie sempre all'erta e al servizio di un'inestinguibile sete di sapere i fatti altrui.

La Tirelli aveva quattro anni di più di Benvenuta e da oltre quindici abitava nel suo stesso caseggiato, pianerottolo di fronte.

Benvenuta non aveva mai fatto niente per darle confidenza, l'aveva tenuta alla larga, giustamente temendo che se non avesse agito così se la sarebbe trovata per casa a tutte le ore del giorno. La pelosa curiosità della sua vicina le era ben nota, non la commuoveva per nulla il fatto che fosse due volte vedova e più anziana di lei.

«Io la conosco quella», sentenziava spesso.

Sempre stata così, anche da giovane.

Non per niente, aggiungeva quando era in vena di chiacchiere e voleva giustificare il suo disprezzo, sino a trent'anni aveva fatto la serva e poi l'operaia.

Tra i tanti nomignoli che le avevano appiccicato, e di cui se ne fregava, la Tirelli s'era inorgoglita per «alidavalli», tutto attaccato. L'avevano battezzata così nell'immediato dopoguerra, perché Carolina era stata a servizio a villa Larissa nel periodo in cui la bella attrice ne aveva frequentato i proprietari. Forse le aveva servito il tè un paio di volte o aperto il portone. Ma a quel che diceva, sembrava che la Valli non avesse altra ragione di salire a Bellano se non quella di incontrarla e farsi pettinare da lei. A testimonianza di tale simpatia, la Tirelli aveva esibito per un po' un cappellino, regalo, o furto?, che l'attrice le aveva fatto l'ultima volta che si erano incontrate, nei difficili mesi del 1944. Era un cappellino con la veletta, simile a molti, ma Carolina l'aveva conservato come una reliquia, tenendolo sul comò della sua camera da letto. Poi era andato perduto nel 1962, durante il trasloco che l'aveva portata ad abitare nell'appartamento di fronte a quello di Benvenuta e Alfredo.

Finita la guerra, la Tirelli era stata assunta al cotonificio e lì dentro aveva maturato la pensione insieme con tutta una serie di epiteti, da gazzettino padano a radio serva.

Con il secondo marito ancora in vita, Benvenuta aveva mantenuto nei suoi confronti un atteggiamento di neutralità armata. Dal 1970 in avanti aveva invece disposto filo spinato a difesa della sua casa e con dimostrazioni di algida cortesia le aveva fatto intendere che la porta di casa sua era limite invalicabile.

Carolina aveva capito l'antifona. Era una veterana nelle tecniche di infiltrazione. Bisognava avere pazienza, come i gatti.

Anche le mura di Gerico, a un certo punto, erano crollate!

Come le piaceva quell'esempio che molte volte il signor prevosto citava nelle sue prediche...

Anche per Benvenuta sarebbe arrivato il momento di chinare il capo, cospargerlo di cenere e chiedere.

Il momento tanto atteso arrivò quella sera.

47.

S'era appena messa a letto quando il telefono squillò.

Trasalì.

Se l'apparecchio avesse potuto parlare, avrebbe raccontato di centinaia di telefonate in uscita, pochissime in entrata. Di sera, di notte poi, mai.

Poteva essere un errore.

In ogni caso, rispondere era solo atto di cortesia.

«Pronto?»

Labbra come se dovessero imboccare un clarino, tono di voce come se emergesse da profondi pensieri: le vere signore rispondevano così.

Invece era uno scherzo volgare. Figurarsi se il maresciallo aveva bisogno di lei.

«Villano», lo apostrofò la Tirelli.

Il Pezzati incassò, comprensivo.

«Si tranquillizzi», disse, «sono davvero il maresciallo Pezzati. Ho bisogno urgente di parlare con il signor Denti Alfredo e sapendolo sprovvisto di telefono mi sono permesso di disturbarla. Le garantisco che se non fosse stato necessario non l'avrei scocciata a quest'ora. Potrebbe farmi la cortesia di chiamarlo e passarmelo al suo apparecchio?»

Due gliene avrebbe fatte, di quelle cortesie. Anche tre.

«Vado immediatamente», rispose.

Posò la cornetta, ma la riprese subito.

«Devo dire qualcosa o attende in linea?»

Il maresciallo ricordò il gesto della moglie.
«Attendo in linea se non le spiace.»
«Si figuri. Mi dia solo un attimo.»
Sul pianerottolo, davanti alla porta della vicina, assaporò il momento.
Ci provasse la Benvenuta a dire qualcosa!
Cosa c'entrava lei? L'avevano messa di mezzo. Faceva un piacere. Senza contare che all'altro capo del filo c'era il maresciallo dei carabinieri.
L'aveva sentito anche lei quello che era successo, certe voci che erano circolate!
Giù la testa, cara la mia signora Superbia!
Suonò.
Appiccicò l'orecchio alla porta cercando di percepire qualche rumore.
Sentì, a un certo punto, la voce della padrona di casa.
«Chi è?»
Ma che tono, che tono... di merda!
Alla Tirelli saltò la mosca al naso.
Ma chi credeva di essere quella lì, la regina Margherita?
Le serviva una bella lezione, e forse era giunto il momento.
«Sono la signora Carolina», rispose.
Non ci fu risposta.
Bene.
Ma se quella credeva che lei fosse andata lì per chiederle un pugnetto di sale o un limone in prestito, adesso le avrebbe dimostrato che si sbagliava. Perché al telefono, e in casa sua, c'era il signor maresciallo.
«Ha bisogno di parlare con suo figlio», disse il più velenosamente possibile.
Le mura di Gerico crollarono.
«Arrivo», giunse da dietro la porta.
Poi comparve lei, la matrona. Avvolta in una vestaglia di raso verde pisello, come se avesse ancora trent'anni, e i capelli raccolti in una crocchia frettolosa.

La faccia?
Facevano bene, pensò la Tirelli, a chiamarla «facia de can».
Quindi uscì sul pianerottolo.
Carolina era certa di essere stata più che chiara.
Cosa c'entrava lei?
Ribadì la richiesta del Pezzati.
«È per Alfredo.»
«Non c'è», rispose Benvenuta, lo sguardo diretto alla porta di casa della Tirelli.
Carolina fece per dire qualcosa, Benvenuta la anticipò.
«Rispondo io.»
E a Carolina sfuggì un:
«Per di qua», che suonò molto servile.
Una volta dentro, Benvenuta annusò. La cornetta in mano, vi infuse un altisonante:
«Buonasera».
Poi, prima che il maresciallo cominciasse a parlare, guardò la sua ospite che se ne stava lì a due passi.
«Le dispiace?» disse.
Carolina non comprese.
Benvenuta dovette parlar chiaro.
«Lasciarmi sola.»
Con il volto in fiamme, la Tirelli guadagnò la cucina. Chiuse anche la porta per dimostrare a quella che i suoi affari non la interessavano.

48.

Scusi per il disturbo.

Neanche un grazie. Le era rimasto nella tasca della vestaglia color pisello.

E sempre con quel tono, come se il disturbo maggiore l'avesse avuto lei a uscire di casa e fare quei due passi per rispondere al telefono.

Le aveva anche risposto:

«Si figuri».

Doveva stare più attenta alle parole, rifletté la Tirelli, per le prossime volte. Perché era certa che non sarebbe finita lì. La telefonata del maresciallo era solo l'inizio.

Uscita la vicina, Carolina Tirelli si sedette in salotto. Aveva pensieri come gatti in amore dentro la testa, il loro miagolio le aveva tolto il sonno. Dalla telefonata aveva capito poco, praticamente niente. E anche se fosse rimasta appiccicata alla matrona non ci avrebbe cavato di più. L'aveva sentita mugugnare, sì, no, va bene, tutto lì. Ma non si scoraggiava, anzi, una situazione siffatta non faceva altro che acuire i suoi sensi. Bastava stare all'erta e...

Stare all'erta e non perdere il minimo indizio, la minima voce. Il minimo rumore!

Come quello che percosse in quell'istante il silenzio della casa.

Il rumore del portone che sbatteva.

A quell'ora di sera.

O Alfredo che rientrava, oppure...

Carolina scattò dal divano. Chiunque fosse, magari il maresciallo!, non sarebbe scappato ai suoi occhi. Per non perdere una mossa degli inquilini, quella era la casa ideale: tre piani, al pianterreno il tabacchino, al primo lei e la matrona, il secondo era sfitto. E dal suo appartamento...

Dal cucinotto, grazie a una finestrella interna, poteva controllare la tromba delle scale, chi usciva o entrava non poteva scappare al suo controllo. E se per caso riusciva a sottrarsi, bastava che andasse alla finestra del salotto e buttasse l'occhio al portone.

Così fece per vedere che a uscire di casa a quell'improbabile orario era la sua vicina.

Non era mai successo prima.

Cose grosse in ballo, pensò la Tirelli.

49.

Non fu esclusiva della sola Tirelli lo spettacolo di Benvenuta che, vestita di tutto punto, si aggirava per il paese a quell'ora.

Adelaide e Alfredo erano seduti su una delle panchine del lungolago Grossi. Il giovanotto, per non rivangare cose che riteneva sepolte, aveva evitato di mettere al corrente la ragazza della sua scoperta. Aveva preferito seguirla, o meglio, sentirla chiacchierare della loro casa, di come l'avrebbe organizzata, di come non vedeva l'ora di prenderne visione quando gli attuali inquilini l'avrebbero lasciata libera.

Lei si interruppe per un momento quando vide comparire nel cono di luce di un lampione quella che le sembrò essere la futura suocera: il tempo di osservarla per bene e quella rientrò nell'ombra, così che Adelaide giudicò di aver avuto un'allucinazione.

Alfredo, le mani strette tra le gambe e lo sguardo che seguiva una barca di pescatori segnalata da una luce, le chiese come mai si fosse interrotta.

«Hai finito di arredare la cucina e il salotto», disse. «Ti manca la camera da letto.»

E si sentì arrossire anche per conto di Adelaide che invece, non convinta di ciò che le sembrava di aver visto, teneva d'occhio l'ombra dalla quale, inequivocabilmente, uscì Benvenuta.

«Ma quella non è tua madre?» sbottò allora.

«Mia mamma?» fece Alfredo.

Era lei.

Il giovanotto arrossì ancora di più. Benvenuta sembrava spettrale, incerta, come se stesse camminando in una terra sconosciuta, e sconosciuti le erano davvero il lungolago, gli ippocastani, la gialla luce dei lampioni a quell'ora.

La donna si avvicinò ai due, non perse tempo in saluti, non si concesse allo stupore del figlio.

«Il maresciallo ti sta cercando», disse.

A Adelaide sembrò che avesse parlato senza muovere le labbra. Toccò a lei provare un sentimento di colpa e di vergogna mentre Benvenuta, senza dire altro, si allontanò, estranea a tutto ciò che la circondava.

50.

Cose grosse.

Ma grosse!

La sua vicina rientrò alle dieci e trenta. La Tirelli non ebbe bisogno di controllare l'ora, la informò la pendola del salotto. A seguire Alfredo, che però uscì di nuovo immediatamente.

Un bel traffico!

Carolina Tirelli spense tutte le luci di casa. Non doveva dare adito al minimo sospetto. Ma di andare a dormire neanche a parlarne. Al buio, ad aspettare gli eventi e a formulare ipotesi.

Quando il rumore del portone la riscosse nuovamente dai pensieri, potevano essere passati cinque, massimo dieci minuti da quando il figlio della sua vicina era uscito.

Adesso rientrava.

E nemmeno un minuto dopo tornava a uscire.

Mamma mia, che seratina!

Carolina Tirelli, dal finestrino del cucinotto, spiò verso la porta di casa della sua vicina. Non filtrava alcuna luce da sotto. Stava al buio anche lei. Ma era certa che pure lei non riuscisse a dormire.

51.

«È roba di lavoro», aveva detto Alfredo a sua madre dopo essere uscito e rientrato quasi immediatamente.

Il maresciallo Pezzati gli aveva detto cosa voleva e lo aveva avvertito di non farne parola con nessuno: lui si atteneva agli ordini.

«Mi servono le chiavi dell'officina. Ci vorrà un po', tu va' a letto, non aspettarmi alzata.»

Benvenuta era abituata a dare ordini, non a riceverli. Uscito il figlio, si era piazzata in cucina dopo aver spento tutte le luci.

Ci vollero quaranta minuti, tanto impiegò Alfredo per mettere in atto le istruzioni del maresciallo.

La 1100 era nel piazzale dell'autofficina. Alfredo aveva passato buona parte del pomeriggio a fare una stima dei danni. Se il Pedevelli avesse deciso che gli conveniva farla mettere a posto, l'avrebbe portata dentro, se no l'avrebbe lasciata lì, in attesa dello sfasciacarrozze.

«Ottimo», aveva detto il Pezzati.

Poi aveva preso la stecca da un cassetto della scrivania e l'aveva riconsegnata al meccanico con l'ordine di rimetterla esattamente dove l'aveva trovata.

«E occhio a non farti vedere da nessuno», aveva aggiunto.

L'Alfredo agì con estrema circospezione, aiutato anche dal fatto che l'ingresso dell'officina dell'Orio stava in un angolo per nulla illuminato. Ciononostante, per l'emozione, non appena rientrò in casa ebbe una scarica di diarrea.

La Tirelli registrò anche il rumore dello sciacquone: forse era ininfluente ai fini della soluzione dell'enigma, ma in quella fase dell'indagine conveniva tener conto anche dei minimi particolari.

Benvenuta, sempre seduta in cucina, interrogò il figlio con lo sguardo. Alfredo conosceva bene quelle domande senza parole.

«Roba di lavoro, te l'ho detto», ribadì.

La stessa risposta che, il giorno appresso, diede a Adelaide.

«Roba di lavoro.»

Il maresciallo Pezzati poteva fidarsi ciecamente di lui.

52.

Il giorno dopo, davanti allo specchio di casa, il Pezzati si fece i complimenti ad alta voce.

La moglie, sorridendo, gli chiese se per caso fosse rinscemito.

Tutt'altro.

L'arbola aveva abboccato, fu la spiegazione dell'uomo.

«Mi sa che sei rinscemito davvero», insisté la donna.

Lui, euforico, le rispose mimando il gesto del pescatore che recupera il pesce.

«Tac!» disse.

La stecca era sparita.

Quella stessa notte qualcuno l'aveva asportata dal suo nascondiglio. Un qualcuno che, su ciò il Pezzati non aveva il minimo dubbio, era dotato di nome e cognome.

E siccome era fesso, nemmeno su questo il maresciallo covava dubbi, a breve avrebbe commesso un clamoroso passo falso. Bastava tenere gli occhi bene aperti e mettere sull'avviso quelle quattro o cinque persone che Arsenio Lupin avrebbe cercato di imbrogliare e che gli avrebbero dato una mano a cucinare per bene il pesciolino.

Provvide di persona a contattare il Monega del caffè dell'Imbarcadero, l'oste del Crachen, Manovelli Speranza, proprietaria della trattoria della Calchera, Piccinini Lena e il marito Fasto, gestori del Circolo dei Lavoratori: che facessero girare a loro volta la voce, occhio allo sveltone!

Per prudenza, anche se avrebbe scommesso che sino a tanto non si sarebbe spinto, passò l'informazione ai direttori delle due banche del paese. Dopodiché giudicò che poteva tranquillamente sedersi sulla riva e aspettare che il cadavere del nemico gli passasse sotto gli occhi.

Ma o non era ancora morto oppure il fiume aveva cambiato direzione, perché, passati due giorni, non accadeva ancora niente. Non solo, il Taglia era sparito dalla circolazione.

Non quadrava.

Non rientrava nel suo piano.

O, meglio, non l'aveva previsto.

La mattina del quarto giorno di attesa il maresciallo Pezzati si ritrovò di nuovo davanti allo specchio. Per darsi del cretino però. Di nascosto e a bassa voce. La regia della trappola gli era scappata di mano.

Possibile che il Taglia fosse più furbo di quello che lui pensava?

Fatto un giro per i locali che aveva allertato, verificò che del soggetto si erano perse le tracce, nessuno l'aveva visto da giorni.

Puttanaeva, aveva fatto una bella cappella a sottovalutarlo!

Dall'entusiasmo per la trappola che aveva teso, piombò nella cupezza di una sconfitta sonora che non aveva messo in preventivo.

Muto e incazzato.

Se ne avvide la moglie, che si ritirò in buon ordine in attesa del sereno. Pure il cameriere Squinzano comprese che qualcosa andava storto nella testa del maresciallo, quando per il terzo giorno consecutivo saltò l'appuntamento con il Campari. Il carabiniere Insoliti, di animo sensibile, si spinse a chiedergli cosa lo preoccupasse e se nel caso potesse fare qualcosa.

«Niente», rispose il Pezzati alla prima questione.

«No», alla seconda.

«Che c'è ancora?» visto che quello non se ne andava.

C'era che di lì a due giorni, sabato, ci sarebbe stato il concerto di Joe Comacina and his Big Band, e lui, Scaramuccia e Mesana chiedevano se il signor maresciallo avesse deciso chi comandare per il servizio d'ordine.

Il Pezzati si appoggiò alla sedia pensieroso.

Il concerto!

A quel genere di manifestazioni il Taglia non era mai mancato. Poteva essere l'occasione buona per riagganciarlo e, questa volta, non mollarlo più.

«Ci vado io», disse.

Riguardo al secondo, decidessero tra di loro.

53.

Uno dei motivi del fascino esercitato da Joe Comacina and his Big Band era nel look. I sei elementi del gruppo, tra cui una corista, alternavano lo stile ragazzi di strada, jeans, maglietta, pacchetto di Marlboro infilato tra manica e deltoide, a quello *beat generation*, camicia a fiori, coloratissimi pantaloni a zampa di elefante, capelli lunghi che facevano invidia a gran parte del giovane pubblico maschile che li seguiva. La vera forza della band era però nel repertorio di canzonette e in una sopra le altre *Non è Francesca*, di Lucio Battisti.

Come la cantava Joe Comacina, nessuno, forse nemmeno lo stesso Battisti!

Sembrava che l'avessero scritta apposta per lui.

La sua interpretazione di quel pezzo era talmente nota e attesa al punto che era impensabile non arrivasse a chiusura di ogni esibizione. Basti pensare che una volta, durante un concerto presso il cine-teatro di Fino Mornasco, quando per una rovinosa caduta erano finiti ko chitarrista e chitarra – chiudendo di fatto il concerto anticipatamente senza che potesse venir eseguita la *Francesca* –, una delegazione del pubblico aveva pregato Joe Comacina di attendere, mentre un'altra era volata a Como per reperire un chitarrista in sostituzione e una chitarra, recuperata facendo aprire un negozio di articoli musicali della città benché fosse domenica.

Alle otto di sabato sera, pur se il concerto non sarebbe

iniziato prima delle nove, nove e un quarto, il cortile del palazzo scolastico era già gremito di gente. Scelta obbligata quella del cortile, poiché in piazza Verdi, dove ci sarebbe stata più gente, e più comodamente, l'Avis bellanese aveva programmato per la domenica mattina una raccolta sangue e già dal sabato sera i suoi manovali erano all'opera per installare le necessarie strutture di ricezione, mentre il prevosto si era decisamente dichiarato contrario a che venisse utilizzata la piazza della chiesa.

Il maresciallo Pezzati alle otto e trenta si sistemò davanti al portone principale del palazzo scolastico dal quale, essendo sopraelevato, poteva tenere d'occhio i fan del Comacina che già a quell'ora erano schiacciati uno contro l'altro. Aveva piazzato il carabiniere Scaramuccia in fondo, sul muretto di cinta del cortile, più alto anche lui, e con l'ordine di controllare se fosse comparso il Taglia, nel qual caso gli avrebbe dovuto fare un segnale convenuto: due colpi con l'indice e il medio come se tagliasse qualcosa.

Del Taglia tuttavia nemmeno una traccia, pur non mancando nessuno dei balordi che era solito frequentare. Verso le nove meno un quarto il Pezzati entrò in all'erta quando vide comparire, sbandando per quanto erano ubriachi, il Cereghèt e il Traversa i quali, a forza di bestemmie e colpi di gomito, si guadagnarono un posto tra le prime file chiudendo tra di loro, con manovra a tenaglia, una slandra vestita con un camicione di stile indiano che manifestò immediatamente di gradire la compagnia mettendo un braccio sulle spalle di entrambi. La ragazza si chiamava Vestalia ed era nota al maresciallo perché, ritenendo di avere le qualità per fare la cantante e tutto sommato avendo una bella voce, amava esercitarsi soprattutto di notte, a squarciagola, rompendo le balle al vicinato: così gli era toccato correre più di una volta per sedarne gli ardori. Era, probabilmente, ubriaca anche lei. Altrimenti, a giudizio del Pezzati, non si sarebbe unita al coro che i due intonarono quando mancavano pochi minuti alle nove. Una versione modificata e personale della canzone *Zingara.*

«Prendi questo in mano, zingaraaaaa», salì al cielo per una decina di volte, scatenando l'ilarità dei più, trascinando alcuni a unirsi.

Pessimo inizio di serata, rifletté il maresciallo che, incrociando lo sguardo del carabiniere Scaramuccia, si portò l'indice all'occhio per avvisarlo di stare in campana. Dopo la zingara, i due avevano in canna un'altra canzone riveduta e corretta. Partirono con:

«Bambina innamoraaaata, stanotte ti ho...» e via di seguito, ma non ebbero la stessa fortuna di consensi perché subito il presentatore annunciò l'inizio del concerto e immediatamente Joe Comacina e la sua big band salirono sul palchetto, accolti da un religioso silenzio.

Con l'avvio della prima canzone, *Ragazzo di strada,* il maresciallo Pezzati perse le speranze di veder comparire il Taglia e ridusse sensibilmente la frequenza degli sguardi lanciati a Scaramuccia. Quest'ultimo, notevolmente più giovane del suo comandante, apprezzava il Comacina e il suo repertorio. Non era sicuro che il regolamento lo permettesse, ma quando si rese conto che il maresciallo aveva abbassato un po' la guardia, fece lo stesso e cominciò a canticchiare, visto che conosceva perfettamente i testi delle canzoni. Il Pezzati, dopo tre o quattro brani, si appoggiò alla balaustra della scala che saliva al portone d'ingresso del palazzo scolastico. Non poteva negare che il Comacina e la sua band fossero in gamba e che se non altro avevano il potere di calamitare l'attenzione dei presenti, di averli zittiti, allontanando i cattivi auspici di mare mosso che lui stesso aveva previsto all'arrivo dei due balordi. A proposito dei quali, vedendoli un po' ingobbiti, silenziosi e con la bocca spalancata, la maschera della deficienza pura, il maresciallo pensò che la ciocca che s'erano portati fino a lì stava adesso scollinando verso l'ebetudine e l'apatia, così da poterli considerare fuori gioco. Si permise quindi il lusso di dedicarsi con maggiore attenzione alla corista, la quale esibiva una minigonna in grado di coprire appena un culetto pregevole: evidentemente la ragazza aveva ben presente il portentoso fondoschiena di cui la natura l'aveva dotata, poiché si esibiva volentieri in giravolte o mossette laterali di rara efficacia. In quei frangenti il Comacina e gli altri musicisti potevano tranquillamente steccare, nessuno se ne sarebbe accorto.

Così pure il maresciallo, avvinghiato ai glutei della corista, non si avvide che uno dei due balordi, il Traversa, percependo la necessità di un rifornimento onde non restare a secco, aveva estratto dalla tasca dei pantaloni una fiaschetta e l'aveva fatta girare. Del contenuto approfittò senza complimenti anche la Vestalia. Il risultato fu un fischio interminabile prodotto dal Cereghèt a commento dell'ennesima mossa della corista e una corale risposta dei cani che scorrazzavano nel giardino della villa di fronte al palazzo scolastico, sull'altro lato della strada.

L'apprezzamento sonoro all'indirizzo della corista strappò il maresciallo da certe speculazioni astratte, riportandolo alla realtà. I due cretini avevano ripreso vita, la Vestalia non aveva più le braccia sulle spalle dei balordi, batteva le mani in aria invece, seguendo il ritmo della canzone. Pure Scaramuccia era distratto, ci vollero dieci minuti buoni perché tornasse a guardare il maresciallo il quale prima, con le dita della mano destra riunite, «Che cazzo fai?» lo richiamò al dovere e poi gli fece il gesto di stare all'occhio.

Il casino scoppiò proprio sulle note di *Non è Francesca.*

Il Comacina, ben conscio di quanto quel pezzo fosse atteso, volle dapprima alzare la temperatura, annunciando che dopo l'ultimo pezzo in programma, *Azzurro*, il concerto sarebbe finito. Fischi si levarono da più parti mentre da un gruppetto partì un coro che intonò il ritornello della canzone cui lo stesso Comacina rispose con un plateale inchino: un segnale convenuto con il tastierista che accompagnò il coro del pubblico per poi dare l'avvio al sospirato pezzo. Al maresciallo, cui lo scherzetto del cantante non era andato a genio e che gradì l'immediato ritorno del vibrante silenzio di attesa, non era sfuggito, durante l'inchino di quello, un rapido gesto del Comacina, una sorta di carezza che si era dato alla sommità del capo dopo essere ritornato in posizione eretta. Il Comacina intanto aveva cominciato a cantare. Nella parte di idolo degli astanti, porgeva loro il microfono affinché tutti insieme potessero sottolineare con un «Tàtàtàtaaaa» via via sempre più corposo il tormentone del ritornello. A metà canzone il batterista levò in aria le bacchette per invitare la gente a battere ritmicamente le mani. Alcuni scambiarono il gesto per un invito a cantare, e lo seguirono immediatamente: la Vestalia fu tra costoro. Imbesuita dalla trincata che aveva fatto poco prima, si agitò come una forsennata per bucare le due file compatte che stavano davanti a lei. Il Traversa cercò di arpionarla per una spalla e bloccarla. La ragazza si divincolò con decisione, si girò.

«Vai a cagare e lasciami in pace!» gridò.

Qualcuno, gridando a sua volta «Vai Vestalia!» le diede una spinta grazie alla quale si trovò sola nel breve spazio tra il palchetto e la prima fila. Inebriata, la Vestalia si portò le mani al volto e prese a cantare.

In quel momento cominciò a soffiare un montivo deciso che, rotto in rivoletti dal palazzo scolastico, prese più direzioni, producendo effetti diversi. Il primo fu quello di appiccicare il vestito di stile indiano al corpo della Vestalia, rivelando che, per com'era fatta, la ragazza aveva ben poco da invidiare alla corista. Tra l'altro i più, maresciallo Pezzati compreso, ebbero l'impressione che sotto non indossasse alcunché. Il Comacina era uno che non disdegnava le avventurette, anzi. Notando pure lui la bontà della Vestalia, decise di conquistarla definitivamente alla sua causa: si comportò da artista rotto a tutti gli imprevisti e invitò la ragazza a salire sul palco e cantare con lui. All'applauso che seguì quando la Vestalia, salita sul palco, venne immediatamente arpionata dal Comacina che la strinse a sé mettendo il microfono tra loro due, il Cereghèt reagì con un cazzotto mollato allo stomaco di uno che stava alle sue spalle e che gli aveva sussurrato «Va' che te la ciula», e poi consigliando a sua volta al Traversa di tirar giù quella cretina dal palco. Cosa non facile, perché la Vestalia sembrava invasata, ormai cantava con gli occhi chiusi, spettacolo nello spettacolo. La canzone si avvicinava alla fine, gli sforzi del Traversa per sfondare il muro umano che aveva davanti si stavano rivelando inutili, il maresciallo Pezzati aveva fatto ampi gesti a Scaramuccia di avvicinarsi e il montivo s'era rinfrescato.

Per certe, speciali occasioni, Joe Comacina aveva previsto una chiusura particolare di *Non è Francesca*. Si trattava di «stirare», come diceva lui, il finale, ripetendo dieci, venti, trenta volte il ritornello e il tàtàtàtaaa con il concorso dei presenti, raggiungendo vette di vero e proprio isterismo. Era una di quelle occasioni. Con un cenno al chitarrista, che lo ribadì agli altri, diede il via al tormentone, agitando la mano e consegnando il microfono alla Vestalia, mentre lui dirigeva il pubblico. La Vestalia, ormai protagonista, sorda alle urla e agli insulti che il Traversa le indirizzava, si inginocchiò come fosse in preghiera, urlando sgraziatamente.

«No, no, no... non è Francesca... tàtàtàtaaa.»

Sarebbe andata avanti sino al mattino seguente se il Comacina a un certo punto non avesse giudicato opportuno chiuderla lì. Allora si chinò verso di lei per prendere il microfono e ringraziare.

Fu in quell'istante che scoppiò il casino.

Il maresciallo Pezzati ebbe conferma del sospetto che

gli era venuto poco prima quando, il Comacina chinato, un colpo di montivo gli fece volar via la parrucca rivelando un cranio lustro come una palla da biliardo. Allo sconcerto iniziale del pubblico, della Vestalia che stava sempre in ginocchio, dello stesso Comacina che si era immediatamente portato una mano sulla zucca, seguì una risata quasi generale che rilassò la tenuta delle prime file, dando così modo al Cereghèt e al Traversa di partire al recupero della ragazza. Mentre i due marciavano alla volta del palco, un gruppetto di fan volò invece verso il luogo dove era planata la parrucca che sparì immediatamente, prezioso cimelio. Il Pezzati attese gli eventi, ma quando vide che la Vestalia non aveva intenzione di obbedire ai due, anzi, li insultava pesantemente e il Comacina, supportato dal muscoloso batterista, si apprestava a intervenire, ruppe gli indugi e con il carabiniere Scaramuccia salì sul palco giusto in tempo per frapporsi tra i litiganti.

Al Traversa e al Cereghèt disse di non farsi nemmeno venire il pensiero di andare via.

«Rissa e disturbo della quiete pubblica!»

Si fece consegnare il microfono dalla Vestalia.

«Te va' a casa», ordinò.

E mettiti le mutande, avrebbe voluto aggiungere.

Poi, con voce stentorea, chiese al pubblico di sgomberare immediatamente il cortile.

Una volta ritornata un poco di calma, mentre ordinatamente la gente imboccava strade e contrade, ordinò a Scaramuccia di portare in caserma i due balordi e rimase sul posto fino a quando non restò solo con il Comacina e la sua band.

«Più in fretta fate e più in fretta sparite», disse loro, invitandoli a non perdere tempo e a smontare.

Il Comacina gli si avvicinò.

«E per la mia parrucca?» chiese.

Il Pezzati lo guardò senza parlare.

Bastava lo sguardo?

54.

Verso le undici, quando era rientrato in caserma, il maresciallo si era trovato di fronte ai due balordi profondamente addormentati.

«Non hanno fatto in tempo a sedersi e sono partiti», l'aveva informato Scaramuccia.

«E tu svegliali», aveva risposto il Pezzati.

C'erano volute due secchiate d'acqua.

«Ma cosa caz...» aveva sillabato il Traversa.

«Sta' buono», l'aveva avvisato il maresciallo, «parla solo quando sei interrogato e vedi di dire la verità.»

Il Cereghèt aveva tentato di aprire la bocca.

«Vale anche per te», l'aveva zittito il maresciallo.

Poi aveva sparato la domanda.

«Che fine ha fatto il Tagliaferri?»

Sul viso di entrambi era apparsa un'espressione severa. Avevano anche, contemporaneamente, incrociato le braccia e s'erano appoggiati al muro della saletta d'attesa in cui il carabiniere Scaramuccia li aveva fatti accomodare.

Volevano fare i duri, i malavitosi.

Quelli che non parlano.

Il Pezzati aveva scosso il capo e poi sorriso.

«Ma vi vedete?» aveva chiesto.

Troppi film alla Casa del Popolo! Troppe sparatorie, troppi cowboy, troppi indiani. Troppi giornaletti!

«Cretini che siete.»

Aveva fatto loro l'elenco.

Rissa.
Disturbo della quiete pubblica.
Ubriachezza molesta.
Resistenza e insulti a pubblico ufficiale.
«Non è vero!» era scappato al Traversa.
«Come no! Vero Scaramuccia?»
«Certo, maresciallo!»
Aveva lasciato passare qualche secondo.
«Dov'è il Tagliaferri?»
I due avevano risposto in coro.
«A Lecco.»
Da un troione.

55.

Il Taglia era ancora più stupido di quanto il maresciallo Pezzati credesse. Poiché, però, era convinto di essere il più furbo del creato, non solo era caduto nel tranello tesogli dal carabiniere, ma aveva fatto di peggio.

Innanzitutto era perfettamente al corrente dell'anomalo contenuto di quella stecca, tanto che lui stesso, la sera prima della corsa, l'aveva occultata per bene nel sedile posteriore della 1100. Doveva essere l'ultima consegna, la più preziosa, da effettuare presso il crotto Bacisc, situato poco prima del luogo dell'incidente. A ritirare il malloppo ci sarebbe stato un valtellinese, tal Della Morte Critico, di Chiuro. Lo schianto aveva mandato all'aria l'appuntamento e il Taglia, durante la degenza in ospedale, aveva temuto, più che la visita del maresciallo, quella del Della Morte per chiedergli conto dell'accaduto e del resto. Non vedendolo comparire, all'Ernesto era piano piano nata una tentazione che poi, passato il processo, era diventata un'idea con tutti i crismi di un piano. Durante la seconda notte di libertà, senza immaginare che così facendo avrebbe regalato al maresciallo Pezzati ore di effimera felicità, era entrato nel cortile dell'officina dell'Orio e aveva recuperato la stecca. Il contenuto l'aveva reso entusiasta, pur non essendo una grande cifra: erano falsi biglietti da mille e cinquemila di prova cui, se si fossero smerciati con tranquillità superando l'esame nell'opulenta Valtellina, ne sarebbero seguiti ben altri. Aveva resistito alla tentazione di usarli subito, ma ogni sua riserva era crollata quando aveva saputo che il Pedevelli, davanti all'ingente preventivo, aveva rinunciato a farla rimettere in sesto e la 1100 era finita tra le ganasce dello sfasciacarrozze. Allora aveva giudicato che il momento di spendere e spandere era arrivato. E nel caso il Della Morte, o chi per esso, si fosse fatto vivo, avrebbe candidamente confessato che la stecca aveva fatto la stessa fine dell'auto.

Così, con le tasche gonfie di moneta falsa, era partito per Lecco.

Furbo da farsi i complimenti!

Quella moneta andava spacciata con accortezza, un pezzo qua e uno là, mica sempre negli stessi negozi come gli sarebbe capitato in paese dove, tra l'altro, quell'improvvisa ricchezza avrebbe potuto far nascere sospetti in qualcuno!

Lecco, invece.

Dove tra l'altro aveva un ottimo punto d'appoggio.

Il troione cui il Traversa e il Cereghèt avevano fatto cenno. Che, vedendolo così ben messo in quanto a dindini, non avrebbe sicuramente disdegnato di ospitarlo per un po' e dividere con lui la bella vita, ristoranti, cinema e ciulate gratis.

La donna si chiamava Climene Ginestra e viveva in un condominio dalle parti di Germanedo. Aveva venticinque anni, era bionda, alta e di coscia lunga e da circa tre anni era entrata in un giro di squillo che operava a Milano.

Elegante, linda, profumata, la giovane era rispettatissima dagli altri condomini: l'ammiravano in virtù del lavoro che aveva dichiarato di fare, cioè l'interprete, attività che la costringeva praticamente a non avere orari definiti. Allo stesso modo variabili erano gli orari di lavoro della sua vera occupazione, ma con un limite, imposto dalla stessa organizzazione cui apparteneva: al massimo tre appuntamenti quotidiani, quattro in casi di eccezionalità. Il

Taglia l'aveva agganciata una sera, due anni prima, durante la Sagra dell'Alborella a Mandello del Lario, spacciandosi per straniero e fingendo di conoscere poco la lingua italiana. La Climene, che invece le lingue le sapeva davvero, l'aveva subito smascherato ma, nonostante ciò, avevano ballato assieme tutta la serata e chiuso con l'accordo di rivedersi di tanto in tanto.

Soprattutto, aveva tenuto a chiarire lei, quando lui fosse stato in moneta. E per generosità, ma con parsimonia, aveva cominciato a concedersi al Taglia che, per i condomini, era diventato un fratello che lavorava all'estero e che di tanto in tanto stava da lei, non avendo in Italia una residenza fissa.

56.

Cosa che invece, proprio in quei giorni, Alfredo Denti cominciò ad avere. Non che prima non l'avesse, abitando con sua madre Benvenuta.

Ma era successo che gli inquilini dell'appartamentino di proprietà materna dove sarebbe andato a vivere in qualità di marito, avvisati per tempo della necessità di liberarlo, s'erano dati da fare e avevano trovato un'altra sistemazione, lasciando liberi i locali in largo anticipo.

Alfredo, non senza emozione e con il consenso di Benvenuta, aveva allora avviato le pratiche per intestarselo e finalmente era diventato padrone di casa, residente non più in via XX settembre 54 ma in via Cavour 67. Aveva fatto le cose in gran segreto, rivelando la novità a Adelaide solo a pratica conclusa. L'aveva fatto una sera, un paio di giorni dopo l'esibizione del Comacina, e Adelaide d'istinto gli aveva chiesto di farglielo visitare immediatamente. Ci erano andati la sera seguente, quando Alfredo si era presentato all'appuntamento munito delle chiavi.

Agli occhi della ragazza quel quartierino, che in tutto non superava i sessanta metri quadrati, era sembrato meraviglioso. Pressoché completamente arredato tra l'altro. Con una rinfrescata alle pareti sarebbe sembrato nuovo di pacca. Forse difettava di luminosità, poiché aveva due sole finestre che dalla cucina davano su via Cavour, proprio di fronte all'osteria del Crachen. Ma, come aveva detto Alfredo, quello era solo un inizio, un punto di partenza. Dopo averlo ispezionato da cima a fondo, Adelaide si era avvicinata proprio a quelle due finestre con l'intenzione di aprirle, ma il giovanotto le aveva detto di non farlo.

«Qualcuno ci potrebbe vedere», aveva spiegato.

Adelaide non aveva ben capito il senso della frase.

Che all'Alfredo fosse venuta qualche ideuzza azzardata?

Nel caso, per la felicità, lei si sentiva disposta a concedergli qualcosina di più del solito che, in verità, sino a quel momento era stato davvero poca cosa.

«Hai paura di stare solo con me?» aveva chiesto lei, con l'intenzione di spingerlo a osare.

Alfredo l'aveva freddata rispondendo invece che quella contrada era piena di occhi e non voleva che qualcuno pensasse male di loro due, visto che non erano ancora sposati. I bollori di Adelaide s'erano immediatamente spenti.

«Va bene», aveva detto, «allora andiamo a fare due passi.»

Alfredo però aveva qualcosa sul gozzo.

«Sì, ma...» aveva tentato di dire, fermandosi subito.

«Ma, cosa?»

«Volevo chiederti, cioè...» aveva tentennato lui.

Così incartato nel parlare, l'Alfredo lo diventava solo quando doveva dare comunicazione di qualche novità made in «facia de can».

Si sarebbe aspettata di sentire chissà quale sproposito, tranne ciò che all'inizio aveva finto di non capire.

«Insomma, tu e il Taglia...»

«Il Taglia? Cosa c'entra?»

«Niente, ma...»

Adelaide aveva trovato il tono secco di quando era proprio incazzata.

«Cosa vuoi sapere?» aveva chiesto.

Ma non gli aveva dato tempo di respirare.

«Vuoi sapere se...»

E aveva fatto un gesto davanti al quale Alfredo aveva corrugato la fronte.

«No...»

«Come no! Chiedimelo però, usa la lingua, dillo!»

«Ma no, dai, lasciamo perdere», s'era arreso Alfredo, sgonfio e in ritirata.

Dopo qualche istante di silenzio era stato lui a riprendere la parola.

«Ti sei arrabbiata?»

«Figurati!» aveva risposto Adelaide.

Non le capitava tutti i giorni di essere presa per una di quelle là: per intenderci, quelle da cinquemila col guanto.

57.

Il cameriere Squinzano restò un momento sovrappensiero quella mattina quando vide entrare al caffè dell'Imbarcadero il maresciallo Pezzati. Erano giorni che non si faceva vedere pur non essendo in licenza, e l'aveva notato più volte alla finestra del suo ufficio intento a guardare verso il molo e la piazza.

Non volle credere alle sue orecchie poi quando il Pezzati gli ordinò un Campari bello ghiacciato. D'istinto guardò l'orologio, erano le dieci del mattino. Fu lì per chiedere conferma dell'ordine, ma il maresciallo lo anticipò.

«Hai capito bene, Squinzano», disse, «sono le dieci del mattino e ti ho appena ordinato un Campari bello ghiacciato. Cosa c'è di strano?»

Il cameriere non si permise repliche, servì il Campari.

Il Pezzati lo asciugò in due sorsate.

«Adesso sì», esclamò soddisfatto riponendo il bicchiere.

Adesso sì che aveva in corpo la benzina giusta per andare a Lecco a rendere visita al signor coglionissimo Tagliaferri Ernesto, in arte Taglia.

58.

La bella vita dell'Ernesto s'era infranta contro l'esperienza di Gaetano Arabetti, bigliettaio del cinema Impero di Valmadrera. Sino ad allora l'aveva sfangata. Nessuno, nelle trattorie, nelle sale da ballo, nei ristoranti, s'era mai accorto che quella con cui pagava fior di conti era carta straccia. Neanche nel night Blue Moon, dove c'era gente con l'occhio lungo per certe cose. La Climene, assolutamente all'oscuro di tutto, vedendolo così in moneta s'era addolcita sempre di più, gliela mollava tutti i giorni in cui non era impegnata a tradurre, e l'Ernesto si era sentito come un vitello nella pancia della vacca.

Cosa poteva volere di più dalla vita?

Sapeva che prima o poi quei soldi sarebbero finiti, ma era un pensiero che ricacciava, l'avrebbe preso in considerazione al momento opportuno: poteva anche decidere di entrare nel giro, un po' di esperienza se l'era fatta.

Quella sera aveva deciso di andare a vedere *Corri uomo corri*, con Tomás Milián. I western gli piacevano un sacco e aveva convinto anche la Climene ad accompagnarlo, sebbene lei preferisse certe commedie dove gli attori cantavano e ballavano, rompendo le balle, secondo il Taglia, dopo nemmeno dieci minuti.

Per pagare l'ingresso l'Ernesto aveva usato una carta da cinquemila. Il cassiere Arabetti l'aveva presa in mano, sfrugugliata, guardata con attenzione in controluce e poi restituita al mittente.

«È falsa», aveva detto.

Il Taglia aveva risposto con un sorriso senza denti.

«Non dica fesserie», aveva ribattuto.

Con la Climene di fianco e un po' di gente dietro che aspettava non poteva rinunciare a fare il duro.

L'Arabetti non s'era mica spaventato.

«Le fesserie le dirà lei», aveva ribattuto, «io so quello che dico.»

Gaetano Arabetti era un pensionato della Banca Popolare di Lecco, una vita passata agli sportelli. Di banconote vere e false se ne intendeva parecchio. Se stava alla cassa del cinema era solo per dare una mano al figlio che del cinema era proprietario.

«Allora, 'sti biglietti?» aveva insistito il Taglia, ma con una voce già incrinata.

L'Arabetti manco gli aveva risposto. Aveva fatto chiamare la maschera, una pezza, e gli aveva detto di tenere d'occhio l'Ernesto. Tra il mormorio della gente in attesa, aveva poi chiamato i carabinieri, i quali una volta accorsi avevano immediatamente blindato l'Ernesto.

All'uscita dal cinema, stretto tra due caramba e con il sottofondo del mormorio dei presenti, la Climene s'era fatta sentire.

«E io come torno a casa?» aveva chiesto.

«A piedi, zoccola», aveva risposto il Taglia.

Poi per lui era cominciata una lunga notte in compagnia del maresciallo Catricola, che proprio da un paio di settimane stava raccogliendo segnalazioni circa la comparsa in città di biglietti di banca falsificati.

Il Taglia aveva reso una confessione pressoché istantanea. Addirittura, pur potendone fare a meno, aveva indicato al Catricola dove era nascosta la rimanenza dei soldi: in un armadietto della cucina di casa della Climene, così che il maresciallo s'era visto costretto a far arrestare anche la ragazza, con l'accusa di complicità e ricettazione.

Verso le undici della sera, compilati e firmati i verbali, aveva telefonato al collega bellanese Massimino Pezzati.

«L'arbola ha abboccato», aveva commentato questi.

«Come dici, scusa?» aveva rimandato il Catricola.

Inutile perdere tempo al telefono.

«Domani mattina vengo a trovarti», aveva garantito il Pezzati, «e ti racconto tutto.»

59.

A firma sua, ma sotto dettatura del maresciallo Pezzati, Ignazio Grillini compose un pezzo di spalla che uscì due giorni dopo l'arresto del Taglia. Il Grillini si sarebbe tenuto volentieri alla larga da una notizia così spinosa, ma dal giornale gli avevano detto senza ricorrere a eufemismi che erano stufi dei suoi insulsi pezzulli su sagre di alborelle e castagne e feste di alpini e marinai: adesso che c'era un fatto grosso, che si desse da fare, altrimenti avrebbero cercato qualcuno con le palle e un vocabolario più ricco. Di fronte alla minaccia e per non perdere l'autorità che in paese gli derivava dall'essere corrispondente del giornale, aveva chiesto e ottenuto la collaborazione del Pezzati, il quale aveva praticamente scritto in sua vece l'articolo. Poiché alla scarna cronaca del fatto avrebbero pensato i redattori di Lecco, il Pezzati analizzò l'arresto del Taglia in un'ottica sociologica, anticipando ciò che aveva intuito, cioè il mutare del costume dei contrabbandieri, che non si limitavano più alle sole sigarette e a pochi altri generi ma miravano a un commercio molto più redditizio.

Il direttore del giornale in persona gratificò il Grillini di complimenti.

«Lo vedi che quando ti impegni riesci a scrivere qualcosa di buono?» gli disse al telefono. E l'avvisò di stare all'erta, tenere gli occhi bene aperti su qualunque fatto nuovo meritasse l'attenzione della cronaca.

Nonostante l'insistenza ruffiana del Grillini, il maresciallo gli aveva proibito di citarlo e di raccontare la parte che aveva avuto nel tendere la trappola in cui l'Ernesto era caduto e gli aveva altresì proibito di far cenno allo stesso Tagliaferri.

Di guai il Taglia ne aveva già abbastanza, non aveva bisogno di ulteriore pubblicità.

Il Pezzati l'aveva visto la mattina in cui, con il Campari nel serbatoio, era andato a Lecco. Prima aveva raccontato al collega Catricola della 1100 e della stecca riposizionata dentro il sedile posteriore, poi aveva voluto vedere il reo, che era stato momentaneamente ospitato in una cella di passaggio prima del trasferimento presso le carceri di Pescarenico. Tutta la soddisfazione per aver contribuito a un arresto importante s'era vanificata come fumo di sigaretta quando l'aveva visto e ancora di più quando l'aveva sentito.

Il Taglia aveva una cert'aria da maledetto, a causa di un ciuffo ribelle che gli cadeva continuamente sulla fronte e della barbetta non fatta. Se ne stava seduto sul pancaccio come se fosse al bar. Ma soprattutto, con fare ironico, all'entrata del Pezzati l'aveva salutato e poi aveva chiesto:

«Mi ci vorrà l'avvocato?».

Il maresciallo era rimasto senza parole ed era ritornato a Bellano macerandosi in un sentimento di delusione, ingiusto, perché lui non aveva fatto altro che il suo dovere, ma vivace e persecutorio, la stessa sensazione che da bambino avvertiva quando finivano le festività natalizie o le vacanze estive. Aveva un pugno di mosche in mano, ecco! Il Taglia non era che un piccolo pesce, forse il più piccolo di tutti.

Una volta rimesso piede entro i confini del suo territorio di competenza, il Pezzati aveva ripreso i toni e i modi del comandante di stazione. Non poteva certo trasmettere ai suoi carabinieri quei pensieri.

Al dovere, prima di tutto, bisognava pensare. I problemi e le crisi di coscienza non volevano la divisa addosso.

Fu per una sorta di dovere, pur se non contemplato dal regolamento, che qualche giorno dopo la gita a Lecco volle passare dall'autofficina dell'Orio per ringraziare personalmente l'Alfredo dell'aiuto che gli aveva dato.

Il dovere della riconoscenza nei confronti di un cittadino collaborante, ma anche l'intenzione di dare pubblicamente una patente di maturità a quel giovanotto, cosa della quale il meccanico, a parere del maresciallo, aveva assolutamente bisogno. Ci voleva niente, in quel piccolo paese, per bollare qualcuno. Bastava un pettegolezzo e il Pezzati temeva che la ragazza, la figlia di quel ferroviere che era andato a trovarlo in caserma, fosse pronta per fare una brutta fine. E che il giovanotto, spaventato dalle chiacchiere oppure mal consigliato, si potesse tirare indietro.

Di fare l'uomo, glielo aveva già raccomandato.

«Repetita iuvant, però!»

Una dimostrazione pubblica, davanti ai suoi colleghi di officina, non avrebbe certo fatto del male all'autostima del giovane.

Incurante dell'olio di cui era inzaccherato, e stando ben attento a che tutto ciò avvenisse anche sotto gli occhi dell'Orio, il maresciallo strinse la mano dell'Alfredo.

«Pronto al gran passo?» chiese.

Ringalluzzito e rosso per la soddisfazione:

«Certo», rispose Alfredo con sicurezza.

Il che era abbastanza vero.

Di lì a una settimana l'imbianchino Michetta avrebbe cominciato i lavori di ritinteggiatura della casa. Entro l'estate l'idraulico aveva promesso che avrebbe sistemato un paio di scarichi parzialmente difettosi e alcuni tubi corrosi dalla ruggine, lavoretti del piffero. Per il resto, la casa era pronta ad accogliere i due sposi. Toccava a loro stabilire quando.

Quindi, come poteva vedere il signor maresciallo, era tutto abbastanza pronto.

Abbastanza.

60.

Abbastanza, perché...

Ma non era certo cosa che poteva confessare al maresciallo!

Non era, come dire?, cosa da uomo.

Però Alfredo da qualche giorno, esattamente da quando l'imbianchino Michetta, che non era certo stato educato in un collegio svizzero, gli aveva fatto notare che le molle del lettone matrimoniale cantavano per la gioia di tutto il vicinato, aveva cominciato ad avere il pensiero che, una volta sposato, avrebbe lasciato sola sua madre.

Pensiero sciocco, oltre che logico nella sua linearità, ma che fino a quel momento se n'era stato buono buono da qualche parte. Poi aveva cominciato a farsi sentire e infine aveva preteso ascolto.

Adelaide si accorse che qualcosa turbava la serenità del giovanotto.

Per qualche giorno si tenne sul gozzo la curiosità.

Per qualche giorno, non di più, Adelaide riuscì a tollerare gli improvvisi silenzi di Alfredo quando, evidentemente, il pensiero cercava di trovare la strada della sua lingua e lui lo ricacciava al suo posto con una spinta verso il basso del pomo d'Adamo, movimento che alla ragazza non sfuggiva.

Poi Adelaide sbottò.

«Me lo vuoi dire cos'hai?»

All'attacco diretto il giovanotto non era preparato.

Cercò, come al solito, di spingere il pensiero nello stomaco ma Adelaide, mettendogli un dito all'altezza della gola, bloccò il movimento.

«Sputa il rospo Alfredo!»

Lo sputò, letteralmente.

E che razza di rospo!

«Cosa dici?» chiese lui.

Diplomazia, fu il pensiero di Adelaide.

Perché, se avesse risposto quello che le stava passando per la testa in quel momento, avrebbero finito per litigare.

La suocera in casa!

Come avere un cane da guardia!

Non ci voleva nemmeno pensare.

Però rispose che doveva farlo, pensarci, prima di dare una risposta riguardo a una cosa così impegnativa.

«Naturalmente», fu d'accordo Alfredo che in quel prendere tempo vide buoni auspici. Talmente buoni che la sera seguente, subito dopo cena, ne parlò a sua madre.

A Benvenuta dapprima tremarono le labbra. Poi socchiuse gli occhi e a occhi chiusi pronunciò la sentenza.

«Nemmeno per sogno!»

Alfredo tentò una replica, niente da fare. La donna fu categorica.

Aveva settantacinque anni, acciacchi di nessun conto, nelle sue cose si arrangiava da sola. Non vedeva perché anticipare il tempo della decadenza.

«Però...» tentò ancora il figlio.

«Chiuso il discorso», fece lei.

Ad Alfredo si mozzò il respiro.

A Adelaide si allargò quando, la sera dopo, seppe dal giovanotto della decisione materna.

«Vedrai», disse per consolarlo, «che non la lasceremo sola. Lascia fare a me.»

61.

Così pure disse al Taglia l'avvocato d'ufficio, tal Pertinenti, che gli era stato assegnato il giorno prima del processo, verso i primi di agosto.

«Lasci fare a me, parli solo quando e se verrà interrogato, per il resto stia zitto.»

Inoltre che si presentasse in aula vestito decentemente, pettinato, ben sbarbato e assumesse un'aria il più possibile pentita. Cosa, quest'ultima, che l'Ernesto non aveva assolutamente bisogno di darsi per finta: nei giorni di attesa passati a Pescarenico aveva perduto appetito e ganasseria, soprattutto da quando i suoi compagni di vacanza, istruiti circa il reato commesso e il precedente, s'erano divertiti a fare una specie di gioco del lotto circa i mesi o gli anni che si sarebbe beccato.

Cosa della quale il Taglia fu certo quando, non appena entrato in aula, vide che l'accusa era rappresentata dallo stesso pretore che aveva incontrato a Bellano. La speranza che non lo riconoscesse svanì subito, perché il giudice comunicò la condanna, e, con tono colloquiale e un sorrisetto a fior di labbra, quello gli disse:

«Cosa le avevo detto, giovanotto?».

A quell'uscita l'avvocato d'ufficio guardò il suo assistito e scosse la testa: un disastro annunciato contro il quale era inutile sbattersi più di tanto.

L'unico ad aver sperato in un po' di clemenza era stato il maresciallo Pezzati, presente in qualità di testimone.

Alla fine ci restò male come se la mazzata l'avessero data a lui e non al Taglia: due anni e sei mesi.

Per non dover sostenere il malinconico spettacolo dell'Ernesto che veniva portato via, destinazione il carcere del Bassone di Como, il maresciallo uscì dall'aula del tribunale di Lecco prima di lui e si perse un altro spettacolo: quello del Della Morte che era rimasto a bocca asciutta e aveva salutato il Taglia con un silenzioso «ciao ciao» fatto con la manina che aveva ben altro significato.

Al ritorno in caserma, trovò il Grillini impaziente, in attesa di qualche notizia per compilare un nuovo pezzo per il giornale.

«Non ha niente da dirmi, maresciallo?»

«Sì», rispose il Pezzati. «Fatti i cazzi tuoi!»

62.

La data, fissata: il 24 novembre.

Il luogo, pure: il santuario di Lezzeno, lo stesso dove il padre e la madre di Adelaide si erano sposati.

La casa, pronta. Il vestito della sposa anche.

Perfino il programma di sorveglianza stretta della povera Benvenuta, ideato da Adelaide e definito in ogni particolare, era pronto, letto e approvato da Alfredo.

Sorveglianza stretta, ma discreta. Non bisognava urtare la suscettibilità della matrona.

In fin dei conti avrebbero abitato a un passo l'una dagli altri, bastava voltare l'angolo e sarebbero stati in casa sua. Ogni tanto, quindi, ogni due giorni, a Adelaide non sarebbe costato niente fingere di passare da lì e capitarle in casa. Bastava poco, un'occhiata, un paio di battute, per rendersi conto che tutto filava liscio. Qualunque cosa. Qualunque cosa, qualunque sacrificio per ringraziare il cielo di aver scampato il pericolo di trovarsi la suocera tra i piedi.

Con sua madre, Alfredo non era più tornato sull'argomento. Né Benvenuta, anche con un semplice accenno alle nozze che si avvicinavano, gli offrì il destro per sfiorarlo. Per mettersi definitivamente il cuore in pace, il giovanotto ne aveva discusso pure con il prevosto.

«Fiat voluntas sua», aveva decretato questi, e aveva tranquillizzato Alfredo assicurandogli, forte della conoscenza della donna, che non avrebbe perduto l'equilibrio che l'aveva sempre contraddistinta. Nemmeno il sacerdote poteva però immaginare che Benvenuta quell'equilibrio spacciato con frasi di poche parole ed espressioni canine lo stava già perdendo.

Nel suo intimo la donna sentiva che la decadenza, quel tempo orribile che aveva cercato di allontanare anche rifiutando la convivenza con i due sposini, aveva bussato alla sua porta e la perseguitava con torbide fantasie. Sopra le altre, quella di suo figlio Alfredo che la deponeva nella bara, magra come non era mai stata nemmeno in gioventù e ancora viva. La decadenza: il suo pensiero era un imbianchino che le stava dipingendo di nero le pareti di casa, un ladro d'aria. Il buio della notte le divenne insopportabile così come l'allegria, la spensieratezza del figlio man mano che i giorni e le settimane correvano rapidamente verso la data del matrimonio. La presenza del figlio cominciò a infastidirla. Con le sue parole, con le sue battute e il suo parlare di futuro, scardinava il tenebroso equilibrio con il quale doveva convivere, costringendola ogni nuovo giorno a riprendere posto dentro la solitudine che la aspettava.

Quel giorno che aveva sperato non arrivasse mai, adesso si faceva desiderare, avrebbe voluto che ogni giorno del calendario fosse quello.

A metà ottobre, con malata felicità, cominciò il conto alla rovescia.

Cosa che invece il Pezzati aveva già cominciato a fare dal primo giorno del mese, quando gli era stata ufficialmente comunicata la promozione a maresciallo capo.

63.

Ci aveva scherzato sopra, il Pezzati, perché la comunicazione della nomina aveva coinciso con l'inizio delle scuole. Dopo aver condiviso la notizia con i carabinieri Scaramuccia, Insoliti e Mesana, li aveva divertiti raccontando alcune disavventure della sua carriera scolastica e, poiché l'Insoliti s'era azzardato a dire che quello era un avvenimento che meritava un brindisi, allo scoccare del mezzogiorno li aveva portati tutti e tre al caffè dell'Imbarcadero: Campari per tutti. Naturalmente il cameriere Squinzano aveva voluto sapere il motivo di quella bevuta conviviale. Scaramuccia, nonostante lo sguardo in tralice del Pezzati, aveva esplicitato il motivo: il risultato era stato duplice. Lo stesso Scaramuccia, che non sopportava alcun tipo di alcolico, nel giro di dieci minuti aveva cominciato a dare segni di ubriachezza, mentre in poche ore gran parte del paese era informata della promozione del maresciallo Pezzati e della sua prossima partenza.

Appunto sulla partenza, nel corso del pomeriggio, quando l'atmosfera di festa e allegria era rientrata, si era concentrato il pensiero del Pezzati. Inutile negare che la promozione a maresciallo capo, con la conseguente miglioria economica, gli dava soddisfazione. L'aveva attesa, ci aveva fatto conto. Ma fino a che non aveva avuto in mano la nomina, non aveva considerato ciò che essa stessa comportava, cioè un cambio di sede, un altro comando sul quale, per il momento, il mistero era fitto. Aveva la certezza che a Bellano non ci sarebbe stato ancora per molto, e la destinazione, con relativa data di partenza, l'avrebbe conosciuta al termine di quel conto alla rovescia che, appunto, aveva cominciato a partire dal 1° ottobre.

Qualche giorno dopo sua moglie gli aveva chiesto:

«Ti dispiace andare via?».

«No», aveva risposto lui, covando la certezza che sua moglie avrebbe gradito una diversa collocazione, magari cittadina, come spesso gli aveva confessato.

«A me un po' sì», aveva però aggiunto la donna.

Anche a lui, in verità.

Anzi, forse più a lui che a lei.

Il fatto è che, insensibilmente, i ritmi di quella vita che sembrava sempre uguale si erano insediati nel suo agire quotidiano e aveva cominciato a intuire che gli sarebbero mancati. E gli sarebbe mancato quel senso di assoluta libertà d'azione che gli derivava dal non avere a stretto contatto di gomito un superiore cui riferire. Per non parlare della gente che nel corso degli anni di permanenza aveva conosciuto e di coloro con i quali aveva stretto una certa confidenza. Pensandoci, era sicuro che perfino quell'imbecille del Grillini gli sarebbe mancato.

D'altronde era inutile stare a piangere sul passato, tempo perso. Anche se tuttavia non era assolutamente facile elaborare il distacco da quel luogo, soprattutto adesso con sotto gli occhi la seduzione di un ottobre gonfio di colori e la sera con le vaghe stelle dell'Orsa che risplendevano in cielo luminose come non mai.

Prosaicamente il maresciallo capo Pezzati si rispondeva che quelle vaghe stelle lo avrebbero seguito ovunque fosse andato. Ma una vocina gli obiettava che forse non sarebbero state altrettanto luminose o vicine o così cariche di poesia come gli erano sembrate in tutti quegli anni.

Fu verso la fine del mese che Alfredo Denti andò a trovarlo in caserma per dirgli che avrebbe avuto piacere di contarlo tra gli ospiti al suo matrimonio.

Il Pezzati gli chiese la data.

«Ben volentieri», rispose, «sempre che sia ancora qui.»

Ci fu.

Doveva essere una delle sue ultime giornate sul lago di Como.

Una gioia per gli occhi e per gli olfatti fini.

In sostanza, un lussureggiante ricatto.

64.

Tanto bello, azzurro era il cielo grazie a un vento non esageratamente cattivo che un paio di giorni prima l'aveva sgomberato, tanto severa era la montagna, non più colorata come in ottobre ma vivace delle macchie sempreverdi delle piantagioni di abeti, tanto era sconfinata la felicità del maresciallo capo Pezzati quando aveva conosciuto la sua nuova destinazione: Bellano!

Uso a obbedir tacendo, il Pezzati aveva preso atto della comunicazione e s'era ben guardato dal chiedere perché non c'era stato trasferimento, mentre usa a comandar senza dare troppe spiegazioni la Legione gli aveva ordinato di starsene dove stava sino a nuovo ordine.

Alla notizia anche sua moglie aveva esultato.

Sul piazzale del santuario di Lezzeno, dove era stato più volte nel corso di quegli anni in occasione della tradizionale Festa dei malati organizzata dalla sezione dell'Unitalsi, il Pezzati, dopo aver contemplato cielo e montagna, diede uno sguardo anche al lago, la cui superficie era appena screziata dalle onde sollevate dal vento.

Lo guardò con una certa riconoscenza, pensando al poeta prediletto, *La quiete dopo la tempesta.*

"Uscir di pena è diletto fra noi", recitò tra sé.

Quando, verso le undici, la sposa giunse sul piazzale del santuario, si riscosse dai suoi pensieri e si concesse alle inevitabili domande di coloro che, pur sapendolo maresciallo capo, lo chiamavano ancora e solo maresciallo (e in effetti anche a lui costava uno sforzo aggiungere quel «capo», soprattutto al telefono), e volevano sapere se fosse contento di restare in paese. Poi la cerimonia prese il sopravvento e infine, al suono delle campane di mezzogiorno, Adelaide e Alfredo furono marito e moglie.

Al pranzo che si tenne al ristorante La Conca d'oro, proprio dietro l'edificio del santuario, il Pezzati non poté presenziare. Lo salutarono con un brindisi augurandogli di restare in paese sino alla pensione. L'unica a non alzare il calice fu Benvenuta, naturalmente astemia. Aveva seguito con la solita ghigna tutta la cerimonia e s'era giusto concessa a un bacio con la sposa.

Nonostante l'esiguità degli invitati, il pranzo fu allegro e terminò al calare delle prime ombre.

Una volta salutati gli ultimi, Alfredo ebbe un attimo di sconcerto. Sembrava che si stesse chiedendo cosa dovesse fare ora.

A Benvenuta quell'attimo di smarrimento non sfuggì.

Si avvicinò al figlio.

«Ricordati che adesso abiti in via Cavour», gli disse.

Forse il tono voleva essere dolce, ma al fresco sposo suonò come un rimprovero.

SECONDA PARTE

1.

Il ritorno a Bellano di Ernesto Tagliaferri fu memorabile. Avvenne nei primi giorni dell'estate 1976 e sotto gli occhi del maresciallo capo Massimino Pezzati, ancora e sempre comandante della caserma di Bellano, al punto che lo stesso Pezzati si era convinto che l'Arma l'avesse dimenticato e che quei lontani auguri, restare a Bellano sino alla pensione, fossero destinati a realizzarsi. Al resto della truppa s'era aggiunto un appuntato. Si chiamava Marco Venieri. Giovane d'età, lo sembrava ancora di più per l'aspetto fisico: aveva due baffetti da latte, gli occhi azzurri, l'incarnato roseo. Pochi giorni dopo il suo arrivo Scaramuccia, che nel frattempo era stato nominato carabiniere scelto, l'aveva soprannominato appuntino, nomignolo che era stato subito cassato dall'Insoliti e dal carabiniere Malcolsi che aveva preso il posto del Mesana. A fronte del suo aspetto puberale, il Venieri aveva le palle e l'aveva dimostrato: si narrava infatti che durante un posto di blocco, qualche mese prima di essere trasferito a Bellano, senza indugi avesse risposto al fuoco di due malviventi che non si erano fermati all'alt, centrando al primo colpo la ruota posteriore della loro auto.

Quella mattina il Venieri si era affacciato alla finestra del suo ufficio attratto dall'insolito rombo di un motore e aveva assistito all'arrivo del Taglia. Erano le undici circa del mattino quando l'Ernesto, al volante di un'Alfa Romeo spider targata La Spezia, imboccò sgommando il lungolago per fermarsi di lato al giardinetto del caffè dell'Imbarcadero. Sceso, si stiracchiò dando a vedere che giungeva da un viaggio lungo e faticoso. Poi si guardò in giro, si diede una grattatina ai paesi bassi e si avviò alla volta del caffè. Era bene in carne, abbronzato, occhiali da sole.

Pure il Pezzati aveva assistito al trionfale ritorno del Taglia. Giudicò necessario informare il nuovo arrivato delle caratteristiche del soggetto.

«Pericoloso?» chiese il Venieri.

«Abbastanza scemo da poterlo essere», rispose il comandante.

Quindi gli fece un rapido riassunto della brillante carriera del Taglia, concludendo con il dire che tra buona condotta e una specie di indulto, o amnistia?, be', insomma, o una cosa o l'altra, in ogni caso gli era stato condonato un anno di galera. Da allora, quella era la prima volta che ritornava in paese.

«Ma è sempre stato così?» chiese il Venieri.

Intendeva, sempre fornito di macchinone e con quell'aria da eterno vacanziere?

«È la prima volta che lo vedo combinato in quel modo», rispose il Pezzati. «Sembra un attore di Hollywood!»

«Potrebbe aver fatto il salto», ipotizzò l'appuntato.

Tenere d'occhio quindi, e riferire ogni cosa.

«Vedo che ci intendiamo», approvò il superiore.

Il Taglia nel frattempo era entrato al caffè dell'Imbarcadero. L'appuntato Venieri, dopo aver risposto «Agli ordini», restò alla finestra in attesa che il Taglia uscisse dal bar per poi scendere lui a interrogare il cameriere, caso mai l'Ernesto gli avesse raccontato qualcosa di interessante.

Il cameriere però non era più lo Squinzano. Da più di un anno il caffè aveva cambiato gestione. Licenziato, lo Squinzano aveva pensato che ormai per lui era arrivata l'ora di mettersi a riposo e godersela un po'. Ma, quando aveva fatto i conti con il commercialista, aveva avuto un'amara sorpresa: non tutti i padroni che aveva servito erano stati onesti.

Totale: per coprire il buco dei contributi non versati gli toccava sborsare di tasca propria svariati milioni oppure rimettersi a lavorare per quattro anni al fine di raggiungere la minima.

Non avendo risparmi, lo Squinzano era tornato sui suoi passi, ma il nuovo proprietario del caffè dell'Imbarcadero non l'aveva riassunto. Aveva voluto dare un'aria moderna al locale, attirare la gioventù: un po' di musica nell'aria, quadracci astratti alle pareti, tavolini personalizzati sia dentro sia fuori, nel giardinetto: non più anonimi numeri a contrassegnare i posti ma le attrici più sexy, da Marylin Monroe a Edwige Fenech, con i cui nomi aveva battezzato i posti a sedere. E infine un cameriere intonato all'ambiente, con qualche tatuaggio e un orecchino.

Al Taglia quelle novità fecero immediatamente girare i coglioni. Ne aveva di cose da raccontare, ma non c'era gusto a farlo con lo scimmione che gli aveva servito l'aperitivo senza parlare e che, come da ordini, aveva preteso il pagamento immediato, manco lui fosse... vabbe', lasciamo perdere.

Uscito, sempre sotto lo sguardo attento del Venieri, si avvicinò al gabbiotto della Navigazione, richiamando l'attenzione del bigliettaio con un colpo di nocche sul vetro. Almeno quello era sempre lo stesso.

«Ue', Bremba!»

Come se si fossero visti la sera prima.

«Che cazzo di fine ha fatto lo Squinzano?»

«Alla Ca' del Diaol.»

«A fare?»

Cosa poteva fare un cameriere in una trattoria?

«Il cameriere.»

Triste destino di un uomo che, almeno a suo dire, in vita aveva servito fior di miliardari e baldracche di prima scelta. Ma Aristide Squinzano s'era trovato con le spalle al muro, non aveva avuto alternative e aveva dovuto accettare quell'infimo incarico, tra l'altro pagato sottobanco.

Avuta l'informazione, il Taglia partì e subito dopo, su ordine dell'appuntato, partì il carabiniere Scaramuccia. Poiché conosceva l'idiozia dello scimmione che stava al banco dell'Imbarcadero, evitò di interrogarlo. Si rivolse invece, con la certezza di avere risposte chiare, al battellotto.

Solo alle cinque del pomeriggio, tanto era rimasto il Taglia all'osteria della Ca' del Diaol, davanti al Pezzati e all'appuntato cui il comandante stava illustrando su una cartina le «zone calde» del territorio di competenza, riuscì a fare una relazione quasi esaustiva circa i motivi che avevano spinto il Taglia a fare ritorno in paese.

2.

Il saluto dell'oste, «Chi non muore si rivede», era stata una chiave, quella per aprire la porta di casa e nel giro di un istante ritrovarsi in un ambiente conosciuto fino nell'angolo più remoto. Dopo un paio di bicchieri di vino, ai presenti e allo stesso Tagliaferri era sembrato che lui non si fosse mai mosso da lì.

Ai giri che gli avevano offerto aveva replicato con altrettanti giri, pagando al volo, sventolando per aria banconote, «Buone, eh!» aveva dichiarato ridendo, e non si era certo fatto pregare per raccontare come aveva passato quegli anni.

Ridendo, scherzando e bevendo aveva tirato le quattro e mezza del pomeriggio, ora in cui, finalmente, il carabiniere Scaramuccia, dopo numerosi viaggi a vuoto, era riuscito a farsi dire dall'oste quello che il Pezzati voleva sapere.

Il Taglia, già per carattere ganassa, infuocato dal vino non s'era fatto pregare e aveva risposto alle domande diffondendosi in particolari, tralasciando due soli episodi, giudicati di nessuna importanza.

Il primo era avvenuto subito dopo l'uscita dal carcere del Bassone mentre, in stazione a Como, stava aspettando la partenza della littorina per Lecco. Era ancora sul marciapiede quando si era sentito prendere per un orecchio e una voce alle spalle gli aveva intimato di non girarsi e di avviarsi in direzione dei cessi. Una volta lì dentro si era trovato faccia a faccia con il Della Morte di buona memoria, al quale era appena riuscito a dire:

«Ti posso spiegare», ricevendo in risposta la prima di una serie di sberle che gli avevano confuso le idee per tutta la giornata. E forse proprio in virtù della confusione di idee che gli regnava in testa, aveva fatto il secondo passo falso della giornata. Una volta a Lecco, s'era recato dalla Climene, convinto che quella lo stesse aspettando a braccia aperte. La ragazza non aveva patito conseguenze dalla vicenda che aveva spedito in galera il Taglia, ma durante il processo certe insinuazioni dell'accusa sulla vaghezza delle sue entrate a fronte di un treno di vita decisamente borghese non erano sfuggite a uno dei condomini che, non avendo niente di meglio da fare, aveva seguito passo passo il dibattimento.

Fare due più due era stato fin troppo facile e l'immagine della Climene, già incrinata dopo la perquisizione fatta dai carabinieri presso la sua abitazione, s'era definitivamente offuscata. Al che lei aveva bellamente reagito con un'impennata d'orgoglio.

«Sono una troia e me ne vanto.»

E da professionista qual era, s'era dotata di un rocchetta personale, quello che aveva aperto la porta di casa al Taglia e l'aveva gonfiato di botte per la seconda volta in quel pomeriggio.

Suonato per bene, il Taglia si era rintanato nella pensione Il Nibbio, una stella, dalla quale era uscito tre giorni più tardi e con un'allettante prospettiva di vita. Aveva avuto un colpo di culo: si era trovato al tavolo insieme con certo Alessandro Cuticola che gli aveva fatto balenare la possibilità di un lavoro molto redditizio e all'estero.

Il Taglia aveva accettato e la settimana successiva era partito, iniziando così la sua nuova vita.

«Pare quindi», disse Scaramuccia a maresciallo capo e appuntato, «che dopo aver scontato la pena il Tagliaferri abbia trovato da lavorare presso una di quelle ditte che fanno oleodotti o cose del genere nei paesi arabi e abbia lavorato in Arabia Saudita, in Qatar e anche in Senegal. Poiché quei lavoratori vengono pagati profumatamente e da quelle parti non hanno molte occasioni per spendere, adesso il Tagliaferri gode di un certo benessere. Ha raccontato di avere un mese di ferie e di essere tornato per rivedere i vecchi amici. Sembra inoltre che sia intenzionato a vendere la sua vecchia casa e a stabilirsi altrove. Dove, per il momento, non l'ha ancora deciso. Per sua comodità ha preso in affitto una stanza presso l'albergo Dell'Orrido e, se l'oste non ha compreso male poiché l'ho trovato alquanto incerto sia nelle parole sia nei movimenti, la prossima destinazione del nostro dovrebbe essere l'Oman.»

Il Pezzati riflettè.

«Va bene», disse poi.

Non aveva elementi per ritenere che il Tagliaferri avesse raccontato delle balle. Tuttavia, considerato il soggetto, era meglio non abbassare la guardia. Per il momento c'era solo una cosa da fare.

«Scendi di sotto», ordinò a Scaramuccia, «e gli dai una bella multa, visto che è da questa mattina che il suo macchinone è parcheggiato in divieto di sosta e il vigile non se n'è accorto.»

3.

Ai primi di gennaio l'Orio dell'officina aveva deciso che entro l'anno sarebbe andato in pensione e l'aveva comunicato ai suoi tre dipendenti. Poi aveva preso da parte l'Alfredo e gli aveva sottoposto un progetto.

Chiudere un'officina ben avviata come la sua era un peccato, e peccato mortale sarebbe stato se un meccanico carrozziere bravo come lui avesse dovuto andare sotto un altro padrone o addirittura cambiare mestiere.

«Degli altri due non mi interessa», aveva detto l'Orio.

Bei manovali, niente di più.

«Te, però...»

Gli poteva fare le condizioni migliori del mondo, non aveva 'sto gran bisogno di realizzare tutto subito.

«Pensaci, c'è tutto un anno di tempo.»

Alfredo aveva cominciato a pensarci subito, affascinato dal progetto al punto che la stessa sera del discorso ne aveva parlato con sua madre.

Non che ci fosse andato apposta. Quasi tutte le sere, dopo il lavoro, passava a farle una visitina. Faceva parte del progetto di sorveglianza per attuare il quale, dietro le insistenze del figlio, in casa di Benvenuta aveva fatto la sua comparsa il telefono.

Ogni due o tre giorni Adelaide si accertava che la suocera fosse a posto o se avesse bisogno di qualcosa, ottenendo invariabilmente dei «No, grazie» dal regale sapore.

Alfredo, appunto, ogni tanto, la sera.

L'arrivo del telefono aveva dotato di un'arma in più i

sorveglianti e invero complicato un poco la vita a Benvenuta.

Il fatto è che la *sciora* aveva da sempre praticato l'abitudine di schiacciare un sonnellino dopo pranzo, soprattutto d'estate, durante le ore più calde della giornata. Con il passare degli anni quelle mezz'ore erano diventate un'ora piena e, a volte, un'ora e mezza o due.

Niente di male, si sa che a volte gli anziani non dormono di notte e lo fanno di giorno, aveva pensato Alfredo. Fino a quando uno dei suoi compagni di lavoro gli aveva raccontato di una donna di Dervio, anziana e sola in casa, morta durante il sonno e della quale si erano accorti solo per via della puzza che a un certo punto aveva cominciato a uscire dal suo appartamento. L'episodio aveva rinfrescato nel giovanotto una paura infantile che credeva di avere dimenticato: quand'era molto piccolo infatti aveva vissuto con terrore il sonno pomeridiano di sua madre, temendo che da quello non si sarebbe svegliata più. Così aveva concordato con Adelaide una telefonatina pomeridiana, verso le tre, tre e mezza al massimo, alla quale Benvenuta rispondeva con voce asciutta e spesso ancora impastata di sonno.

Dopo aver udito la proposta che l'Orio aveva fatto al figlio, Benvenuta se n'era uscita con una sentenza:

«Guardati dai debiti!».

Era proprio quello che Alfredo voleva sentirsi dire per potersi entusiasmare al progetto e decidere di affrontare ogni difficoltà!

Era tornato a casa scornato, abbacchiato al punto che Adelaide aveva capito subito che qualcosa era andato storto.

Alfredo l'aveva messa a parte della proposta, ma aveva concluso che si sarebbero messi in un mare di debiti.

«E chi se ne frega!» aveva risposto sua moglie. «Se non li facciamo adesso che siamo giovani...»

E ancora senza figli.

4.

Il mancato invito al matrimonio era rimasto sul gozzo a Carolina Tirelli.

Neanche i confetti, nemmeno la partecipazione.

Quello era il ringraziamento per essersi prestata quando avevano avuto bisogno di lei, la volta in cui l'Alfredo chissà cosa aveva combinato, visto che c'erano stati di mezzo i carabinieri.

La riconoscenza non è di questo mondo!

Tuttavia la Tirelli avrebbe scommesso che prima o poi avrebbero nuovamente avuto bisogno, visto che la sua vicina era rimasta sola in casa e, da quanto aveva potuto appurare, dopo le nozze del figlio si era ancora di più isolata dal mondo.

Va bene, le avevano messo il telefono!

Ma se, mettiamo, le fosse venuto un colpetto, come avrebbe fatto a rispondere?

E senza andare così sul drammatico, perché morte e malattia non si augurano nemmeno al peggiore dei nemici, se quei due avessero voluto fare un viaggetto, stare via tre o quattro giorni, chi avrebbe badato che a casa della madama tutto filasse liscio?

Bastava avere un po' di pazienza, ragionava quotidianamente tra sé la Tirelli.

E per togliersi qualche piccola soddisfazione e far capire che a lei non scappava niente, nelle pur rare occasioni in cui sua maestà si mostrava, buttava lì la solita domanda:

«I due ragazzi come vanno? E quando arriva un bel nipotino?».

«Quando il cielo vorrà!» rispondeva Benvenuta.

Intanto, se la Tirelli non sbagliava i conti, dalle nozze erano passati quasi tre anni, e il cielo non aveva preso ancora alcuna decisione in proposito.

5.

La matematica non è un'opinione.

A scuola, inoltre, era stata una delle sue passioni insieme con la storia patria.

La multa che gli aveva comminato per divieto di sosta faceva testo.

Se il Taglia il giorno 7 luglio era arrivato in paese con in saccoccia trenta giorni di ferie, e adesso, addì 10 agosto, era ancora lì, voleva dire che qualcosa, nei suoi programmi, era cambiato.

Il carabiniere Scaramuccia ci tenne a dirlo al Pezzati.

«E cosa fa di bello?» chiese questi.

«Per ora non lo so», rispose Scaramuccia, «ma se lei vuole, mi informo.»

«Discretamente, mi raccomando.»

«Non dubiti», assicurò il carabiniere.

E, a colpo sicuro, volò a casa di Aristide Squinzano.

Al mattino, ma anche alla sera, la casa del cameriere offriva uno spettacolo sconfortante. Vivendo perlopiù fuori, lo Squinzano la considerava come una cuccia piuttosto che come una casa vera e propria, e assai raramente si preoccupava di darle una ripulita. Per questo il carabiniere Scaramuccia preferì rimanere in piedi nel cucinotto, dove stagnava un'aria intrisa di muffa e piscia di gatto, anziché accomodarsi su una sedia impagliata ricca di oscure macchie. Apprese così dal cameriere Squinzano, che indossava un pigiama scompagnato e tentava di dare compostezza al riporto, che l'Ernesto già da tempo aveva deciso di mandare a dar via il culo l'Arabia, il suo sole e il petrolio.

«E come pensa di campare?» chiese Scaramuccia.

«Qualche soldo, a suo dire, ce l'ha da parte», rispose il cameriere.

Inoltre, ma il cameriere ritenne opportuno non dirlo, il Taglia aveva più volte dichiarato che il suo ideale di vita era sposare una vecchia carampana, purché di solida moneta, e poi farla morire a colpi di stecca. Ne aveva sottomano un paio, aveva affermato più volte senza fare nomi: doveva solo decidere quale e quando.

Intanto però aveva disdetto la stanza all'Orrido ed era tornato a stare nella sua vecchia casa, che in quanto a disordine e pulizia poteva gareggiare con quella del cameriere.

Udita la relazione del carabiniere, il Pezzati concluse che i presupposti perché il Taglia prima o poi combinasse qualche altra cazzata c'erano tutti.

«Stando così le cose non possiamo certo tenerlo d'occhio giorno e notte», aggiunse. «Direi piuttosto che conviene tenere le orecchie ben aperte. Tu Scaramuccia, che conosci l'ambiente molto meglio di me, saprai come fare.»

«Certo, maresciallo.»

«E nel caso informa subito l'appuntato.»

6.

Solo al sentirne pronunciare la parola, all'Alfredo erano venuti attacchi di panico.

«Mutuo.»

E subito aveva cominciato a immaginare esattori tutti vestiti di nero che lo aspettavano sotto la porta di casa, il suo nome scritto sul bollettino dei protesti, i suoi figli, che ancora non c'erano, malvestiti e messi alla gogna dai loro compagni di classe. Pure la storia di un certo Manzi, un energumeno che negli anni Trenta era stato il factotum di uno che prestava soldi a strozzo, gli era tornata in mente per averla sentita dalle labbra dell'Orio.

Suo suocero Domenico aveva cercato di convincerlo che era la strada più semplice per dare una svolta alla sua vita e non perdere un'occasione che non si sarebbe ripresentata. Aveva usato la parola «finanziamento», più dolce, meno aggressiva, offrendosi anche come garante.

Ma solo quando Adelaide, ai primi di luglio, gli aveva detto di essere incinta, Alfredo aveva capito che era giunta l'ora di pensare non solo al proprio futuro ma anche a quello della prole, e si era convinto al gran passo.

Purtroppo la gravidanza di Adelaide si era rivelata un falso allarme. Tuttavia la pratica era ormai avviata, pure il Pezzati aveva apposto la sua firma sulle note che definivano il Denti soggetto onesto, lavoratore, senza pendenze e anzi collaborante come testimoniato da un episodio di contrabbando e spaccio di moneta falsa accaduto anni prima.

Una decina di giorni prima di Ferragosto, Alfredo aveva firmato i documenti con la banca e aveva passato la domenica a casa dei suoceri: era una regola anche quella, ormai.

«Una domenica in città e una in campagna», aveva scherzato Adelaide.

Per il quieto vivere di tutti e senza alterare consolidate abitudini.

Il clima era stato festoso. Il suocero, soprattutto, aveva cercato di sdrammatizzare la situazione, della quale peraltro il solo Alfredo continuava a preoccuparsi.

«Speriamo di aver fatto la cosa giusta», ripeteva ogni due per tre.

Non solo, gli aveva detto il suocero, non solo aveva fatto la cosa giusta, ma la più intelligente che poteva fare. Anziché preoccuparsene, bisognava festeggiare l'evento.

E, a quel proposito, gli era venuta l'idea.

Quale occasione migliore, con Ferragosto alle porte?

Tutti insieme, anche la signora Benvenuta, potevano andare in montagna, al fresco, al rifugio San Grato, o anche più su, alla capanna Vittoria, all'alpe di Giumello.

Avrebbero passato una giornata indimenticabile, da immortalare a futura memoria in una bella fotografia!

L'idea era piaciuta ad Alfredo, aveva accettato anche per conto di sua madre e quella stessa sera gliela comunicò.

«Non posso», rispose la donna.

Alfredo non s'era certo aspettato che sua madre gli gettasse le braccia al collo per la felicità. Ma per una volta poteva essere lei a obbedire a lui!

«Cosa vuol dire non posso, mamma?»

Non voleva.

«Significa che ho già un impegno», spiegò Benvenuta.

Be', era incredibile.

«Un impegno, tu?»

Detto senza ironia. Ma era cosa che suonava bugiarda anche alle orecchie foderate di Alfredo.

«Che razza di impegno?» chiese il giovanotto.

A Benvenuta tornò in mente il manifesto.

L'aveva letto con sufficienza quella stessa mattina, era appeso nell'atrio della chiesa. Adesso le tornava utile.

«Mi sono iscritta al pranzo che ha organizzato il comune per gli anziani il giorno di Ferragosto», mentì.

«Ma se non ci sei mai andata!» obiettò Alfredo.

«Sono tante le cose che mi dovrò abituare a fare», rispose lei, lapidaria.

«Va bene, vorrà dire che ti cancelli...»

«Ho già versato la quota», troncò Benvenuta.

Alfredo scosse la testa.

«Io... io non capisco...»

«Capirai quando avrai la mia età», sentenziò.

Adelaide non credette minimamente alle parole della suocera.

"Balle", pensò. "Balle belle e buone!"

L'antico desiderio di vendicarsi per l'indisponenza di quella donna, sopito, quasi dimenticato nel corso di quegli anni, ritornò prepotentemente.

Una lezione ci voleva.

Si era iscritta al pranzo degli anziani?

Ci sarebbe andata.

Niente gita in montagna a Ferragosto.

«Forse è meglio se l'accompagni tu», disse suadente a suo marito quando già erano a letto: considerando anche che l'unico locale in grado di ospitarli tutti era il salone del Crotto di Biosio, un paio di chilometri fuori paese.

«E la gita in montagna?» chiese Alfredo.

«Be', guarda», spiegò Adelaide, «io non ho detto niente ai miei, ma se c'è un giorno in cui sarebbe meglio stare a casa è proprio Ferragosto. Chissà la gente che ci sarà, la confusione! La montagna non scappa mica, possiamo andarci anche un'altra volta!»

«Ma, i tuoi...»

«Non preoccuparti dei miei, pensa a tua madre», fece Adelaide.

E il giorno seguente, per prima cosa, passò a casa della suocera per informarla che il giorno di Ferragosto poteva contare sul figlio per andare e tornare dal Crotto di Biosio, senza dover chiedere passaggi o salire sul pulmino messo a disposizione dall'amministrazione comunale.

«Ne sono felice», disse il signor prevosto a Benvenuta quello stesso pomeriggio dopo aver incassato la sua quota di partecipazione al pranzo. «Un po' di allegria non guasta mai.»

7.

«La macchina», disse Scaramuccia.

La spider.

«Sì?» fece il Pezzati.

Non c'era più.

«Venduta.»

«Ahi!» fece il maresciallo capo e schiacciò l'occhio al Venieri.

«Infatti», si associò il carabiniere.

Brutto segno.

Le finanze cominciavano a scarseggiare.

Era il 20 agosto.

«Movimenti sospetti?»

«No.»

Gli unici movimenti del Taglia erano i passi che faceva per andare da casa all'osteria del Crachen e da questa alla Ca' del Diaol.

Non pagava più da bere come prima.

A detta dello Squinzano era un po' dimagrito.

Forse mangiava una sola volta al giorno, per tenere da conto.

Non era più abbronzato.

«Stiamo in campana», concluse il Pezzati.

«Agli ordini», rispose Scaramuccia.

8.

Carolina Tirelli lo era già da qualche giorno, in campana.

E più di una volta si era sorpresa a parlare ad alta voce, uscendosene anche con espressioni di pura meraviglia.

Possibile che suo figlio non si fosse accorto di niente?

E nemmeno la nuora che passava un giorno sì e uno no?

Spettava a lei far notare che la sua vicina, da qualche giorno, esattamente da un paio di giorni dopo il pranzo degli anziani, era... quantomeno strana?

Un vero mistero.

Che la Tirelli ripercorreva mentalmente dalla mattina alla sera, cominciando proprio dal giorno del pranzo cui, naturalmente, era presente anche lei.

Da lì bisognava partire.

Da quella prima, incredibile sorpresa: la matrona con il cavalier servente che l'aveva portata ed era ritornato a prenderla.

Ci sarebbe voluto niente a dirlo anche a lei e darle un passaggio.

Ma andava bene così, i piaceri era meglio farli piuttosto che riceverli.

Sua maestà era entrata nel salone e s'era guardata in giro come se sentisse puzza.

L'aveva vista?

Ma sì che l'aveva vista.

L'aveva vista eccome!

E s'era seduta lontana, vicino a un gruppetto che veniva dall'ospizio.

Così aveva cominciato ad abituarsi alla compagnia.

Se era per quello, si era allenata per bene. Aveva chiacchierato, mangiato e bevuto anche un bicchierino di vino.

Un paio di volte l'aveva addirittura vista ridere. Doveva essere la prima volta in vita sua.

Aveva presentato il figlio, quando era ritornato a prenderla, ai suoi compagni di tavola.

Poi, dal giorno dopo o da quello dopo ancora la sua vicina aveva cominciato… insomma, aveva cominciato a battere la matta.

Lì da sentire.

E da vedere, anche.

9.

«Stufa a kerosene», disse Scaramuccia.
«Cioè?» chiese il Pezzati.
L'aveva acquistata il Taglia e ciò significava che si stava attrezzando per l'inverno.
«Se tornava in Arabia non ne avrebbe avuto bisogno», commentò il Venieri.
«Già.»
«Lavori in vista?»
«A meno che voglia imparare tutti i segreti del mestiere e poi aprire a sua volta una trattoria, visto che passa tutta la giornata e parte della notte al Crachen e al Diaol, niente.»
E a soldi cominciava a stare malino.
Piatto unico per cena, il più economico.
«Siamo sicuri?» chiese il Venieri.
Sicurissimi.
Radio Squinzano era la bocca della verità.

10.

Pure Radio Croce, anche se di tutt'altro genere, spacciava verità.

Ma aveva smesso.

Non che l'emittente fosse stata chiusa.

Piuttosto, Benvenuta aveva cambiato canale.

Era stato il primo segno che nella sua testa qualcosa s'era messo a malfunzionare.

Da quel momento, appunto uno o due giorni dopo il pranzo di Ferragosto, Carolina Tirelli aveva cominciato a sentire canzonette e radiogiornali che facevano eco nella tromba delle scale.

Sissignori, canzonette! Al punto che almeno una, intitolata *Sereno è*, la Tirelli poteva tranquillamente cantarla a memoria.

Certo, ragionava Carolina, passare da rosari, prediche e messe a canzonette e programmi musicali era un bel salto. Un segnale da non sottovalutare. Nemmeno, però, da sopravvalutare.

Chi le diceva, infatti, che il consiglio di cambiare canale non le fosse arrivato, magari non dal figlio – non le sembrava proprio il tipo da canzonette –, ma dalla nuora piuttosto... così, giusto per rompere ogni tanto l'atmosfera a volte lugubre che regnava in quella casa?

Fosse stato così, se avesse detto qualcosa, avrebbe fatto la figura dell'impicciona, lei che si faceva sempre i fatti suoi!

Vero è che cantanti tra i più melodici impazzavano nelle stanze della sua vicina per quasi tutta la giornata, ma sparivano miracolosamente proprio nel momento in cui il suo telefono squillava oppure la nuora passava a dare un'occhiata.

Strano.

Però, anche in quel caso, poteva essere che la matrona spegnesse la radio per non disturbare la conversazione.

«Mah!» concluse Carolina Tirelli dopo una lunga seduta di riflessione.

Al momento non le sembrava opportuno intervenire, onde evitare di sentirsi dire di badare ai fatti suoi, perché non sempre a fare del bene si veniva ripagati con la stessa moneta.

Doveva, piuttosto, stare all'erta, raccogliere eventuali altri indizi, mettere insieme prove concrete da esibire se avesse dovuto affrontare il figlio della sua vicina.

Diuturna vigilanza.

Per il bene di tutti.

11.

Il Taglia non era ancora nella merda, ma cominciava a sentirne l'odore.

Non furono queste le parole che il carabiniere Scaramuccia usò. Il senso però era quello.

I soldi dell'Arabia ormai erano un bel ricordo, mangiati e bevuti.

La spider, si era permesso di indagare, era di terza mano, incidentata e inoltre, per la necessità di realizzare, pochi, maledetti e subito, s'era fatto prendere per il collo dall'acquirente, un certo Selvaspina di Merone che aveva una fedina penale discretamente colorata.

Continuava a cenare al Diaol, ma per la prima volta non era riuscito a saldare il conto della settimana.

«Radio Squinzano?» chiese il Pezzati.

«Esatto.»

Non solo radio, ora anche società finanziaria.

Per quella prima settimana di settembre, il conto del Taglia l'aveva saldato lui, anticipando, perché altrimenti il padrone non lo avrebbe più fatto entrare.

«Va bene», si intromise il Venieri, «ma adesso o si mette a fare digiuno oppure dovrà darsi da fare.»

Anche radio Squinzano era di quell'opinione, tanto che il cameriere si era messo a disposizione del Taglia per trovare una soluzione anche temporanea, in attesa di tempi migliori, e si era offerto di farsi ambasciatore presso lo stesso padrone del Diaol: come lavapiatti l'Ernesto poteva almeno contare su un piatto di minestra assicurato tutti i giorni.

La risposta del Taglia era stata quanto mai entusiasta.

«Ma vadavialcù, Squinzano!»

Il Pezzati abbozzò. Un vero gentiluomo.

«Pagherei per sapere cosa gli passa per la testa», commentò il carabiniere Scaramuccia.

12.

"Pagherei per sapere cosa le passa per la testa", pensò la Tirelli dopo aver raccolto la seconda e la terza prova circa la stranezza, o insania vera e propria, della sua vicina.

La prima prova, organica.

L'inesorabile insonnia di cui Carolina Tirelli aveva sempre sofferto, nonostante le valeriane e i biancospini che il dottor Castioni le aveva consigliato, aveva finalmente dato i suoi frutti.

Anziché il don delle campane, don don alle due di notte, don don don alle tre e via di seguito, la Tirelli aveva cominciato a commentare il passare del tempo con il rumore dello sciacquone della vicina.

Quattro, anche cinque volte per notte.

Incontinenza bella e buona.

Il dottor Castioni, cui aveva chiesto informazioni sul fenomeno («Per un'amica che si vergogna»), le aveva assicurato che era un segno di invecchiamento, e dei più brutti.

Tuttavia una mattina la Tirelli notò una cosa che sulle prime non sembrò entrare nel quadro di rimbecillimento della vicina: la «Famiglia Cristiana».

Abbonata da sempre, a un certo punto Benvenuta, pur continuando a pagarla, aveva smesso di leggerla, tanto che la rivista restava spesso appoggiata sopra la cassetta della posta. A volte era premura di Adelaide portargliela in casa ma, incellofanata tale e quale, la Tirelli la rivedeva nella spazzatura.

Adesso, invece, pareva che sua maestà avesse ritrovato il gusto alla lettura.

Oppure fingeva?

Dai e dai, la Tirelli aveva elaborato una teoria.

Fingeva sicuramente.

Oltre a farsela addosso e a essersi appassionata alle canzonette, la sua vicina era anche calata di vista, altro segno di inevitabile decadimento. Ma, non volendo ammetterlo, perché la matrona non poteva invecchiare come tutti, aveva escogitato quel sistema per ingannare figlio, nuora e lei.

E i due sposini?

Si lasciavano ingannare volentieri anche se, senza figli com'erano, avevano a disposizione tutto il tempo, e pure lo spazio, per badare di più a quella donna incontinente, probabilmente mezza cieca, e sicuramente sorda, bastava sentire il volume a cui teneva la radio.

Cosa aspettavano?

Che un giorno o l'altro si dimenticasse il gas aperto e facesse saltare per aria l'intero caseggiato?

O di trovarla morta stecchita e pace amen?

13.

L'origine del soprannome si perdeva nella notte dei tempi.

Di fatto sua nonna era stata la Ceregòta, una dei tanti Cereghini che abitavano in paese, ma l'unica tra loro a superare abbondantemente i centoventi chili di peso era stata sua mamma, la Cereghèta. Lui, non tanto in omaggio agli ascendenti ma perché da piccolo aveva fatto il chierichetto, era il Cereghèt, al secolo Angelo Fistoletti.

Licenza di quinta elementare, gentile omaggio della scuola Mons. Luigi Vitali pur di non averlo più tra i piedi, era appunto figlio della Cereghèta, ragazza madre che aveva rifiutato alcuni matrimoni riparatori, condannando così il figlio alla gogna perpetua. Non era colpa sua quindi se era cresciuto sentendo continuamente il bisbiglio del pettegolezzo alle sue spalle, e sicuramente era merito dell'ignoto padre se possedeva una castagna catastrofica con la quale, dal momento in cui si era reso conto di poter fare molto male, aveva cominciato a reagire alle insinuazioni o agli insulti diretti. Vantava un palmares di denti, setti nasali, arcate sopraccigliari rotti di tutto rispetto, due denunce per rissa e una per ubriachezza molesta.

Lavoricchiava. Niente di fisso. Cose pesanti soprattutto, carico e scarico, traslochi, uno, due giorni, pagamento sull'unghia e via. Da quando aveva cominciato a fare coppia fissa con il Traversa, terza elementare e pater dubius, era di diritto entrato tra gli osservati speciali della locale stazione dei carabinieri.

«Sei qui?» disse il Cereghèt, e l'Ernesto sollevò gli occhi dal piatto.

Il Cereghèt aveva una faccia da luna piena, tale e quale a quella che il Taglia era rimasto a guardare da piazza Grossi fino a quando il Diaol s'era svuotato dei bevitori e aveva messo insieme il coraggio per entrare in trattoria e chiedere allo Squinzano se poteva anticipargli un piatto di qualcosa: ormai era tirato da far paura.

«Che cazzo di domanda è?» rispose. «Non mi vedi?»

«Posso sedermi?»

Il Taglia gli indicò la sedia con un cenno del capo.

«Cos'è che mangi?»

L'Ernesto mise giù la forchetta. Le domande gli davano prurito e quella era già la terza. Tra l'altro non sapeva bene nemmeno lui quello che aveva nel piatto: l'Aristide gli aveva scaldato qualche avanzo di mezzogiorno.

«Mangio anch'io qualcosa», disse il Cereghèt.

«C'è lo stufato d'asino», propose lo Squinzano che era piombato al tavolo.

«Bon», fece il nuovo arrivato. «E un litro di rosso.»

Dopo il primo boccone, i baffetti biondi del Fistoletti si colorarono di sugo.

«Come va?» chiese, versando il vino nei bicchieri.

Domanda inutile. Lo sapeva perfettamente. Il Taglia stava sprofondando neanche tanto piano nella merda.

L'Ernesto sollevò il bicchiere. Vino era un po' che non ne beveva, risparmio.

«Salute», disse.

«A lasàl veuj!» brindò il Cereghèt.

Svuotarono i bicchieri.

«Allora, come te la cavi?» insisté versando altro vino.

«Né bene né male», rispose l'Ernesto.

Il Cereghèt bevve nuovamente, tutto d'un fiato.

«Non bevi?» chiese poi.

L'Ernesto bevve, il socio riempì per la terza volta. Il litro era finito, ne comandò un altro.

Allora il Taglia lo guardò dritto negli occhi.

«Vuoi farmi ubriacare?»

Il Cereghèt aveva già l'occhio lustro.

«Se ti offendi perché uno vuole pagarti da bere...»

«No», rispose l'Ernesto, «mi offendo se qualcuno mi vuole prendere per il culo.»

«Io?» fece il Cereghèt.

«Cos'hai bisogno?»

L'altro si guardò intorno.

«C'è in aria un colpetto», disse sottovoce.

Dopo la mezzanotte tentavano di farsi il negozio dell'orologiaio Pandiani.

«Chi?» chiese l'Ernesto.

«Due bravi ragazzi», rispose ridendo il Fistoletti.

«E allora?»

Sicuro come l'oro che i caramba sarebbero andati a cercarlo.

«Sta' bello tranquillo a casa, no?» propose il Taglia.

«Con la vecchia?» ribatté il Cereghèt.

Mal di cuore. Gliel'aveva fatto venire lui. Se la Cereghèta si fosse trovata davanti una divisa le sarebbe venuto un colpetto.

«Stiamo qui invece. Ci ubriachiamo. Abbiamo un sacco di testimoni.»

Il Taglia rifletté.

«Almeno ubriachiamoci», rispose.

14.

Il Pandiani sembrava un gatto siamese.

La sua bottega stava nel rione Coltogno, di fronte al distributore della BP. Più che un negozio era un corridoio, protetto da niente altro che dalla porta d'ingresso a vetri opachi sulla quale, a lettere d'oro e arzigogolate, era ricamata la scritta OROLOGERIA PANDIANI.

Era un invito a delinquere.

Alle sette della mattina seguente, quello che non aveva mai immaginato potesse accadergli era sotto i suoi occhi e sotto quelli del Pezzati.

«Si sono portati via tutti gli orologi che avevo in riparazione», miagolò il Pandiani.

«Solo quelli?» chiese il maresciallo capo.

«Solo, dice lei? Saranno stati una ventina e un paio erano Wyler Wetta. Mi toccherà rifondere i clienti.»

«Possiamo avere qualche sospetto?» chiese poco dopo, in caserma, l'appuntato, presenti i carabinieri Insoliti e Scaramuccia.

«Non sono certo venuti da Villa San Giovanni per fare questo furto», sbottò l'Insoliti.

«Perché Villa San Giovanni?» chiese il Venieri.

L'Insoliti arrossì.

«È nato lì», corse in aiuto il Pezzati.

«Infatti, è il mio paese», aggiunse il carabiniere.

«Non lo sapevo», fece il Venieri. «Comunque sono d'accordo.»

Quindi, esclusa per ovvie ragioni la malavita di Villa San Giovanni, bisognava cercare in quella locale.

«Scaramuccia, ti viene qualche idea?» chiese il Pezzati.

«Tanto per gradire, comincerei a sentire i soliti noti», fu la risposta.

«Mi sembra giusto.»

In ordine alfabetico?

Sì.

Dal primo.

Ci come Cereghèt.

15.

Le labbra blu, il rosso del Diaol lasciava giù il colore, l'Ernesto uscì di casa più o meno alle otto, intronato né più né meno di come era andato a letto qualche ora prima.

Se il furto c'era stato, sicuramente la voce era già in giro. Infatti, alla prima tappa, osteria del Crachen, trovò conferma.

Il Pandiani, che dopo la visita del Pezzati era rimasto in negozio a fare l'inventario delle perdite, non si era fatto pregare dalla processione di curiosi che era seguita ai carabinieri, e si era profuso in particolari che adesso erano sulla bocca di tutti: a che ora aveva chiuso la sera prima, a che ora aveva aperto la mattina, come aveva scoperto il furto e via di questo passo.

«Inerzie», le definì uno con serietà. E con una erre di troppo.

Cose inutili per scoprire i colpevoli, ma assolutamente necessarie per mantenere viva la conversazione sulla novità del giorno.

Forse erano i postumi della ciocca, ma al Taglia, sia al Crachen sia, dopo, al trani della Lena, sembrò che gli avventori in sua presenza abbassassero il tono della voce, come se non osassero parlare del furto davanti a lui.

Alle dieci, poiché prima di quell'ora non apriva mai, fece il suo ingresso al Diaol, sentendosi un po' a casa.

Aristide Squinzano gli offrì un caffè che avrebbe ammazzato un topo.

«Hai sentito?» chiese.

«Sì», rispose il Taglia, «ormai lo sanno anche i sassi.»

L'Aristide, che aveva ancora le palpebre a mezz'asta, cercò di spalancare gli occhi.

«L'hai anche visto?» chiese.

«Cosa?»

«Ti è quasi passato sotto il naso.»

L'Ernesto si rese conto che il caffè faceva veramente schifo e, contemporaneamente, che lui e il cameriere stavano parlando di due cose diverse.

«Ma cos'è che hai visto?»

Aveva appena visto il Cereghèt. Che usciva da casa sua in compagnia di un caramba.

L'Ernesto buttò giù il resto della schifezza.

«Sei sicuro?» chiese.

«Con questi occhi», confermò il cameriere, indicandosi le borse gonfie e grigie.

La faccenda quadrava poco al Taglia, non era mica chiara.

C'era sotto qualcosa? Qualche trappolone che non riusciva a vedere?

Cretino che era stato a fidarsi del Fistoletti!

D'altronde il deficiente era stato lì con lui fino...

«A che ora siamo andati via ieri, Squinz?» chiese.

Il cameriere puntualizzò.

«Oggi. Erano quasi le due e mezza.»

E belli svizzeri!

Non era credibile che il Cereghèt, ubriaco come una ciabatta, fosse poi andato a ciulare orologi.

E allora perché i caramba l'avevano blindato?

«Mondo troia!» sbottò il Taglia.

«Cosa c'è?» chiese lo Squinzano.

«Niente!»

Ma se il Cereghèt gli aveva fatto qualche scherzo da prete, poteva cominciare a farsi prendere le misure per la cassa da morto!

«Vado», disse.

«Dove?» chiese lo Squinzano.

Ma l'aveva detto così, tanto per dire, non gliene fregava un cazzo, tant'è vero che il Taglia non gli rispose che andava ad appostarsi dalle parti della caserma ad attendere il socio della sera prima.

Adelaide, che in quel momento stava arieggiando la camera da letto, lo notò mentre usciva dall'osteria. Era da un sacco di tempo che non lo vedeva. Non resistette alla tentazione di chiamarlo per salutarlo.

«Uè ciao», rispose l'Ernesto frettolosamente, le belle chiappe della ragazza che comunque si ripresentarono alla mente.

Alle undici della mattina il Cereghèt non era ancora uscito dalla tana del lupo.

L'Ernesto friggeva.

Brutto segno, pensava.

16.

Bruttissimi segni.

Pessimi, addirittura.

«Ma sentitela!» sbottò Carolina Tirelli rivolta agli spiriti dei suoi due mariti.

Adesso canticchiava anche. Sempre quelle maledette canzonette.

E fosse stato solo quello. Nel giro di una settimana era successo di tutto.

Meglio andare con ordine.

Il cesso: sua maestà non ci andava più di notte, basta rumore di sciacquone. Voleva dire che se la faceva a letto.

Il mangiare: una cosa da non credere.

La spesa gliel'avevano sempre portata, lasciavano la borsa attaccata alla maniglia della porta, un invito a guardarci dentro. Una dieta come se fosse stata in ospedale: zucchine, carote, formaggini bianchi, qualche fettina di petto di pollo...

Adesso, tanto per dirne una, quando qualche giorno prima lei era uscita per fare provviste era stata investita da un inconfondibile, e stimolante, odore di mortadella.

Ma la cosa che dava veramente da pensare era un'altra. E figlio o nuora che fosse, uno dei due avrebbe dovuto fare qualcosa prima di trovare la bella novità in un titolo del giornale.

Anziana sparita.

Oppure anziana ritrovata eccetera eccetera.

Perché la matrona aveva cominciato a uscire di casa.

La Tirelli se n'era accorta pochi giorni prima e subito era uscita sul pianerottolo ad annusare l'aria, se per caso ci fosse odore di gas.

Sì, perché il pensiero che la sua vicina si dimenticasse di spegnerlo non la lasciava un momento.

Nessuna meraviglia se fosse successo davvero.

E allora, bum!

17.

Mamma Cereghèta non s'era presa alcun colpetto quando aveva aperto la porta e s'era trovata davanti la divisa.

Un mezzo colpo, non mortale però, l'aveva avuto invece qualche ora prima, quando il figlio era rientrato barcollando, smadonnando, picchiando colpi a destra e a sinistra e infine crollando di traverso sul letto.

Il Pezzati, con il Venieri a fianco a imparare il mestiere, aveva tenuto il giovanotto a bollire per un'oretta buona prima di fargli qualche domanda.

Ma il Cereghèt sapeva niente e c'aveva l'alibi.

«Lo interroghiamo?» si permise il Venieri dopo che il Pezzati, senza parlare e con un cenno della mano, aveva fatto segno al Cereghèt di andare.

«Chi?» chiese il carabiniere Insoliti.

«L'alibi», chiarì l'appuntato.

«Mi sembra il minimo», concluse il Pezzati.

L'alibi saltò su dalla panchina. Panchina tattica, quella dietro il monumento del Tommaso Grossi, così da vedere senza essere troppo visto.

«Uè», gridò il Taglia.

Il Cereghèt inspirò l'aria libera, come se fosse uscito dall'ergastolo. Attraversò la strada.

«Mi sembrava che avesse parlato il Tommaso», disse ridendo e indicando il monumento.

L'Ernesto non aveva voglia di scherzare.

«Cosa cazzo succede?»
«Niente», rispose il Fistoletti.
«E allora perché eri in caserma?»
Il Cereghèt si ingobbì.
"Un scimmiòtt", pensò il Taglia.
La risposta arrivò.
«Sono entrato, ma sono anche uscito, no?»
«Non è che mi hai messo in qualche guaio neh!» fulminò l'Ernesto.
Il Fistoletti rifletté. La quinta elementare era troppo lontana.
«Se avrei...» sparò.
Se c'erano in ballo guai, lui non c'entrava.
Si erano o no ubriacati assieme la sera prima, Squinz testimone?
Il Taglia sentiva ancora il sapore del vinaccio del Diaol. Andava su e giù, come il mal di testa.
«O mi spieghi come stanno le cose o ti spacco la faccia col martello», disse.
Il Cereghèt restò senza parole.
«Ti faccio più bello», aggiunse il Taglia.
Con cattiveria.

18.

Di dare una botta al negozio del Pandiani il Cereghèt e il Traversa l'avevano sempre avuto in testa, ma non si erano mai fidati a farlo. Tra l'altro quell'ometto compunto e sussiegoso al Traversa faceva venire in mente il maestro che aveva avuto in terza elementare: portava in palmo di mano i più bravi della classe, che guarda caso erano sempre i figli di tanto padre, mentre quando chiamava lui, in genere per infilarlo dietro la lavagna, usava il soprannome, facendo ridere quasi tutti.

Tre settimane prima, durante una serata danzante a Pasturo, in Valsassina, parlando con due loro compari di Casargo, avevano raccontato del Pandiani e di come fosse un gioco da ragazzi svuotargli il negozio. I due si erano ingolositi, avevano promesso che ci avrebbero pensato. Il Cereghèt e il Traversa, come ricompensa, avevano chiesto due cose: che sul tavolo di lavoro del Pandiani lasciassero una bella cagata e che li avvisassero per tempo, in modo da crearsi un alibi e non avere rogne. Il Traversa aveva pensato bene di andare a Milano a passare la notte in un alberghetto di via Vitruvio, ritornando solo in serata e con l'accortezza di conservare i biglietti del treno e di farsi notare dal capostazione.

Per quanto lo riguardava…

«Te l'ho detto ieri sera…» disse il Cereghèt.

«Si vede che non ho capito bene», ribatté il Taglia.

«Mi serviva un alibi.»

«E allora cosa ci facevi in caserma?»

«I caramba volevano sapere dov'ero ieri sera e cosa ho fatto.»

«E tu?»

«Gliel'ho detto no?»

«Che eri con me?»

«E con chi ero?» si innervosì il Fistoletti.

Cazzo, ma da che parte stava il Taglia?

«Te l'ho detto, no?, che c'era in ballo un colpo!»

«Sì, ma non mi hai detto che c'eri di mezzo tu.»

«Io?» si stupì il Cereghèt. «Ma se ero con te!»

L'Ernesto sbuffò. Roba da strozzarlo o da strozzarsi con le proprie mani.

«Guarda che se mi metti in qualche guaio...»

«Ma che guaio!» lo interruppe il Fistoletti. «E poi, se proprio non volevi, potevi mandarmi via, Taglia! Ma poi, dimmi una cosa, da che parte stai?»

«Dalla parte dei cazzi miei», rispose l'Ernesto.

Poi salutò e se ne andò.

Si sentiva sfinito.

Cazzo, cosa gli era venuto in mente di farsi prendere ancora al laccio da quella vita di merda rinunciando al sole dell'Arabia!

Aveva voglia di stare solo.

A casa, se quel buco si poteva chiamare così.

E a dormire, tanto per dimenticare quella faccenda almeno per un po'.

Dormì male, un sonno interrotto da continui soprassalti e risvegli, con l'impressione che qualcuno bussasse alla porta.

Quando il carabiniere Insoliti, alle due del pomeriggio, bussò realmente, l'Ernesto stava dormendo finalmente sodo.

19.

Un sonnellino pomeridiano se lo concedeva anche lei. Non si stendeva a letto però. Stava lì, al tavolo della cucina, sulla sedia, la testa adagiata sulle braccia a fare da cuscino.

Il bum del portone l'aveva svegliata.

La Tirelli era scattata al finestrino e l'aveva vista: sua maestà stava entrando. Voleva dire, quindi, che era uscita mentre lei dormiva.

Aveva controllato le ore, le tre.

L'emozione di quella novità le aveva fatto passare il sonno.

E, dal giorno seguente, avrebbe abolito il sonnellino per mettersi invece di guardia e verificare che la sua vicina aveva cominciato a uscire di casa verso le due del pomeriggio e rientrare alle tre, anche tre e mezza.

Scendeva le scale piano piano. Evidentemente non voleva farsi sentire.

Mano attaccata al corrimano, passo da elefante.

Fuori, si schermava un momento gli occhi, per guardare bene la strada.

Attraversava come se fosse in un campo minato. Poi imboccava il lungolago e spariva alla sua vista.

Per fortuna si ricordava di spegnere il gas.

Usciva, e lasciava andare il portone così, senza accostarlo, incurante del fatto che qualcuno, cioè lei, potesse sentire.

20.

Cos'aveva fatto per essere portato lì in caserma con tanto di scorta?

«Niente», rispose il Pezzati, «ma ho bisogno di parlarti.»

«Bastava chiamarmi», disse l'Ernesto.

«È quello che avrei fatto se tu disponessi di telefono. Non potevo fare altrimenti.»

Meglio tacere, rifletté il Taglia, anche se qualche ragione sentiva di averla.

«Sono qua», disse.

Con un'occhiata, il Pezzati diede spazio all'appuntato: cominciasse lui l'interrogatorio.

«So che lei è l'alibi vivente di Fistoletti Angelo detto Cereghèt», sparò il Venieri.

Cominciava male, pensò il Pezzati.

«Dagli del tu», consigliò, «che è quasi uno di famiglia.»

L'Ernesto si accomodò sulla sedia.

«Qualcuno le ha... ti ha forse detto di sedere?»

Bene così, ragionò il Pezzati.

L'Ernesto scattò in piedi.

«Siediti pure, adesso.»

Ottimo, concluse il maresciallo capo.

«Non sapevo che il Cereghèt avesse bisogno di un alibi», disse il Taglia.

«Vi siete ubriacati insieme?» interloquì il Pezzati.

«Sì.»

«E avete parlato del più e del meno?»

L'Ernesto abbozzò.

«Magari anche del colpetto all'orologeria...» buttò lì il Venieri.

«Io l'ho saputo stamattina», disse l'Ernesto.

«Una gran bella fortuna che la stessa notte del furto abbiate fatto una bella rimpatriata, e davanti a testimoni», commentò il maresciallo capo.

«Io...»

«Tagliaferri, lo sai cos'è un'excusatio non petita?» insisté il Pezzati. «Perché questa storia ne ha tutto il sapore.»

Il Taglia non lo sapeva. Intuiva.

«Io...» tentò ancora.

«Vedi, Ernesto», continuò il Pezzati grattandosi il collo, «uno con i tuoi precedenti deve andarci cauto, scegliere con più cura le compagnie. Un passo falso, una mossa anche non voluta e si ricade nella rete.»

L'Ernesto inspirò a fondo.

Il maresciallo, o maresciallo capo che fosse, lo stava tenendo all'amo come un cavedano. Colpa sua, che aveva abboccato a quello del Cereghèt.

Si poteva essere più cretini?

«Mi spiego Tagliaferri?» chiese il Pezzati.

Lui non rispose.

«Hai capito la domanda?» intervenne il Venieri.

L'Ernesto lo guardò. Poteva avere circa la sua età, giudicò, e almeno venti centimetri di altezza in meno.

Un mezzo carabiniere, sorrise tra sé.

Tornò a guardare il Pezzati.

«Sì», mormorò.

«Avete parlato del furto?» chiese questi.

Un accenno con la testa.

«Chi è stato», proseguì il Pezzati, «a parte te e il Cereghèt, visto che mi tocca escludervi?»

Il Taglia non li conosceva, non sapeva nemmeno come si chiamassero.

Teoricamente non era proprio fare la spia.

«Due di fuori», disse. «Non li conosco.»

Il Venieri lo guardò. Poi lasciò che fosse il maresciallo capo a prendere una decisione.

«Faccio un atto di fede e ti credo», disse il Pezzati. «Per adesso puoi andare.»

Ma non poteva finire così, il Taglia se l'aspettava.

Infatti.

«Un'ultima cosa, Tagliaferri», disse ancora il Pezzati. «Cercati finalmente un bel lavoro, qualcosa che ti tenga lontano dalle tentazioni, e tienitelo stretto.»

«Ben detto», gli fece eco l'appuntato.

"Mezza sega", commentò tra sé l'Ernesto scendendo le scale della caserma.

21.

La faccia di sua suocera era sempre quella.

De can, appunto.

Adelaide non poteva farci niente, avrebbe volentieri cancellato quell'espressione dalla memoria, ma era più forte di lei.

La casa, invece, no.

Cioè...

Difficile da spiegare.

Da qualche tempo a quella parte, da un paio di settimane più o meno, a Adelaide pareva di uscire dalla casa di Benvenuta con...

Ecco, il problema era lì.

Non usciva «con», usciva «senza» qualcosa.

Che cosa, va' a saperlo!

Era una sensazione che durava una mezz'oretta, giusto il tempo di uscire dalla casa della suocera e rientrare nella sua, dove la attendevano i mestieri da fare, il pranzo o la cena da preparare.

O, anche, come quel pomeriggio, certi piccoli, affascinanti spettacoli come quello di due piccioni che sul terrazzino di casa si stavano contendendo un pezzo di pane.

Adelaide ne prese subito un altro pezzo e dalla finestra della cucina lo lanciò.

Fu così che le capitò di vedere l'Ernesto che attraversava via Cavour in compagnia del carabiniere Insoliti.

La vista delle schiene dei due che si allontanavano la intristì.

Chissà cosa diavolo aveva combinato l'Ernesto, si chiese.

Ma anche, subito, senza che potesse fare niente per fermarlo, un altro pensiero: forse, con una donna come lei al fianco il Taglia non sarebbe rimasto lo stesso balordo di un tempo.

E lei, forse, con un uomo come l'Ernesto nel letto, a quel tempo avrebbe già messo al mondo un paio di figli.

22.

Il carabiniere Salvatore Insoliti era uso a obbedir tacendo quando gli davano degli ordini.

Questo non escludeva che avesse delle opinioni sue.

Dopo l'interrogatorio del Cereghèt e del Taglia, e appurato che il Traversa era realmente stato a Milano passando la notte con una puttana per rientrare a Bellano la sera seguente con il diretto delle diciassette e trenta, come da controllo dei biglietti e testimonianza del capostazione, volle dire la sua.

«Il Cereghèt lo sa chi ha commesso il furto.»

«Lo so», confermò il Pezzati.

Il Venieri fece tanto d'occhi, se le cose stavano così...

Il Pezzati lo bloccò con un gesto della mano.

«Quindi?» chiese rivolto al carabiniere.

L'Insoliti arrossì. Non era nelle sue intenzioni sostituirsi al superiore. Ma il Pezzati aveva fiducia nei suoi uomini, in un certo senso li aveva addestrati lui personalmente e quel modo di lavorare sarebbe servito all'istruzione dell'appuntato.

«Avanti», disse.

Fingesse di essere lui il comandante di stazione e chiarisse le sue intenzioni.

«Il Cereghèt è un cretino», esordì l'Insoliti.

«Su questo non ci sono dubbi», fu d'accordo il Pezzati.

«E tra l'altro di galera non ne ha mai fatta. Non credo però che la prospettiva di finirci possa mettergli allegria.»

«Tutto sta nel trovare la ragione giusta per mandarcelo», si permise di osservare l'appuntato.

«Bravo», si complimentò il Pezzati. «Però...» e fece cenno all'Insoliti di andare avanti.

«Però qui sta il punto», continuò l'Insoliti.

E si spiegò.

«Sappiamo che lui sa, quindi in qualche modo è complice. Ci dice i nomi dei due e noi possiamo dimenticarci di lui. Se invece continua a fare il duro, gli diciamo che lo possiamo accusare di essere stato il mandante, che è stato proprio il suo prezioso alibi vivente a metterlo nell'angolo e che una tale testimonianza è sufficiente a mandarlo dritto davanti al pretore.»

Il comandante approvò con un gesto del capo.

«Esatto», disse, «facciamo così. Ci diamo un paio di giorni di tempo e vediamo se non salta fuori qualcosa di nuovo. Poi eventualmente lo riconvochiamo e tentiamo il giochetto.»

Bello rilassato, convinto di essere in una botte di ferro, il Cereghèt si sarebbe spaventato a dovere.

«Agli ordini», disse l'Insoliti.

«Comandi», ribadì il Venieri.

23.

Per cena, quella sera, Adelaide cucinò rognone con la polenta.

Le veniva benissimo, la maestra era stata sua madre, e inoltre era uno dei piatti preferiti di Alfredo. Fino a prima del matrimonio non sapeva nemmeno cosa fosse, ma dopo averglielo fatto una prima volta, non passava settimana senza che le chiedesse di cucinarlo ancora.

Ci si mise con un impegno particolare, doveva essere superbo, suo marito avrebbe dovuto spazzolarlo tutto e fare anche scarpetta nella padella. Le serviva un marito bello sazio, in pace con il mondo, perché voleva affrontare il discorso di 'sti figli che non arrivavano.

Da sotto, da via Cavour, entravano in cucina le voci dei bambini riuniti a giocare in una delle ultime sere di settembre. Poi, con il 1° di ottobre, le voci dei genitori avrebbero interrotto molto prima quei giochi e Adelaide non vedeva l'ora di inserirsi in quel coro di richiami.

«Certo», interloquì Alfredo non appena sua moglie attaccò il discorso, «un paio di figli piacerebbero anche a me. Se vengono bene, ma sennò amen!»

Non era certo quello che Adelaide voleva sentirsi dire, però una cosa, quell'amen finale, la distrasse.

Ecco cosa c'era!

Anzi, cosa non c'era più nella casa della suocera!

«Hai detto amen?» chiese Adelaide.

Alfredo la guardò come se avesse detto qualcosa di male.

Amen.
La chiave, la soluzione del mistero.
Di quello della casa della suocera, non certo dei figli che non arrivavano.

24.

«Cos'è?» sbottò il Venieri, chiedendo ragione di un trillo che ruppe improvvisamente il silenzio totale che regnava nell'ufficio del Pezzati.

Da una mezz'ora buona il Cereghèt, passati due giorni a credersi una raffinata mente criminale, era seduto davanti alla sua scrivania, senza che nessuno gli avesse rivolto la parola. Il Pezzati se n'era stato chino su un faldone, senza mai alzare la testa e senza nemmeno guardarlo. Non l'aveva fatto neanche quando l'Insoliti gliel'aveva portato lì.

«Fallo sedere», e basta. Poi s'era buttato sulle carte mentre il carabiniere aveva cominciato ad andare avanti e indietro come se l'avesse morsicato la tarantola e l'appuntato s'era seduto a sua volta guardando fuori dalla finestra.

S'erano messi d'accordo di fare un po' di teatro per tenere sulle spine il Cereghèt.

Alle undici spaccate quel trillo aveva invaso il silenzio dell'ufficio, come se un maggiolino fosse entrato dalla porta e uscito dalla finestra.

Il Venieri aveva guardato il Pezzati e l'Insoliti, poi aveva sparato la domanda.

La risposta arrivò immediatamente.

«La sveglia di un orologio caricato a molla», dichiarò il Pezzati.

Il Cereghèt impallidì sotto gli sguardi incrociati di maresciallo capo, appuntato e carabiniere.

Cretino che più non si poteva, il giorno precedente aveva intascato il prezzo della dritta e se l'era dimenticato lì, nella tasca dei pantaloni.

«Fuori l'orologio», ordinò il Pezzati.

«Vado?» chiese l'Insoliti.

«Posso avere io l'onore?» chiese il Venieri.

«Certo», concesse il carabiniere.

Bello intendersi così, senza fare troppe parole.

Cinque minuti più tardi l'orologiaio Pandiani, accompagnato dal carabiniere Malcolsi, era lì per riconoscere immediatamente l'orologio: uno dei due preziosissimi Wyler Wetta, del ragionier Pistoletti, riconoscibilissimo perché sul quadrante era rappresentato lo zodiaco.

«Era uno di quelli già riparati, pronto per la consegna», puntualizzò il Pandiani. «Il ragioniere lo punta sempre alle undici per ricordarsi di prendere un antiacido.»

«Adesso fuori i nomi», sorrise il Pezzati.

Tac, tac, il Cereghèt li sputò, li aveva sulla punta della lingua.

25.

Adelaide non aveva voluto dire niente a suo marito la sera prima. Voleva essere certa della sua intuizione e aveva passato parte della notte a elaborare un piano d'azione per l'indomani e parte a guardare il profilo di Alfredo immerso nel sonno, così che il pensiero della suocera si alternava a quello dei figli.

Bel giovanotto, suo marito!

Se l'eventuale figlio avesse preso i suoi lineamenti, niente da dire.

Il carattere, però, era meglio che lo ereditasse da lei. Un po' di furbizia nella vita ci voleva, come quella che avrebbe usato lei per mettere nel sacco sua suocera.

A farle visita c'era già stata la mattina precedente, quindi Benvenuta non si sarebbe mai aspettata di vederla. Le chiavi del portone e quelle di casa le aveva, poiché, pur se a malincuore, Alfredo le aveva pretese, si sapeva mai…

Non le serviva nient'altro. Uscì presto rispetto al solito, si infilò, badando a non fare rumore, nell'atrio della casa di sua suocera e, quando fu a una rampa di scale dal suo pianerottolo, comprese che ci aveva visto giusto: sua maestà non ascoltava più Radio Croce, l'aria di casa sua non era più percorsa da rosari, prediche, paternoster e soprattutto amen.

Ecco cosa aveva determinato la sensazione di mancanza avvertita nelle settimane precedenti.

Ma che la signora Benvenuta facia de can si fosse sintonizzata su una stazione che trasmetteva canzonette, era una cosa quantomeno incredibile, insomma, dava da pensare...

Davanti alla porta dell'appartamento rifletté se suonare o andarsene così com'era venuta. L'idea di cogliere sua suocera sul fatto la spinse a dare una scampanellata, ma...

Come per miracolo ogni musica svanì, la tromba delle scale piombò nel silenzio.

«Come mai?» chiese Benvenuta.

«Ieri andavo un po' di fretta», mentì Adelaide, «e mi sono scordata di chiederle se le serve qualcosa.»

Una balla che stava appena appena in piedi.

«Niente», rispose Benvenuta, «come al solito.»

«Ci sentiamo nel pomeriggio», salutò Adelaide, uscendo dallo stabile con una convinzione.

Anziché risolverlo, aveva ingarbugliato il mistero.

Non solo sua suocera ascoltava canzonette alla radio, ma non voleva che si sapesse.

Era un buon segno, oppure?

E doveva parlarne con Alfredo?

Forse era meglio aspettare un po'.

Oppure chiedere un aiuto.

Ma chi...

Be', sì, quella, ma...

Forse era davvero meglio aspettare un po', e quella non metterla proprio di mezzo.

TERZA PARTE

1.

Al primo tuono il custode dei bagni pubblici Pedicelli Alfredo guardò in aria e fece diagnosi.

«Picchia su in Valtellina», disse, «qui non arriva niente.»

La voce dell'opposizione si levò immediatamente. Fu quella del Passavanti, piastrellista a ritmo alternato: lavorava solo quando ne aveva voglia e spesso non ne aveva mica tanta.

«Valtellina scura...» citò.

«Fidati dei proverbi», obiettò il Pedicelli.

L'aria però stava prendendo odore di fogna, come quando, breve o venti assenti, si preparava un temporale.

«E 'sta puzza non è un proverbio», fece notare il Passavanti.

Pure al Pedicelli era noto il quasi infallibile sintomo di pioggia in arrivo. La buttò sullo scontato.

«In fin dei conti un po' di acqua ci vuole.»

Era vero.

L'estate era stata secca secca, solo qualche pisciatina qua e là, roba che non era servita a impedire il massacro di orti e vigne. Il lago era basso da far schifo e i battelli facevano fatica ad attraccare. A settembre il tempo aveva più volte minacciato di cambiare, il cielo s'era coperto ma poi, giù vento a spazzare via tutto!

Finalmente era arrivato ottobre e gli espertoni del tempo, eccezionalmente tutti concordi, avevano previsto che dopo un'estate così asciutta ci sarebbe stato un autunno di umidità e acqua da annegare i cavedani e poi un inverno di neve che nemmeno nel '56. Cominciato il mese, la temperatura si era addirittura alzata di qualche grado. Tant'è che, come tanti, sia il Pedicelli sia il Passavanti quel giorno, addì 19 ottobre, non avevano ancora mollato la braghetta corta e se ne stavano a cacciar balle in piazza Grossi come se fosse il mese di giugno.

Le mani in tasca, dopo aver guardato il cielo e il lago, s'erano messi a contemplare il lavoro dei volontari del gruppo alpini che stavano montando una baracchetta.

«Chissà dove le hanno trovate», mormorò il Passavanti.

Intendeva le castagne perché, proprio quel giorno, dalle ore quattordici in avanti, ci sarebbe stata la Sagra della Castagna organizzata dalla locale sezione Ana.

Le castagne indigene, né più né meno di pomodori e uva, avevano patito la siccità e le squadre di raccoglitori avevano portato a casa ridicoli frutti, piccoli, bacati e perlopiù amari.

«Bah!» respirò il Pedicelli, che era stato alpino ma non aveva mai voluto prendere la tessera del gruppo.

Il Passavanti, marinaio, prese in considerazione l'ora che s'era fatta.

«Andiamo?» chiese.

Il Pedicelli si mosse.

Superfluo chiedere dove.

Al vederli entrare, Aristide Squinzano mise subito due calici sul bancone del Diaol.

«Pari o dispari?» chiese.

I due si guardarono.

Meglio dispari, considerando il clima ancora caldo.

«Dispari», fece il Passavanti.

Cioè, bianco.

Voleva dire che i due si sarebbero fermati a un solo bicchiere di vino, e sarebbe stato un evento, oppure avrebbero raggiunto quota tre o cinque e avanti così, in obbedienza alla regola non scritta secondo la quale il bianco voleva un consumo dispari e il rosso invece pari.

Erano quasi le dieci del mattino. Benvenuta aprì in quell'istante la finestra della sua camera da letto, che dava su piazza Grossi. La baracchetta degli alpini era completata. Due stavano montando il braciere con relativa padellona bucata per preparare le burolle. Fece allora la sua comparsa l'elettricista Belfiorito. Bersagliere e suonatore di cornetta nel locale Corpo Musicale, non negava mai di prestare la sua opera in qualunque occasione quando la richiedevano, fosse una festa dell'Unità o del Biancofiore. Conoscendone l'imparzialità, nessuno l'aveva criticato nemmeno quando, un paio di anni prima, aveva messo a disposizione di un comiziante del Msi la sua arte, che consisteva in un apparato amplificatore di rara modernità: due piantane sulla cui cima un paio di casse avevano sostituito gli obsoleti megafoni e un affare, che lui chiamava centralina, collegato alle stesse e che gli permetteva di regalare toni e volumi. Inoltre non pretendeva compensi per il suo lavoro.

Il Belfiorito era un precisino. Alle dieci e trenta, montata tutta la struttura, cominciò le prove.

Trattandosi di alpini, testò l'impianto con la canzone *Sul cappello*. Qualcosa, però, non funzionava. Dalle casse uscivano fischi fastidiosi, che coprivano le voci. Troppo vicine, forse. Le allontanò. Ancora fischi. Troppo lontane allora.

Macché.

Provò, mettendone una davanti e una un po' dietro.

I fischi sparirono.

Ma *Sul cappello* usciva da una sola cassa, l'altra restava muta come se di alpini e lunghe penne nere non le interessasse niente.

Alle undici e un quarto il proprietario del caffè dell'Imbarcadero, dopo che per almeno una trentina di volte *Sul cappello* aveva rintronato le orecchie di tutti senza mai arrivare alla lunga penna nera, approfittando della guardia municipale Svitali che passava di lì gli chiese se non fosse possibile porre fine al tormento. Ma il sindaco aveva dato il permesso. Inoltre era stato pure lui alpino, naia a Vipiteno.

Il Belfiorito nel frattempo le aveva provate tutte, appoggiando le casse sul muretto della piazza, sulle panchine, in terra, mettendole una sopra l'altra. Risolse il problema solo quando, passeggiando stizzoso avanti e indietro per cercare di giungere alla soluzione, inciampò nei fili che collegavano le casse alla centralina e si accorse di aver invertito gli spinotti in una delle due. Rasserenato, rimise in posizione tutto l'impianto e finalmente sul cappello che noi portiamo comparve la lunga, lunga penna nera.

Mancava un quarto a mezzogiorno.

Benvenuta, dopo aver ordinato la sua camera da letto, appoggiata al davanzale della finestra che dava sulla piazza aveva seguito le tribolazioni del Belfiorito e quando finalmente tutto si era sistemato aveva cantato a mezza voce la canzone per intero. La Tirelli, nascosta dietro le persiane ancora chiuse del salotto, non riusciva a credere alle sue orecchie.

Pure le canzoni degli alpini!

Ci voleva qualcos'altro per capire che la sua vicina non ci stava più con la testa?

Ed era mai possibile che suo figlio e la nuora non si fossero ancora accorti di nulla?

A meno che, ma anche questo era un sicuro segno di follia, la Benvenuta fosse così abile da ingannarli.

Loro, però.

Perché lei ormai l'aveva capita.

Non erano affari suoi, certo.

Se non fosse stato per il pensiero del gas che ogni tanto si affacciava nella sua mente…

Il gas!

Bum!
E buonanotte ai suonatori!
Buonanotte?
Per quel giorno, mica tanto.

2.

Il Belfiorito, rosso in viso per la soddisfazione, s'era ascoltato *Sul cappello* fino alla fine poi, certo ormai che l'impianto fosse perfettamente a punto, s'era disposto a spegnerlo quando una squadra di quattro alpini, incaricati di preparare le braci per le burolle, era comparsa in piazza.

Perché spegnerlo?, avevano chiesto i quattro.

Lo lasciasse acceso, avrebbe tenuto loro compagnia.

Il Belfiorito non aveva avuto di che obiettare. Aveva spiegato che l'impianto funzionava a nastro e non a dischi e che sul nastro aveva la bellezza di cinquanta canzoni degli alpini.

Lo rimise in funzione dall'inizio, così che *Sul cappello* sparò nell'aria per l'ennesima volta. La ascoltò ancora fino alla fine, poi partì alla volta del Crachen per pranzare.

A mezzogiorno l'odore delle prime burolle cominciò a invadere piazza Grossi mischiandosi a quello degli agoni in carpione che usciva dal Crachen. Dall'osteria usciva anche il coro di coloro che, finito il turno di lavoro oppure decisi a regalarsi una mezza giornata di festa, cantavano insieme con i cori registrati sul nastro del Belfiorito. Alle canzoni meno note, come *A destra dell'Isonzo* oppure *E col cifolo del vapore,* solo due o tre voci seguivano il canto. Ma quando partiva *Il testamento del Capitano* oppure *La bella Gigogin* pareva che anche le mura del Crachen cantassero e c'era pure gente affacciata alle finestre delle case circostanti che sottovoce seguiva il motivo.

Pure Adelaide si affacciò alla finestra. Mancavano venti minuti all'una e l'Alfredo non era ancora tornato per pranzo. Di solito era puntualissimo.

Non sapeva che suo marito la naia non l'aveva fatta, figlio unico di madre vedova, e che invece l'avrebbe fatta più che volentieri, e proprio tra gli alpini. Anni prima s'era anche comperato un cappello d'alpino che non aveva mai osato portare in pubblico: lo indossava quando era sicuro di essere solo in casa e, davanti allo specchio, salutava militarmente immaginari capitani o maggiori e rispondeva «Agli ordini!».

Così, tornando dal lavoro non aveva resistito all'idea di fermarsi una decina di minuti in mezzo alla folla di alpini e non che si stava radunando piano piano attorno alla baracchetta e, con la scusa di aspettare le prime burolle da portare a casa, non s'era accorto del passare del tempo.

Fu mentre, ancora appoggiata alla finestra con la speranza di vedere finalmente comparire il marito, che Adelaide vide l'Ernesto.

Le parole che qualche tempo prima il Pezzati gli aveva detto sulla porta della caserma circa l'opportunità di trovarsi un lavoro e tenerselo ben stretto all'Ernesto si erano piantate in testa. Il carabiniere aveva ragione, ma d'altronde non ci sarebbe stato nemmeno bisogno di sentirselo dire: spiantato com'era ormai, con i risparmi all'osso, non poteva campare d'aria.

Non voleva continuare a essere un sorvegliato speciale né voleva padroni. L'unica soluzione quindi gli era parsa quella. Con quanto gli rimaneva e la promessa di saldare il conto a breve s'era preso una barca con tutto il necessario e s'era messo a fare il pescatore in proprio, finalmente padrone di sé stesso. Vendeva porta a porta e in breve avevano cominciato a ordinarglielo. Compresa la caserma dei carabinieri: l'idea era stata del Pezzati che, pur non amando in maniera particolare il pesce di lago, aveva deciso senza chiedere consiglio a nessuno. Prima di tutto il pesce faceva bene alla salute e in secondo luogo aiutavano l'Ernesto a stare in riga. Due volte alla settimana i carabinieri in servizio presso la caserma di Bellano mangiavano pesce di lago, lodandone, anche se ne erano poco convinti, la squisitezza.

Uscito dal Crachen, il Taglia si stiracchiò. Fu così che, alzando gli occhi verso il cielo, incrociò lo sguardo dell'Adelaide.

La salutò ad alta voce per sovrastare la musica che, imperterrita, continuava ad arrivare da piazza Grossi. Lei gli rispose con un ciao ciao delle mani, veloce, poi si ritirò: in quell'istante infatti Alfredo comparve in fondo alla piazza sulle note della *Leggenda del Piave* al cui ritmo il suo passo sembrava essersi adattato. Pranzarono velocemente perché ormai era l'una e l'Alfredo riattaccava di lì a mezz'ora. Il giovanotto però, più che mangiare, non fece altro che parlare degli alpini e di quanto gli sarebbe piaciuto aver fatto parte di quel corpo. Adelaide lasciò dire. Per lei tra alpini e bersaglieri non c'era alcuna differenza. All'una e venticinque Alfredo, con *Monte Canin* che risuonava nell'aria, salutò e ripartì. Adelaide sparecchiò. Quello che il marito aveva avanzato nel piatto, quasi tutto, glielo avrebbe ripresentato la sera, debitamente riscaldato.

A quell'ora nella via calava solitamente una singolare quiete. Il Crachen accostava il portone poiché era raro che prima di metà pomeriggio qualcuno ci entrasse, si udivano i cigolii delle persiane che venivano accostate da coloro che si godevano un sonnellino dopo pranzo; pure i bambini, quando non erano a scuola, sembravano rispettare quella terra del silenzio.

Non quel giorno. Gli alpini, in piazza, continuavano a darci dentro. Probabilmente, senza tener conto del consiglio del Belfiorito, avevano alzato ancora un po' il volume, a rischio di fondere una delle due casse. Sta di fatto che dopo *La Linda la va al fosso*, *La montanara* e *Monte Pa-*

subio il nastro venne fatto ripartire dall'inizio e *Sul cappello* ripartì, con il contributo di alpini e simpatizzanti che si erano radunati in piazza o addirittura non si erano mai mossi da lì.

Era ormai l'ora della telefonata di controllo alla suocera. Adelaide compose il numero e aspettò tre o quattro squilli senza ricevere risposta. Contrariamente a ciò che avrebbe pensato in altre occasioni, non se ne preoccupò: il telefono della suocera era in cucina, lontano dalla camera da letto dove lei sonnecchiava, chiudendo tra l'altro la porta. Niente di più facile che, col diavolo a quattro che si era scatenato in piazza quel giorno, non l'avesse sentito squillare. Decise, quindi, di uscire, anche se non era giornata di visita. Si fermò per qualche istante a osservare il variegato spettacolo della piazza, i visi rossi e felici dei presenti, inspirando l'autunnale profumo delle burolle.

Poi si diresse verso la casa della suocera.

3.

Odore di burolle anche lì, sulla soglia della porta di casa di Benvenuta. Adelaide lo avvertì distintamente. Sul viso dell'anziana non c'era traccia di sonno. Sulla fronte, a destra, un segno nero che a Adelaide ricordò immediatamente quello che le era rimasto sul naso dopo aver sbucciato e mangiato un paio delle burolle che Alfredo aveva portato a casa.

Fu Benvenuta a rompere il silenzio.

«Come mai?» chiese. «È successo qualcosa?»

Adelaide le spiegò il motivo della visita. Appena appena, ma le gote della suocera si imporporarono.

Le dispiaceva che si fosse disturbata.

«Ma ero in bagno. Mi stavo pettinando dopo il sonnellino. In realtà l'ho sentito suonare il telefono, ma quando ho preso in mano la cornetta aveva già smesso. Tempo un minuto ti avrei richiamato io, non volevo che ti disturbassi, non succederà mai...»

La suocera continuava a parlare come non aveva mai fatto, ma Adelaide non l'ascoltava più.

In bagno, a pettinarsi. E dove, se non davanti allo specchio? E come non vedere, e togliere, quel segno nero sulla fronte?

La suocera le stava propinando una balla bella e buona.

Ma, in fondo, l'importante era che stesse bene, che non fosse successo niente.

«Non è niente», disse Adelaide, mentre da fuori giungevano le note di *A la matin bonora.*

Si salutarono lì, sulla soglia di casa. Adelaide sostò solo un istante, pensierosa, sul pianerottolo.

Era tutto a posto, la suocera stava bene. Ma qualcosa non quadrava.

Cosa?

Boh!

Sensazioni.

Scese le scale. Giunta nell'atrio, con la mano già sulla maniglia del portone, lo sentì forzare dall'esterno. Fece un passo indietro. Il portone si aprì e Adelaide si trovò faccia a faccia con Carolina Tirelli. Dietro di lei, sullo sfondo della piazza, Adelaide fece in tempo a vedere l'Ernesto, seduto su una panchina. Sembrava addormentato.

Quando il portone si chiuse la Tirelli decise che era venuto il momento.

«Posso dirle una parola?»

«A me?» chiese Adelaide.

Asciutta, per far intendere a quella che, pur se non direttamente, aveva imparato a conoscerla come una ficcanaso.

La Tirelli deglutì, aveva inteso il messaggio.

«Lo faccio per voi», disse.

«Per noi?»

«Sì, insomma, per la signora Benvenuta.»

«Sarebbe a dire?» chiese Adelaide.

«Niente, magari avete già provveduto», fu la risposta della Tirelli.

Adelaide sbuffò: era abile quella a fare la punta alle matite.

«Provveduto a cosa?» chiese.

Ormai era in ballo.

«Se è così le chiedo scusa», continuò la Tirelli.

Adelaide si chiese come era stato possibile che nessuno dei due mariti che quella aveva già messo sottoterra avesse mai avuto la tentazione di strozzarla.

«Mi scusi», disse, «ma non riesco proprio a capirla.»

La Tirelli si diede una pacca sulla fronte.

«Mi scusi lei, ogni tanto perdo il filo del discorso. Volevo dirle delle chiavi.»

E, apposta, si interruppe.

«Quali chiavi?» chiese Adelaide.

«Quelle del portone», rispose Carolina.

A Bellano la ferramenta non aveva il macchinario per riprodurle perché erano un tipo un po' particolare. Bisognava andare fino a Lecco per farne fare una copia e lei l'aveva fatto grazie a un suo nipote.

«Così, dovesse capitare di perderne un paio, ne ho un altro.»

«Ho capito, ma...»

«Lo dico per voi», interloquì la Tirelli, «per la signora Benvenuta. Se le serve, per intanto potrei prestarle io il mio secondo paio, mentre voi provvedete a fargliene una copia.»

Adelaide era sconcertata. Si sentiva presa in una trappola di cui non intuiva la finalità.

«Scusi», disse, «ma perché mai a mia suocera dovrebbe servire un secondo paio di chiavi?»

La Tirelli capì di aver finalmente vinto il duello con quella presuntuosetta. Era il momento di cambiare strategia.

Come se stesse recitando il mea culpa chiese:

«Lei non sa niente?».

«Cosa dovrei sapere?» chiese Adelaide tenendo a bada il ringhio che avvertiva nello stomaco.

La Tirelli sospirò.

«Se vuole accomodarsi un momento le racconto com'è andata.»

Dalla finestra delle scale, con la coda dell'occhio, Adelaide riuscì a notare l'Ernesto nella medesima posizione sulla panchina. Poi si accomodò.

Malvolentieri, ma si accomodò.

4.

Il Venieri passò una notte tribolata. Attacco di sciolta. E di quelli potenti.

Il carabiniere Insoliti, di piantone, non poté fare a meno di notarlo. La musica dello sciacquone fu l'unico rumore che gli tenne compagnia. Lo scroscio dell'acqua interruppe il silenzio degli uffici non meno di dieci volte tra le undici e le quattro del mattino, ora in cui il carabiniere cedette al sonno e si addormentò con il capo appoggiato alla scrivania.

Alle sette del mattino l'appuntato si presentò in ufficio. Sbattuto, gli occhi sgranati e contornati da un color prugna, pallido come il bianco dell'uovo. Sembrava essersi asciugato nel corso della notte, tanto che il colletto della camicia pareva di un paio di misure in più.

Il carabiniere Insoliti non fece parola di ciò che aveva intuito né il Venieri accennò a quello che aveva patito. Si mise invece, subito, a passar carte.

Ma, a metà mattina, alle prese con l'inizio di un nuovo attacco cedette le armi.

«Io oggi marco visita», comunicò.

«Credo bene», fece il Pezzati.

«Desidera qualcosa per pranzo oggi?» chiese l'Insoliti.

Era lui, infatti, il carabiniere di spesa, la gestione del fondo vitto era di sua competenza.

Il Venieri rispose con un gesto della mano, negativo, e, senza dire altro, si avviò, con passi ridicolmente brevi e contratti, alla volta della sua stanza. Tempo un minuto e l'aria dell'ufficio si riempì del ben noto rumore che aveva scandito la notte precedente, mentre l'Insoliti uscì per le compere.

Aveva un pensiero in testa, un dubbio. Poco prima era stato lì per confidarlo al maresciallo capo, ma s'era trattenuto, in mancanza di prove concrete. Non gli bastava la certezza di avere ragione.

In fondo in fondo, un po' di colpa se il Venieri aveva passato una notte del genere era anche sua.

Ormai era andata così, ragionò l'Insoliti attraversando il paese.

Ma, sulla testa di ciò che aveva di più caro al mondo, giurò a sé stesso che non sarebbe mai più capitato.

5.

Il giorno prima, vedendo uscire la Benvenuta alla solita ora, Carolina Tirelli era stata presa da una voglia irresistibile.

Era scesa di sotto e aveva chiuso il portone dall'interno.

Poi era risalita in casa e si era disposta all'attesa.

«Allora, cos'è successo?» chiese Adelaide una volta accomodatasi su una poltroncina di raso marrone che la stessa Tirelli le aveva indicato.

«Posso offrirle un caffè?» chiese questa.

«Preferirei sapere cos'è successo», rispose Adelaide.

«Non vuole perdere tempo, eh? La capisco, con tutte le cose che ha da fare una giovane sposa come lei. E vedrà quando arriveranno i figli...»

Al sentir parlare di figli Adelaide ebbe un impercettibile scatto del capo: fu lì per chiedere cosa diavolo ne sapesse lei di figli, visto che, nonostante due mariti, non era stata in grado di metterne al mondo nemmeno mezzo.

«D'accordo», stava intanto dicendo la Tirelli, «adesso le dico tutto.»

Bisognava sapere...

«Bisogna sapere che di tanto in tanto il pulsantino elettrico che serve per aprire il portone si blocca, non funziona. Perché non si sa, ma di fatto è così. E allora per uscire occorrono le chiavi. E naturalmente, in quel caso, anche per entrare. Ebbene, ieri è successo proprio così», disse la Tirelli.

«E allora?» chiese Adelaide.

«Niente di grave, ma sua suocera, dopo la solita passeggiatina del pomeriggio, è rimasta chiusa fuori di casa.»

"Passeggiatina del pomeriggio?" pensò tra sé Adelaide. "E da quando in qua?"

La Tirelli lasciò che calasse il silenzio nella stanza: tutto dipendeva dalla reazione di Adelaide.

Che restò muta. Ci voleva altra melassa per tentare di vincere la resistenza di quella.

«Se mi permette», riprese la Tirelli, «devo dire che avete fatto benissimo lei e suo marito a convincere la signora Benvenuta a muoversi un poco. Sempre chiusa in casa, sempre sola... un po' di movimento invece, magari quattro chiacchiere con qualcuno e la giornata passa, sembra meno noiosa...»

«Sì, certo», rispose Adelaide in tono asciutto, «ma poi com'è finita?»

«Finita?»

«Eravamo rimasti con mia suocera chiusa fuori di casa.»

Benvenuta non aveva avuto altra scelta che suonare a lei e chiederle per favore se potesse aprirle il portone, visto che aveva dimenticato le chiavi in casa. Lei era scesa di corsa.

«Per questo mi sono permessa di disturbarla e di raccontarle l'accaduto.»

Per consigliare l'utilità di un secondo mazzo di chiavi.

Ci voleva poco, bastava una scappata a Lecco, ferramenta Deodati.

E consigliava, se le era permesso, di fare come lei: un primo mazzo in casa e il secondo sempre nella tasca del cappotto o dello spolverino, secondo la stagione, così si eliminava la possibilità di restare chiusi fuori nel caso il maledetto pulsantino elettrico avesse deciso di entrare in sciopero.

La Tirelli si aspettava qualche domanda. Aveva tante altre cose da dire riguardo alla sua vicina. Soprattutto le premeva la storia del gas. Se la sognava anche. Bum!, e la casa un cumulo di macerie.

«È tutto?» chiese invece Adelaide.

Era, in effetti, una domanda. Ma che voleva chiudere il discorso.

«Le ho fatto perdere tempo, però mi sembrava necessario...»

«Certo, certo», interloquì Adelaide già in piedi, «e la ringrazio. Circa le chiavi provvederemo immediatamente e vedrà che mia suocera non la disturberà più.»

«Ma per carità, quale disturbo!» ribatté la Tirelli. «Anzi, se avesse bisogno di qualcosa...»

Adelaide aveva bisogno di due cose: aria e stare sola.

Salutata frettolosamente la Carolina, uscì e si fermò un momento davanti al portone di casa. L'Ernesto era sempre là, sulla panchina, francamente addormentato, la testa reclinata all'indietro.

Così fece pure lei a casa, sedendosi in poltrona, rilassando la testa all'indietro e chiudendo gli occhi, ma senza dormire.

La suocera.

Le passeggiatine pomeridiane.

E quando mai le aveva fatte prima di allora?

E perché non l'aveva mai detto, nessun accenno, né a lei e nemmeno a suo figlio?

Anzi, le aveva volutamente tenute nascoste.

Non era forse una bugia bella e buona quella che le aveva raccontato poco prima, che era in bagno per ravviarsi i capelli dopo il sonnellino ed era arrivata tardi al telefono e via di seguito?

Aveva anche cambiato gusti radiofonici.

Contava qualcosa?

Adelaide era certa di sì.

Nel solito, piccolo, ordinato universo di sua suocera, quello che lei aveva sempre conosciuto, ogni piccola variazione aveva la sua importanza.

Anche il viso, che tentava di mantenere l'espressione che le aveva meritato il soprannome, ma che sembrava facesse fatica a farlo.

Il problema era dirlo all'Alfredo.

Dirgli che a sua madre stava succedendo qualcosa?

L'avrebbe allarmato sicuramente. Lo conosceva, ne avrebbe fatto una tragedia, avrebbe chiamato il dottore, avrebbe spinto per prendersela in casa perché fosse sempre controllata da qualcuno...

E perché?, si chiese Adelaide.

Sua suocera in fondo stava bene.

Voleva ascoltare canzonette alla radio, era un suo diritto.

Le piaceva passeggiare per un po', idem.

Aveva ceduto alla gola e s'era comperata un cartoccio di burolle?

Non era mica un delitto.

Sulle note di *Dove sei stato mio bell'alpino,* Adelaide riaprì gli occhi decisa a non dire niente al marito.

Dopo averla tanto odiata, adesso si sentiva solidale con la suocera. Con l'età aveva ceduto a tanti piccoli piaceri che chissà quante volte, negli anni passati, s'era negata per motivi di orgoglio, dignità o va a sapere cosa.

Per parte sua, con discrezione, l'avrebbe tenuta maggiormente nel mirino. E solo in caso di pericolo vero e proprio avrebbe avvisato Alfredo, con buona pace della Tirelli e del suo doppio mazzo di chiavi.

6.

Salvatore Insoliti, come detto, era nativo di Villa San Giovanni. Era entrato tardi nell'Arma dei carabinieri, a diciotto anni. Nonostante il parere contrario di suo padre, che avrebbe preferito vederlo continuare l'attività di famiglia.

Sino a quell'età, a partire dai dieci anni, il giovane Salvatore aveva infatti vissuto facendo il pescatore sul peschereccio del padre. Una vitaccia infame dalla quale era fuggito arruolandosi. Vitaccia. Che però gli aveva insegnato parecchie cose, tra le quali riconoscere il pesce fresco e far da mangiare.

Le due trotelle di lago che il Taglia aveva portato in caserma qualche giorno prima non l'avevano convinto del tutto: l'occhio era spento, la squama non era più lucida, l'odore, per un naso fino come il suo, pungente. A suo giudizio erano vecchie di tre, quattro giorni. Era stato lì per buttarle, invece ci aveva rinunciato e le aveva cucinate riscoprendo una ricetta di sua invenzione, quand'era a bordo del peschereccio paterno e costretto a usare ciò che aveva sottomano: aglio, rosmarino, salsa di pomodoro. Grazie alla sua inventiva, il cattivo aspetto del pesce si era mascherato, aglio e rosmarino ne avevano coperto l'incerto sapore. Due soli pesci, peraltro, erano un po' pochi per sfamare l'intera caserma, così che aveva cucinato una pastasciutta cui il Venieri, ingordo di pesce, aveva rinunciato, sbafandosi entrambe le trote, dopodiché aveva anche fatto i complimenti all'Insoliti per la sua abilità di cuciniere.

Poi era successo quello che era successo e Salvatore aveva recitato più volte il mea culpa, giurando nel contempo che non si sarebbe mai più fatto coglionare dal Tagliaferri.

Tre giorni dopo il Taglia consegnò alla caserma un chilo e mezzo di agoni, la maggior parte dei quali ancora boccheggiante.

Il Venieri, di nuovo perfettamente in forma, li mangiò con gusto, unendo il piacere del pesce a quello di dare una mano, solidale in ciò con il Pezzati, al Tagliaferri nello stare lontano dalle cattive tentazioni.

7.

Carolina Tirelli era certa di aver insinuato più di un dubbio nella testa di Adelaide, anche se quella presuntuosetta non aveva voluto darle alcuna soddisfazione.

Di certo, però, ne avrebbe parlato al marito e qualcosa, infine, sarebbe cambiato.

La sua ossessione era sempre quella: il gas lasciato aperto e, bum!, la casa in macerie con lei dentro ridotta a uno spezzatino. Non era certo curiosità la sua: puro spirito di sopravvivenza, in obbedienza al quale aumentò la vigilanza, attentissima ai rumori della sua vicina quando, come al solito, usciva nelle prime ore del pomeriggio e poi, dal tinello, con gli occhi puntati sulla piazza per controllarne il rientro, nell'attesa che si facesse vivo il figlio per prendere decisioni consone al caso.

Aspettò un giorno, due, una settimana.

Non cambiò niente, tutto procedeva come prima.

Fino alla mattina in cui...

«Caspita!» mormorò la Tirelli.

L'aveva avuto sotto gli occhi per giorni e giorni e solo allora se ne accorgeva.

Ecco perché non era successo niente. Ecco perché la presuntuosetta non aveva detto niente al marito.

Come aveva fatto, si chiese la Tirelli, a non accorgersi che il Tagliaferri sembrava averla presa in affitto quella panchina seminascosta dietro al monumento a Tommaso Grossi?

Il fatto, se confermato, era succulento, grosso, ancora più grosso del gas, bum!, e della casa in macerie. A lei, ridotta quale spezzatino, non pensò.

Doveva fare solo la prova del nove.

E siccome lo vide, rivide, stravide, la prova del nove non le servì più.

Succedeva che nei giorni sì, in quelli in cui cioè l'Adelaide verso le undici della mattina passava a dare un salutino alla suocera, l'Ernesto si alzava, traversava la piazza e si metteva a lato del portone ad aspettarla.

Nei giorni no, invece, tirava mezzogiorno sulla panchina e poi partiva alla volta di via Cavour, probabilmente diretto al Crachen.

Che tra i due ci fosse un'intesa, alla Tirelli parve ormai un'ipotesi più che reale.

E in effetti, per metà, aveva un po' ragione. Era il Taglia che s'era fatto fantasie intorno all'Adelaide.

In una delle mattine in cui la ragazza era uscita da casa della suocera, l'Ernesto aveva mollato la panchina e le era piombato alle spalle. Salutandola, l'aveva circonfusa con un alito che sapeva di vino.

«Come mai da queste parti?» aveva chiesto tanto per attaccare discorso.

Aveva la lingua incartata, la erre gli era uscita con difficoltà.

Adelaide ne aveva avuto fastidio. Inutile nascondersi che per quel soggetto aveva avuto sempre un po' di simpatia. Ma adesso, con quel penetrante odore di vino, la lingua impacciata, quell'atteggiamento giovanilistico da vitellone fuori tempo, l'Ernesto le sembrava più una caricatura che un uomo. E poi lei era una donna sposata in un piccolo paese dove certe cose non sfuggivano agli occhi di nessuno.

«Vado a casa», aveva risposto.

«Vengo anch'io», aveva ribadito lui.

«Se riesci a fare due passi di fila senza inciampare», l'aveva fulminato lei.

E, ingranando la quarta marcia, l'aveva seminato senza difficoltà.

L'Ernesto aveva incassato con un sorriso. Ma nei giorni a seguire, quando ormai Carolina Tirelli l'aveva messo nel mirino, non aveva perso un appuntamento e si era astenuto dal vino.

La sobrietà però gli dava un'aria un po' triste, impedendogli di assumere quell'aura da guascone che faceva parte del suo essere simpatico. Veniva voglia di prenderlo sottobraccio e consolarlo. Adelaide non l'avrebbe mai fatto, ma qualche breve chiacchiera, davanti al portone di casa della suocera, gliel'aveva concessa.

Tornava poi a casa con un po' di magone. L'Ernesto non era più quello dei bei tempi, qualche ruga, qualche sospiro di troppo. Anche troppi se e ma rivolti a un passato che non poteva più ritornare. Quelle parole restavano per un po' tra i pensieri di Adelaide, avrebbe voluto fare qualcosa per lui.

Non certo divenirne l'amante, cosa della quale invece Carolina Tirelli era già convinta al punto che stava cercando di individuare il sistema migliore, e anonimo, per far capire a quel tonto dell'Alfredo che se soffriva di prurito alla fronte non era per l'effetto di un eczema.

8.

La prova provata che tra i due ci fosse un'intesa accadde in un giorno no.

In un giorno, cioè, in cui Adelaide non avrebbe dovuto andare a fare la rituale visita alla suocera.

L'Ernesto, come al solito, era seduto sulla panchina. Era più o meno l'una e mezza del pomeriggio quando si alzò. Ma, anziché avviarsi alla volta dell'imbarcadero o del lungolago, com'era solito fare nei giorni no, andò verso la cabina telefonica che stava davanti al molo della Navigazione.

Carolina lo vide distintamente sollevare la cornetta e comporre un numero. Notò, però, che non mosse le labbra. Stette così, in silenzio, per qualche secondo, poi lasciò cadere la cornetta senza riagganciarla.

La Tirelli si sentì pervadere dallo stesso calore che aveva provato quando uno dei suoi due mariti le metteva una mano addosso. Era sempre stata una scoperta il congiungersi con uno dei due, ne traeva un senso di trionfo che superava il piacere fisico.

Così come adesso trionfava perché aveva capito.

Capito che quella muta telefonata altro non era che un segnale.

In un giorno no.

Con l'Alfredo al lavoro.

L'Adelaide senza nessun impegno con la suocera.

I due, quindi, liberi di fare le loro porcherie senza alcun timore.

Per l'esaltazione di ciò che aveva intuito la Tirelli si sedette sul divano e cercò di calmare il respiro.

Non fece in tempo però a ritrovare una frequenza normale, perché udì il rumore del portone che si apriva. Volò, ansante, in cucina, dalla cui finestrella poté spiare Adelaide che saliva le scale.

Ci restò male.

La sua teoria, così ben composta sino a un momento prima, cominciava a scricchiolare.

Ma, quasi subito, l'orizzonte le si schiarì.

Tornò in tinello, all'osservatorio sulla piazza. Lo fece appena in tempo per vedere l'Ernesto che, attraversata la strada, imboccava via Cavour.

L'avevano studiata bene i due furbetti!

Al segnale, Adelaide usciva e andava dalla suocera che diventava, nel caso, indiscutibile testimone. Nel frattempo l'Ernesto, solo soletto, si intrufolava in casa dell'Alfredo. E lei, ritornando, guarda caso se lo trovava tra le braccia!

Non s'era accorta, la Tirelli, di aver esposto la sua teoria ad alta voce, parlando con la poltroncina in raso marrone che stava davanti a lei, come se lì ci fosse seduto l'Alfredo cui stava confessando, con naturalmente la morte nel cuore, il tradimento che si andava consumando alle sue spalle.

9.

Ormai pronta per uscire da casa, Benvenuta si trovò davanti la nuora. La quale notò che non poteva certo essere quella la tenuta per il sonnellino pomeridiano, visto che indossava il cappotto.

Quando il suo telefono era squillato, Adelaide stava stirando, aveva piantato lì ed era corsa a rispondere. Nessuno però aveva parlato. Nelle orecchie della donna erano giunti rumori confusi, anche un certo ansimare e, continuando a non sentire parole, aveva immediatamente pensato alla suocera.

L'aveva immaginata stare male, correre al telefono per avvisarla e poi non riuscire più a spiccicare parola.

Quindi aveva piantato lì tutto ed era corsa da lei.

E se l'era trovata davanti ben pettinata e vestita.

Pronta per uscire insomma.

La suocera, presa in castagna, mise su immediatamente quella facia de can che da mesi Adelaide non le vedeva.

E non fece parola.

Toccò a Adelaide spiegarle il perché e il percome era lì, in quell'ora insolita.

«Grazie per la premura», fu la risposta di Benvenuta, «ma so ancora badare a me stessa.»

«Non ne dubito», rispose Adelaide, «ma...»

«Ma?» fece Benvenuta.

Perché era così ben pettinata?

Perché usciva tutti i giorni a quell'ora?

Perché aveva il cappotto addosso?

E almeno s'era ricordata di tenere le chiavi del portone in tasca?

Erano queste le domande che Adelaide avrebbe voluto farle.

Le parole, però, le restarono in gola.

«Ma, niente», rispose invece, «è solo che mi sono spaventata, mi sono lasciata prendere da certi pensieri e sono venuta qui.»

Benvenuta rilassò un poco la ghigna.

«Come vedi sto bene. Puoi tornare tranquilla a casa. Con tutte le cose che avrai da fare...»

«Certo», ammise la nuora, che se ne andò sotto gli occhi spietati della Tirelli, la quale non si perse nemmeno la solita uscita di Benvenuta, non più di cinque minuti più tardi.

Adelaide camminò con lentezza verso casa. Rifletteva che forse era giunto il momento di mettere al corrente il marito circa certe stranezze della madre. Sfiorò anche lei l'idea del gas lasciato aperto, bum!, la casa in macerie e gli occupanti ridotti come uno spezzatino.

Ma l'Alfredo le avrebbe dato retta o avrebbe minimizzato?

«Ciao Adelaide.»

Aveva appena varcato il portone di casa.

Il saluto aveva troncato i suoi pensieri e le aveva fatto fare un balzo.

L'Ernesto, nascosto nell'angolo più buio.

«O Ernesto, a momenti mi fai venire un colpo», disse Adelaide.

«Mi dispiace», fece lui.

«Dico, ma cosa ci fai qui, nascosto come un ladro?»

«Volevo vederti», rispose lui.

«Vedermi?»

«Sì. Mi basta questo. Per oggi almeno.»

Adelaide si sentì arrossire.

«Ernesto, per favore…»

«Tranquilla, tranquilla. Me ne vado. Volevo solo vederti, come ti ho detto.»

E, rapido come un gatto, il Taglia si dileguò.

Adelaide restò qualche istante ferma nell'atrio. Le gambe le tremavano un po'.

«Ernesto!» sospirò.

Cominciò a salire le scale. Il pensiero fisso al Taglia.

Povero Ernesto, solo come un cane, senza arte né parte, senza futuro.

"L'Ernesto", si ripeté riprendendo a stirare.

L'Ernesto, forse.

Anzi, perché no?

10.

Sui pescherecci non si abbassava mai la guardia.

Provare a starci.

Salvatore Insoliti su quegli affari c'era praticamente nato, avrebbe potuto scriverci un manuale e un capitolo l'avrebbe dedicato a come evitare gli sganassoni che suo padre gli mollava quando lui si incantava a guardare le stelle.

Nelle nottate in cui, per non tornare a casa a mani vuote, bisognava lasciare le acque territoriali e andare a cercare pesce là dove c'era il rischio di fare brutti incontri, le orecchie di ciascuno diventavano dei radar. Ognuno era responsabile non solo di sé ma anche degli altri: un solo attimo di distrazione diventava disgrazia non solo dei pescatori imbarcati ma anche delle famiglie a terra, che di quel lavoro campavano.

Al corso per allievo carabiniere uno dei suoi istruttori apriva la lezione con un comandamento.

«Occhio aperto e culo fermo.»

Era sardo, ma aveva tradotto quella frase in tutti i dialetti d'Italia in modo che la filosofia del lavoro del carabiniere fosse chiara per tutti, da nord a sud, isole comprese.

Con occhio aperto e culo fermo il carabiniere Salvatore Insoliti aspettò sino a quando, dopo qualche giorno di attesa, il Tagliaferri ricadde nel vizietto e offrì alla caserma pesce stantio. A Salvatore fu sufficiente uno sguardo per capire che quegli agoni avevano abbandonato le acque del lago già da qualche giorno.

Era giunto il momento, pensò il carabiniere, di dire a quello ciò che pensava della sua mercanzia.
Fece per aprire la bocca.
Ma il Taglia lo bruciò sul tempo.
«Dal produttore al consumatore», disse con un sorriso. «Neanche al mercato del pesce di Lecco hanno roba fresca così.»
L'Insoliti lo guardò e, apposta, fece una faccia da scemo.
«Vedo, vedo», disse.
Il Tagliaferri sorrise soddisfatto e con noncuranza intascò i soldi. L'Insoliti lo guardò allontanarsi fischiettando.
"Chi nasce tondo non può morire quadrato", mormorò tra sé.
Gli agoni finirono immediatamente nella spazzatura, nessuno se ne sarebbe accorto. Tanto più che il Venieri, l'unico che spasimava veramente per il pesce, non c'era, in licenza per motivi familiari.
Bistecche per tutti quel giorno, decise Salvatore Insoliti.
Quelle sì dal produttore al consumatore.
Perché mai il Tagliaferri se n'era uscito con quella frase?
Fosse stato sicuro di sé, l'Insoliti avrebbe sottoposto al Pezzati il suo dubbio: cioè che il Taglia non solo tentava di intossicare l'intera caserma con i suoi pesci marci, ma si prendeva anche lo sfizio di coglionarla.
Bastavano un paio di cartocci di pesci stantii per sostenere la sua accusa?, si domandò a più riprese il carabiniere.
Forse sì, forse no.
Propese per il no e si prese dell'altro tempo per ragionarci sopra.
Il Taglia andava cucinato per bene e una mezza ricetta ideale per lui ce l'aveva già in testa.

11.

L'Ernesto, perché no?

Il pensiero non l'aveva più mollata, s'era impossessato di Adelaide e piano piano l'aveva convinta, non senza un minimo di emozione.

L'Ernesto.

Furbo, su questo non si discuteva.

E discreto, quando voleva.

Adelaide ci aveva pensato per bene e alla fine aveva messo a punto il piano.

L'Ernesto, da piazza Grossi, prendeva via Roma e da lì raggiungeva il portone di casa sua.

Lei, come sempre, dopo la visita alla suocera, avrebbe percorso il solito tragitto.

Poi, una volta entrambi dentro casa, sarebbero stati al sicuro.

Quindi, l'Ernesto.

12.

Non ci dormì quella notte il carabiniere Salvatore Insoliti. Non fu mica per il rumore di vetri tremolanti sotto le scuffie di un ventaccio che s'era levato nel tardo pomeriggio.

Dal produttore al consumatore. Quei pesci che gli aveva consegnato il Taglia la mattina avevano impiegato almeno tre giorni per raggiungere la meta, cioè la caserma. Una caserma che evidentemente il Taglia considerava abitata da coglioni, maresciallo capo Pezzati in testa, il quale, ogni volta che vedeva pesce in tavola, ripeteva come fosse una giaculatoria la doppia virtù di quel cibo, salutare per il benessere di chi lo mangiava e alla condotta di vita di chi lo pescava: senza considerare il fatto che lo lasciava agli altri perché quando pranzava con loro preferiva di gran lunga una pastasciutta o una bella bistecca.

D'accordo con il primo assunto di quell'affermazione, in fin dei conti anche lui era cresciuto mangiando pesce, sebbene di mare, e poteva contare su uno stato di salute eccellente; si permetteva però di metterne in dubbio la seconda parte.

Tra sé, naturalmente, ascoltando le sberle del vento sulle finestre della caserma, i fischi e gli spifferi, l'Insoliti ragionava.

Era evidente che il Tagliaferri pensasse che, per il solo fatto di indossare la divisa di carabiniere, uno fosse scemo.

Per lui, ex pescatore ora carabiniere, andava benissimo. Che continuasse a pensarla così, il momento di fargli cambiare idea sarebbe venuto.

Come?

Ecco il busillis.

Occhio aperto e culo fermo!

Ci voleva pazienza. E quella ce l'aveva, l'aveva lungamente esercitata da giovane, in mare, aspettando il momento di ritirare le reti, quando le notti non finivano mai e lui accompagnava quell'infinito attendere con l'idea di farsi carabiniere, idea che aveva preso corpo dentro di lui proprio di notte poiché è la notte, come tutti sanno, che porta consiglio.

Quella notte il carabiniere Salvatore Insoliti non dormì neanche un minuto.

Si alzò fresco come...

Come una rosa?, si chiese.

No, tutt'altro.

Come un pesce appena pescato piuttosto!

E magari tenuto da parte giusto per mantenere la parola data al maresciallo capo.

In quel tempo di mezzo, che intercorreva tra il pesce appena pescato e quello che veniva consegnato, forse il Taglia si dedicava a qualche altro tipo di pesca?

Era lì, pensò l'Insoliti, che i radar allenati sul peschereccio della sua gioventù avrebbero dovuto rientrare in funzione.

Indagine personale, il maresciallo capo non avrebbe approvato.

Ma lui non aveva alcuna intenzione di chiedergli un parere. Avrebbe fatto conto sulle sue sole forze, e nelle ore libere dal servizio.

13.

Per una volta Adelaide aveva temuto che l'Ernesto non fosse presente all'ormai solito appuntamento.

C'era, invece.

Adelaide tirò un sospiro di sollievo e se lo trovò accanto al portone non appena uscì da casa della suocera.

«Ho bisogno di parlarti», disse lei.

«Dimmi tutto», sorrise il Taglia.

«Non qui.»

«Andiamo a bere un caffè?»

Sì, proprio!, pensò Adelaide.

«Ma va'», fece, «si tratta di una cosa un po' lunga, complicata e... personale.»

«Va bene», disse l'Ernesto, «e allora?»

«Meglio se ne parliamo su in casa», buttò lì Adelaide.

Il Taglia fece la mossa di avviarsi.

«Ma cosa fai?» lo bloccò Adelaide.

Il Taglia sollevò le spalle. Se voleva sarebbero andati a casa sua.

Adelaide gli spiegò che non bisognava dare nell'occhio. All'Ernesto scappò un sorrisetto. Gli disse cosa doveva fare e che l'avrebbe atteso nell'atrio di casa, dietro il portone.

«Cos'è quella roba che hai in mano?» chiese poi, vedendo che l'Ernesto teneva un cartoccio.

«Cosa vuoi che siano? Pesci.»

«Ecco, bene, dalli a me. Così se qualcuno ci ha visti

parlare qui fuori così a lungo penserà che ho tirato sul prezzo.»

«Ma per te sono gratis, Dindina», soffiò il Taglia.

«Lascia perdere, Ernesto.»

«Una come te non la si lascia perdere, mai!» rispose lui.

Adelaide non disse nulla, partì.

Una domanda in testa.

Aveva calcolato bene le conseguenze della proposta che stava per fare al Tagliaferri?

14.

La prima mossa che fece il carabiniere Insoliti quella stessa mattina fu individuare la barca del Taglia.

Per questa ragione si diresse al molo con passo lento, come se fosse in libera uscita, e si fermò a guardare il Ciffoletti, un pensionato che aveva il ruolo di custode, e che in quel momento, visto il forte vento notturno, stava controllando la tenuta delle corde che legavano le barche degli aventi diritto al posto agli appositi appigli.

Lo lasciò fare fino a che questi non iniziò un lento e minuzioso scaccolamento a cominciare dalla narice destra, riflettendo intanto su come potesse attaccare discorso con quell'uomo.

Non ce ne fu bisogno.

Fu lo stesso Ciffoletti, dopo aver lanciato in aria una caccola di discrete dimensioni che andò ad atterrare nel pozzetto di una barca, a salutarlo vivacemente.

L'Insoliti aveva un viso che, all'occasione, sapeva ancora arrossire, era imberbe e nonostante la divisa non incuteva ansie o sospetti.

Sorridendo, il Ciffoletti gli chiese se per caso fosse lì per dargli una mano.

«Potessi», rispose il carabiniere, «lo farei volentieri.»

Il Ciffoletti sorrise di nuovo.

«Le sembrerà un lavoro stupido, invece ci vuole una certa esperienza.»

«Non è quella che mi manca», rispose l'Insoliti.

«Quindi lei si intende di barche.»
«Fino ai diciotto anni sono stato più in acqua che con i piedi per terra.»
«Ma va'?»
«Proprio. Pescatore. Con mio padre. E ogni tanto mi prende la nostalgia di quelle notti tra cielo e mare ad aspettare il momento per ritirare le reti.»
«Non l'avrei mai detto», disse il Ciffoletti.
«Nemmeno io», ribatté il carabiniere.
Il Ciffoletti non capì.
«Scusi, ma cos'è che non avrebbe mai detto?»
«Che mi venisse la nostalgia di quelle notti. Tanto che...» spiegò il carabiniere facendo poi una pausa studiata alla quale il Ciffoletti abboccò all'istante.
«Che?»
«Niente, così, tanto per dire. Ma mi piacerebbe ogni tanto fare una pescata notturna. Tornare in acqua insieme con uno di qui che pesca ancora.»
Il Ciffoletti scosse la testa e sorrise.
«Se è per questo basta chiedere a uno di quelli che fanno ancora questo mestiere. Sono pochi ormai, quattro. Uno è meglio lasciarlo stare perché ha un carattere da bestia selvatica. C'ha quella barca là in fondo, all'angolo», e gliela indicò.
«Gli altri tre invece hanno un carattere normale e non credo che avrebbero niente in contrario a ospitarla una volta ogni tanto.»
«Davvero?» fece l'Insoliti.
«Be'», disse il Ciffoletti, «magari ci potrei mettere una buona parola io.»
«No», rispose il carabiniere, «non pretendo tanto. Innanzitutto devo chiedere il permesso al mio superiore. Ma se mi sapesse dire chi sono...»
Al Ciffoletti scappò una franca risata.
«Certo che glielo so dire, sono come fratelli per me!»
Gli indicò prima le barche dei tre.

Poi gli fece i nomi.
Quella del Taglia era la più piccola.
Il nome, dipinto in rosso sul lato destro, *Dindina.*

15.

Adelaide era già lì nell'atrio, dietro il portone. Dopo pochi minuti, soffiando tra le labbra, più che fischiando, arrivò l'Ernesto.

«Andiamo in casa», disse Adelaide.

Il Taglia si odorò le mani. Puzzavano un po' di pesce. La donna intanto si era avviata per le scale. Lui dietro. Il vestito che Adelaide indossava ondeggiava al ritmo dei passi che salivano. L'Ernesto non poté sottrarsi a quel movimento ritmico, il bel culetto di lei l'aveva sempre affascinato. Né poteva evitare di immaginare ciò che si nascondeva sotto.

Adelaide saliva tranquilla, lentamente, lo scopo era quello di fare il meno rumore possibile. Per il Taglia stava invece diventando un preliminare ben studiato per alimentare di desiderio un sogno a lungo atteso.

Lì, in quel momento, nella penombra invitante e provocatoria della scala, le si sarebbe lanciato addosso. Ma si trattenne, nonostante l'eccitazione, sicuro che l'aspettasse qualcosa di meglio.

Una volta che fu in casa, ebbe la certezza della sua percezione.

Adelaide, prima di uscire, aveva chiuso gli scuri, temendo sguardi indiscreti. La penombra della scala si prolungava anche lì.

«Ti faccio un caffè?» chiese Adelaide rompendo il silenzio.

All'Ernesto la voce della donna parve diversa. Più roca, come se faticasse a contenere un'emozione.

Forse la stessa che provava lui, sanguigna.

«Vada per il caffè», rispose il Taglia, sedendosi al tavolo.

Adelaide mise sul fuoco la moka, poi anche lei si sedette, di fronte a lui, appoggiandosi alla sedia, le braccia conserte.

«Allora?» fece l'Ernesto.

«Allora...» fece Adelaide, e tossicchiò, non aggiungendo altro.

«Non mi vorrai far credere di avermi fatto salire in casa tua solo per offrirmi un caffè?» chiese il Taglia.

«No», rispose decisa la donna.

Doveva chiedergli un favore, fare un lavoretto per conto suo. Libero di rifiutare se la cosa non gli piaceva, non c'era obbligo.

«Dimmi di cosa si tratta», rispose l'Ernesto con una voce già meno suadente: iniziava a capire.

Il caffè cominciò a gorgogliare. Le tazzine erano già pronte sul tavolo.

«Lascia stare, faccio io», disse l'Ernesto.

Senza gli occhi dell'uomo puntati in viso, guardandogli le spalle mentre era girato verso la cucina, Adelaide riuscì a dirgli quello che voleva: seguire sua suocera per capire dove diavolo andasse tutti i santi giorni nelle prime ore del pomeriggio.

Un sussulto delle spalle dell'Ernesto fu la sua prima risposta.

«Spiare tua suocera?» ridacchiò.

«Sì.»

«E poi?»

«E poi dirmi dove va e cosa fa.»

«Bene», disse l'Ernesto, la caffettiera in mano.

Cominciò a versare il caffè. Era alle spalle della donna.

«Potrebbe andare a morosare», disse il Taglia.

«A morosare?» ribatté Adelaide ridendo e con il ridere facendo sobbalzare i seni.

Il Taglia disse che non ci sarebbe stato niente di strano. E nel contempo allungò una mano sul vestito della donna, che non reagì.

Guardò solo la mano dell'Ernesto che la palpeggiava con sempre maggior energia.

«Ci andiamo anche noi?» sussurrò il Taglia.

Adelaide non seppe cosa dire.

«Adesso, qui», insisté l'Ernesto.

«Dai Ernesto, piantala», disse Adelaide senza muoversi.

Il Taglia cercò di infilarle una mano sotto il vestito.

Allora Adelaide scattò in piedi.

«Basta!»

L'Ernesto sorrise appena.

«Dare per avere», sentenziò.

«Ernesto...» sussurrò Adelaide.

Va' a quel paese!

16.

Quella sera la *Dindina* uscì verso le dieci, dopo che le altre tre barche di pescatori s'erano già avviate incontro al buio della notte.

Il carabiniere Insoliti era lì, nascosto in una rientranza del molo, per assistere alla partenza, le orecchie, come ai tempi della vita sul peschereccio, diventate radar.

Poco prima di lasciare la caserma, il carabiniere Scaramuccia, vedendo che si intappava come se dovesse affrontare la Siberia, aveva emesso un fischio di sorpresa: a sua memoria era la prima volta che vedeva il collega uscire alla sera.

«Dove si va di bello?» aveva chiesto.

«Affari», aveva risposto stando sul vago l'Insoliti.

L'altro gli aveva schiacciato l'occhio con un'intenzione cui Salvatore aveva reagito arrossendo.

«Beato te!» aveva commentato.

Poi gli aveva raccomandato di stare in campana poiché certi «affari» nel regolamento di loro carabinieri non erano tanto ben tollerati e prevedevano anche il trasferimento.

L'Insoliti non aveva commentato.

«Non rientrerò molto presto», aveva solo detto.

«Dagli sotto», aveva risposto Scaramuccia. «Tieni alto l'onore dell'Arma.»

Adesso, nella rientranza della murata del molo che aveva stabilito come punto d'osservazione, il carabiniere

Insoliti era diventato tutto orecchie. Per fortuna il paese, nella morte del suo autunno, era rumoroso quanto un cimitero sotto la neve e alle orecchie di Salvatore giungevano chiaramente gli scoppiettii dei motori delle barche uscite a pesca. A spanne, ma con una certa precisione, riusciva anche a calcolare la distanza che avevano percorso, sino a che, all'improvviso, perse uno dei motori, quello del Taglia.

Sparito dopo aver percorso, sì e no, duecento metri, mentre le altre barche navigavano ancora: una aveva deviato verso Varenna, le altre due stavano ancora andando verso il centro lago. I radar dell'Insoliti le lasciarono perdere. Si concentrarono sul silenzio che proveniva dal punto in cui il motore del Taglia si era spento.

Che avesse gettato lì le sue reti?

O che il motore l'avesse piantato?

Restò fermo nella sua posizione per un quarto d'ora, immerso nel silenzio più totale. I suoi radar non percepivano altro che il rilassante sciacquio dell'onda mentre con lo sguardo aveva ripreso, insensibilmente, l'antico vezzo di scrutare il cielo e le sue stelle.

Ci voleva, in quel momento, uno sganassone di suo padre per riportarlo alla realtà. Bastò il pensiero.

Deluso, poiché aveva sperato di cavare chissà cosa da quella serata, rientrò a passi lenti verso la caserma.

Scaramuccia, che stava di piantone, fu sorpreso del suo rientro.

«Già fatto?» chiese.

Salvatore rispose con un'alzata di spalle.

«È andata male?» insisté quello.

«Ma che male e ma...» stava per rispondere l'Insoliti quando all'improvviso si interruppe.

«Be' scusa, non volevo mica offenderti, anzi, mi dispiace per te se...»

«Puoi stare zitto un momento?» sbottò con cattiveria l'Insoliti.

L'altro, di botto, tacque.
Salvatore chiuse gli occhi e rimise in funzione i radar.
«Lo senti?» chiese a bassa voce al collega.
Scaramuccia sentiva una mazza.
«Cos'è?» chiese al sussurro dell'Insoliti.
«So io», rispose, misteriosamente, Salvatore.

17.

Troppo alto il prezzo che il Taglia le aveva chiesto.

Adelaide era rimasta per più di un'ora seduta al tavolo di cucina e le era anche venuto da piangere al pensiero che l'Ernesto potesse credere che lei fosse disposta a cedere alla sua proposta.

Non era mai stata una facile. Ma forse la sua disponibilità, la sua franchezza, i suoi modi aperti l'avevano fatta passare per tale.

Tutt'altro, invece. Aveva sempre tenuto ben presenti le lezioni di suo padre sulla dignità, che non aveva classe sociale, e quelle di sua madre sull'aiutare il prossimo, evitando l'egoismo che già troppi praticavano, cercando piuttosto il buono che necessariamente c'era in tutti.

Per questo aveva già smesso da tempo di pensare alla suocera con l'odioso soprannome, e in un certo senso le si era anche affezionata: compativa la sua solitudine e l'estrema dignità che, nonostante gli anni, la sosteneva nel voler essere sufficiente a sé stessa. Per questo aveva compreso che il forte legame che la univa al figlio non poteva essere soppiantato dal loro, ma doveva invece integrarsi: erano due amori diversi, ma comunque due amori che dovevano convivere, darsi forza l'un l'altro.

Per certi aspetti suo marito Alfredo era sempre rimasto il bambino attaccato alla gonna della madre. Non ne accettava l'invecchiamento, non vedeva gli inevitabili danni che gli anni producevano su una persona.

Ma ormai era scoccata l'ora che anche lui se ne rendesse conto. Che sapesse dei cambiamenti, piccoli ma significativi, che si erano verificati nella sua vita.

Se nel bene o nel male, sarebbe stato tutto da vedere.

In ogni caso, aveva deciso Adelaide, era ora che suo marito la stesse a sentire e poi decidesse il da fare.

18.

Al secondo incontro fu come se fossero amici da una vita.

«Maresciallo, buongiorno», disse il Ciffoletti giovedì mattina.

«Non sono maresciallo, solo carabiniere scelto», puntualizzò l'Insoliti.

«E va be'», rispose quello, «un giorno o l'altro diventerà anche maresciallo.»

«Quando capiterà glielo farò sapere.»

«Basta che si sbrighi però perché, insomma, ho già una certa età», sorrise il Ciffoletti.

«Va là, che la gente come lei che vive all'aria aperta vive cent'anni. Mio padre ne ha ottantadue ed esce ancora tutte le notti a pescare.»

«Complimenti!» fece il Ciffoletti.

«E stanotte la pesca com'è andata?» buttò lì il carabiniere.

«Stagione d'oro!» esclamò il Ciffoletti. «Sembra che lavarelli e persici non abbiano altra intenzione che di finire in padella. Se non trovano reti in cui impigliarsi saltano direttamente dentro le barche!»

«Addirittura!»

Il Ciffoletti rise francamente.

«Non volevo mica prenderla in giro eh! Era tanto per dire che di pesce ce n'è. Basta andare a prenderlo dove si mette.»

«Ah, perché...» fece l'Insoliti.

Ma il Ciffoletti, che quando caricava la molla della lingua poteva andare avanti per ore, lo interruppe.

«Be', certo, mica tutte le zone del lago sono uguali, anzi, a distanza di pochi metri una dall'altra cambia tutto.»

A guardarlo così, da riva, spiegò filosoficamente il Ciffoletti, il lago sembrava un'unica pianura fatta di acqua. Banale anche, soprattutto quando non tirava vento o breva e poteva addirittura sembrare che ci si potesse camminare sopra, come Nostro Signore.

«Fessi», commentò il Ciffoletti.

«Fessi chi?» chiese il carabiniere.

Fessi quelli che guardavano al lago come se fosse un giocattolo pronto per essere maneggiato a loro uso e consumo. Tant'è che parecchi di quei fessi erano diventati pappa per i pesci e altri, grazie anche al suo pronto intervento, tutti gli anni andavano al santuario della Madonna di Lezzeno ad accendere una candela per grazia ricevuta.

«Il lago può essere traditore», affermò il Ciffoletti, «tale e quale a una moglie infedele.»

E solo i pesci ne conoscevano profondamente i segreti, sapevano dove trovare cibo, dove la temperatura dell'acqua era più consona alle loro necessità, dove potevano nascondersi dai predatori naturali.

«Sono più furbi di noi, i pesci», affermò il Ciffoletti. «A loro piace l'ordine e la pulizia.»

Per esempio, citò il Ciffoletti, non sarebbero mai andati a mettersi là. E indicò con il braccio un tratto di lago verso l'ospedale.

Era la direzione che il Taglia aveva preso la notte prima.

«E perché non ci dovrebbero andare?» chiese l'Insoliti, improvvisamente all'erta.

«Perché da qualche settimana si è rotto lo scarico di una fogna che ha impestato l'acqua con ogni genere di schifezze. Andate a vedere se volete, l'acqua è torbida, marrone. Un pesce non ci andrebbe neanche morto», spiegò il Ciffoletti.

«L'ideale per una pesca miracolosa», commentò ironicamente Salvatore.

«Esatto», approvò il Ciffoletti.

«Bene», concluse il carabiniere, «credo che per me sia l'ora di prendere servizio.»

«A ciascuno il suo», ribatté il Ciffoletti. «La saluto, maresciallo.»

L'Insoliti lasciò perdere.

Stava pensando alla notte precedente.

A quel rumore percepito appena sulla porta della caserma.

Aveva idee sempre più chiare in testa.

Come gli era chiaro che fosse giovedì. Il Venieri sarebbe rientrato venerdì.

E, secondo gli ordini rigorosi del comandante, venerdì pesce.

Voleva dire che per quel giorno le idee che gli ballavano in testa si sarebbero ulteriormente chiarite sino a diventare limpide come... come le acque del lago dove, secondo il Ciffoletti, i pesci andavano a passare il loro tempo.

19.

Alfredo ascoltò, piluccando appena la pastasciutta. Era fin troppo evidente, dal modo in cui arrotolava gli spaghetti sulla forchetta, dalla lentezza con la quale masticava, che ciò che la moglie gli stava raccontando lo metteva a disagio.

Parte di quel disagio però era direttamente imputabile alla stessa Adelaide che, mentre andava enumerando le stranezze della suocera, ne avvertiva l'insita debolezza, quasi l'inconsistenza. Come se le parole perdessero la loro forza.

Un conto era stato pensarle, un altro tradurle in voce adesso, con di fronte suo marito.

«Quindi, secondo te, la mamma...» attaccò Alfredo, lasciando la forchetta nel piatto ancora mezzo pieno, facendo intendere che ne aveva abbastanza.

Della pasta, ma anche delle parole di sua moglie.

"La mamma!" pensò Adelaide con un piccolo moto di irritazione.

Ma perché mai non diceva «mia madre», come probabilmente avrebbe fatto ogni uomo adulto?

Invece «la mamma», come se fosse ancora un bambino, lei tutto il suo universo, il suo unico punto di riferimento.

«... la mamma sta un po'... come dire...»

Alfredo non trovava le parole. Oppure non le voleva pronunciare. Oppure di fronte a una realtà che stava cambiando preferiva chiudere gli occhi e non vederla.

Fu Adelaide che gli corse in aiuto, altrimenti avrebbero fatto notte.

«Non sto dicendo che è impazzita o altro, che sia svanita o incauta», disse.

«E allora?»

«E allora niente. Mi sembrava giusto che tu ne fossi al corrente. In fin dei conti è tua madre, vedi tu.»

L'uomo guardò l'orologio.

Era l'una e un quarto.

«Vado», disse.

Adelaide lo fissò.

«Non bevi neanche il caffè?»

«No», fece lui.

«E dove vai allora?»

«Dalla mamma», rispose Alfredo.

«Dalla mamma», mormorò Adelaide.

20.

Carolina Tirelli non si perse nemmeno l'inusuale visita di Alfredo.

Senza batter ciglio avrebbe devoluto in beneficenza la pensione di reversibilità di uno dei suoi defunti mariti per sentire cosa si dicessero i due. Di una cosa però era certa: che la presuntuosetta, pur se non le aveva voluto dare soddisfazione, aveva esternato al marito tutti i dubbi che le aveva messo in testa. E l'Alfredo si era finalmente deciso a prendere qualche iniziativa.

In un attimo si vestì come se dovesse uscire di casa, cappotto e anche il foulard, perché l'autunno si era un po' irrigidito. In attesa, si mise dietro la porta di casa. Pronta a scattare non appena avesse sentito aprirsi quella della vicina.

Al primo rumore, si mosse e fu sul pianerottolo.

Finse lo stupore di trovarsi faccia a faccia con il figlio di Benvenuta.

«O... buongiorno», con un'estatica espressione di sorpresa.

«Buongiorno», rispose Alfredo.

Carolina lasciò passare qualche istante di silenzio.

«Ma è successo qualcosa?» chiese poi.

Al giovanotto ritornarono alla mente le cose che sua moglie poco prima gli aveva raccontato.

«No, perché?»

«Vostra madre sta bene?»

Il voi, oliato strumento di servilismo.

«Benissimo, grazie.»

Gli occhi della Tirelli si fecero santi.

«Scusate se ve lo chiedo, se mi intrometto, ma... è così strano vedervi qui a quest'ora.»

«Dovevo solo consegnarle una cosa.»

«Meglio così allora», concluse falsamente la Tirelli.

Se aveva sperato che il giovanotto le chiedesse qualcosa circa eventuali comportamenti stravaganti di sua madre, poteva mettere via l'idea.

«Allora buongiorno», disse.

E, insensibilmente, fece la mossa di rientrare in casa.

«Mi scusi», la bloccò l'Alfredo, «ma lei non stava per uscire?»

Già.

«Ma credo di aver dimenticato i guanti», rispose Carolina.

«Sono in una tasca del cappotto», l'informò Alfredo che ne aveva notato uno pendere fuori a metà.

«Che sciocca!» masticò la Tirelli. «Ma si sa che a una certa età...»

«Prego allora», disse Alfredo.

«Come?»

«Prima le donne», chiarì il giovanotto con un vago senso di ironia.

«Gentile», rispose la Tirelli, che uscì con la precisa idea di dare il tempo all'Alfredo di raggiungere la sua maledetta officina e poi rientrare rapidamente in casa.

Invece...

21.

Allegrone, il carabiniere Scaramuccia.

Vedendo l'Insoliti pensieroso, per tutto il giovedì mattina non aveva fatto altro che inzigarlo con le sue battute.

«La mollerà prima o poi, vedrai che la mollerà. Basta insistere!»

L'Insoliti aveva risposto arrossendo e così confermando nella mente del collega che fosse intronato per questioni di passera.

Di certo, se gli avesse detto che aveva in testa solo due rumori di motori, uno diverso dall'altro, e un silenzio di mezzo, quello l'avrebbe preso per scemo.

C'era uno invece che voleva prendere per scemi tutti loro lì in caserma, ed era il Tagliaferri.

Per dimostrarlo aveva bisogno di prove concrete e poco tempo a disposizione, perché al rientro del Venieri, di lì a poche ore, s'era fatto un punto d'onore di chiudere la faccenda.

Ma aveva anche bisogno di qualcuno che gli desse una mano, in quell'indagine che era tutta sua, tutt'altro che ufficiale.

Lì in caserma, ai colleghi, era meglio non dire alcunché.

Anzi, meglio che Scaramuccia e l'altro, visto che non nutriva dubbi sul fatto che l'obiettivo delle sue uscite serali fosse stato largamente diramato per conoscenza, credessero a quella storia.

Con il Pezzati, invece, era diverso. Davanti a lui doveva presentarsi a colpo sicuro.

Verso l'ora di pranzo, il solito Scaramuccia tornò alla carica.

«Peccato che non sia estate», disse, «se no ti suggerirei di portarla a fare un bel giro in barca.»

L'Insoliti lo guardò, improvvisamente acceso in volto per la rivelazione.

«Ma certo!» rispose.

Scaramuccia restò di stucco.

«Mica glielo vorrai proporre adesso eh?»

Ma l'Insoliti non rispose.

"Certo", disse tra sé.

E con lui, con chi altri sennò?

22.

A quell'ora, e in quella condizione, Carolina Tirelli si sentiva un'estranea, sola com'era nella piazza se si escludeva la seriosa presenza del monumento a Tommaso Grossi. Percepiva occhi che la spiavano, senza immaginare che quegli occhi erano i suoi, appiccicati alla finestra del suo tinello a seguire, tra le persiane accostate, i movimenti dei vari Ernesto, Adelaide, Benvenuta, Alfredo. Era sdoppiata, senza immaginarlo. Ma comprese che la Carolina lì in piazza doveva agire come se fosse lì per un buon motivo, in modo da ingannare la Carolina che, chiusa nella sua casa, la stava spiando.

Diede un'occhiata alla panchina sulla quale l'Ernesto non sedeva più da giorni.

Già, i due ormai, stabilito l'accordo, s'erano trovati una sistemazione più comoda! Era certa che prima o poi la faccenda sarebbe saltata fuori e al momento buono non si sarebbe sorpresa più di tanto, avrebbe fatto la faccia di quella che la sapeva lunga.

Gli occhi invece, gli altri occhi, i suoi, che la stavano osservando da dietro le persiane, non la mollavano un minuto.

Carolina Tirelli si diede allora una mossa, guardò di qua e di là come se volesse dimostrare a sé stessa che stava aspettando qualcuno che era in ritardo. Fece due passi avanti e indietro, avvicinandosi al monumento.

Da quanti anni l'aveva sotto il naso?

Dieci? Quindici?

Solo adesso si stupiva di quanto fosse alto e del fatto che sul basamento ci fossero delle scritte. Non le aveva mai lette.

Bon, per far passare qualche minuto era l'occasione buona.

Ma non era destino.

Udì, mentre cercava di leggere la prima, quella rivolta al lago firmata da Alessandro Manzoni, il rumore del portone di casa sbattere. Si sporse appena per vedere la sua vicina che usciva e attraversava lentamente la strada.

Carolina si avvicinò ancora di più al monumento affinché Benvenuta non la vedesse, seguendola con lo sguardo mentre quella imboccava la via del lungolago.

La Tirelli tirò un lungo respiro.

Che fare?, si chiese.

Ma tanto per dire.

Visto che era lì...

La lasciò andare per un po', dopodiché si mise a seguirla.

23.

Certo, il Ciffoletti.

Chi altri?

L'Insoliti sarebbe partito in tromba a cercarlo, ma si frenò.

La cosa doveva rimanere un segreto, sia lì in caserma, sia in paese.

Poteva contare sulla simpatia che il guardiano gli aveva dimostrato e quasi scommettere che non si sarebbe rifiutato di collaborare. Ma circa la lunghezza della sua lingua ne sapeva poco, quindi meglio non rischiare. In quanto ad andarlo a cercare, voleva dire sollevare chiacchiere, ipotesi, domande.

No.

Meglio attendere.

Quando l'avesse visto comparire sul molo per il consueto giro pomeridiano di controllo, sarebbe uscito e ci avrebbe parlato.

24.

Ormai Benvenuta era a circa metà del lungolago. Camminava lentamente, a passi larghi e, a quanto sembrava, stanchi.

Era un gioco per Carolina, sfruttando la lunga filiera di platani, seguirla senza essere vista. Il campanile del santuario di Lezzeno e quello di Bellano, sempre in disaccordo di qualche secondo, batterono le due. Benvenuta sembrò trarre energia da quei due tocchi e riprese la marcia con più vigore. Pure Carolina si adeguò al passo, da un platano all'altro, senza avvedersi che una delle due farmaciste, il cui locale sorgeva a metà del lungolago, la stava osservando ridendo da una finestra del secondo piano.

La sua vicina stava quasi raggiungendo la fine del lungolago. La protezione dei platani terminava. Carolina considerò cosa fare. Per il momento decise di seguire le mosse di Benvenuta, che era ritornata al suo passo lento, proseguendo verso il ponte sul Pioverna.

Alla Tirelli parve chiaro quello che la sua vicina faceva ogni giorno, quando usciva di casa: un banale girotondo giusto per tenersi un po' in forma, e a quell'ora per non incontrare nessuno con cui chiacchierare, vista la sua proverbiale riservatezza.

La vide avvicinarsi alla breve scala che saliva verso il ponte. Ormai un po' sfocata, è vero.

La vista...

Fu lì per andarsene, delusa, quando, nonostante tutto, non poté sfuggirle un gesto della sua vicina.

Benvenuta alzò il braccio, agitò la mano in segno di saluto.

I sensi della Tirelli si acuirono.

Strinse gli occhi, come se così facendo potesse vedere meglio. Infine decise di cambiare posizione e, approfittando del fatto che Benvenuta continuava a salutare dandole le spalle, trovò riparo dietro le mura di un cesso che stava proprio fuori dal cancello del Circolo Vela.

Così facendo non guadagnò tanto in distanza ma l'angolo di vista migliorò sensibilmente.

Tanto sensibilmente da poter vedere, dall'altra parte del ponte, una figura indistinta, sfocata, una macchia marrone sullo sfondo blu del lago, che rispose con un analogo gesto di saluto.

Benvenuta salì le scale aggrappandosi alla ringhiera. La macchia dall'altra parte del ponte fece lo stesso ma aiutandosi, come a un certo punto Carolina riuscì a intuire, con un bastone.

I due si incontrarono circa a metà del ponte e poi – la Tirelli ci avrebbe scommesso pur non vedendo chiaramente – si misero sottobraccio l'un l'altra per avviarsi nella direzione da cui l'uomo era arrivato.

Perché era un uomo, quello!

E l'altra era la sua vicina!

Carolina restò nascosta dietro il muro del cesso per qualche minuto, stordita dalla rivelazione, fino a che sentì freddo. Allora si riscosse e sulla strada del ritorno, visto che nel frattempo aveva riaperto, entrò in farmacia e chiese una confezione di aspirina. Le sembrò di avere un po' di febbre.

In effetti, dopo essersela misurata a casa, il termometro segnò un trentasette e mezzo.

Di stupore, invidia, gelosia.

E curiosità di sapere chi fosse quello.

25.

«Buonasera maresciallo», disse il Ciffoletti giovedì sera.

L'Insoliti lasciò perdere.

Era appena uscito dalla caserma, più o meno intorno alle cinque, quando l'aveva visto comparire sul molo.

«È l'ora del tè?» gli aveva chiesto ridendo Scaramuccia.

Salvatore aveva represso una rispostaccia.

«Molla prima o poi, vedrai che molla», aveva insistito quello.

Il Ciffoletti stava sulla murata a controllare che tutto fosse a posto. Il cielo non prometteva vento. Notte tranquilla.

«L'ideale per pescare», disse l'Insoliti.

«Averne di notti così», ribatté il guardiano.

«Bene», fece l'Insoliti, «allora usciremo stasera.»

«Ah! E con chi vuole uscire maresciallo?»

Salvatore lo guardò per un istante.

«Con te», disse poi.

Il Ciffoletti corrugò la fronte.

«Con me?»

«Ascoltami», disse l'Insoliti che era passato senza accorgersene al tu. «Tu lo sai cosa sono i fantasmi?»

«I fantasmi?»

«Sì, proprio.»

«Ma esistono?»

«No», assicurò l'Insoliti.

«E allora?»

«E allora, proprio perché non esistono, tu questa sera sarai il mio fantasma», disse il carabiniere preparandosi a spiegare per bene al Ciffoletti quello che aveva in testa.

26.

L'Alfredo tornò a casa verso le otto, un po' più tardi del solito.

Avrebbe potuto essere puntuale, sette e mezzo, ma dopo il lavoro era rimasto in officina a guardare il soffitto cercando di organizzare per bene il discorso da fare a sua moglie dopo la visita alla madre.

Adelaide temeva che le lasagne preparate per cena si bruciassero.

«Era ora», esclamò quando lo sentì entrare in casa.

Alfredo si sentiva nervoso, non vedeva il momento di far fuori la questione, si sedette a tavola senza nemmeno passare per il bagno a lavare le mani. Approfittando del fatto che la donna, per prendere le lasagne dal forno, gli dava le spalle, attaccò.

«Sono stato dalla mamma.»

"La mamma!" mormorò tra sé Adelaide, girandosi con la teglia delle lasagne in mano.

«Adesso?» chiese.

«Prima o adesso non fa differenza», precisò Alfredo.

«Bene. Sentiamo.»

«Niente», disse Alfredo.

«Come niente?»

«Non c'è niente di strano. La mamma è sempre la solita.»

Adelaide posò la teglia sul tavolo.

«Dico, Alfredo, vuoi dire che ti ho raccontato delle balle?»

«Ma no...»

«Sì, invece. Non me la sono sognata l'altro giorno quando aveva addosso il cappotto...»

«Se lo stava solo provando!» interloquì Alfredo.

«Cosa?»

«Stava solamente provando il cappotto per vedere se occorreva di qualche ritocco. Tutto lì.»

«Ah sì?»

«Certo. E poi...»

«E poi?»

«Ecco», proseguì Alfredo, «dice che forse... forse dico, anzi, dice lei... forse ci preoccupiamo un po' troppo...»

«Io o noi?» lo interruppe Adelaide.

«Be', forse... insomma, forse tu, magari esageri un po', come se... come se credessi che lei non sia in grado di badare a sé stessa, ecco. E...»

«E?»

Il pomo di Adamo di Alfredo ebbe in quell'istante un paio di rapide escursioni.

«Insomma, dice che se magari avessimo un figlio, magari, ecco, avresti, dice lei, qualche preoccupazione in meno, insomma più o meno dice così.»

«Dice così, eh?»

Il viso di Adelaide sembrava rosolato come la crosta delle lasagne.

«Sì, più o meno...»

«E lo sa, la mamma, che per fare un figlio bisogna essere in due, convinti di volerlo fare? Dovrebbe, in teoria, non ti pare? Lo sa, la mamma, che in quei momenti uno non dovrebbe avere in testa i debiti dell'officina, il lavoro arretrato e chissà cos'altro? O forse tu sei figlio unico perché tuo padre in quei frangenti ripassava l'orario ferroviario?»

«Ma Adelaide...»

«Adelaide un corno!»

Se voleva mettere al mondo un figlio, lei era pronta.

Bastava che lui, al momento buono, non si addormentasse come un somaro nel tempo in cui lei rassettava la cucina.

E nelle rare occasioni in cui invece era sveglio, non si tirasse indietro…

«Mi spiego o no?»

… non si tirasse indietro dicendo che con tutti i debiti che aveva forse non era ancora arrivato il momento di caricarsene un altro sulle spalle.

«Certo», rispose Alfredo decisamente spaventato, «ma la mamma voleva intendere…»

«E basta con 'sta mamma. Prova a dire *mia madre* ogni tanto. Vedrai che ha lo stesso significato ma il suono è diverso.»

«Come diverso?» chiese Alfredo.

«Più adulto», sentenziò Adelaide.

27.

Quello che vede e che sente, un fantasma lo dimentica subito, come se non fosse successo, cominciò a spiegare l'Insoliti.

«Ma parla?» chiese il Ciffoletti.

«Sì, ma a voce talmente bassa che lo posso sentire solo io», rispose il carabiniere.

«E io dovrei essere quello?» domandò il guardiano.

«Esatto.»

Non poteva negarsi, il Ciffoletti, di provare un poco di inquietudine.

«Ostia», disse, «ma perché?»

L'Insoliti sapeva già come rispondere. Aveva per le mani un caso da risolvere. L'incarico era tutto suo. Nel caso fosse andato tutto liscio...

«La faranno maresciallo?» interruppe il Ciffoletti.

Salvatore non ci aveva pensato, ma comunque rispose sì, l'avrebbero promosso maresciallo.

«Ma io, scusi se glielo chiedo maresciallo, cosa c'entro?» domandò il guardiano.

C'entrava perché lui, il carabiniere scelto Salvatore Insoliti, non era capace di guidare quei trabiccoli lì.

«Quali trabiccoli?» chiese il Ciffoletti.

Quelle barchette a motore che i pescatori usavano per andare a pescare e quelle che lui affittava d'estate a quelli che volevano andare a farsi un giretto per il lago.

Certo, si fosse trattato di pescherecci come quello di suo padre...

Ma quelle cose lì, no.

«Le posso insegnare», disse il Ciffoletti.

«Non c'è più tempo», troncò l'Insoliti.

L'azione doveva essere per quella notte.

Il Ciffoletti comprese che si stava avvicinando il momento della verità.

«Quindi, in sostanza?» chiese con un certo tremolio nella voce.

Quindi, in sostanza, gli serviva un motorista esperto, ligio ai suoi ordini e uso a obbedir tacendo. Si trattava di un appostamento notturno sulle acque del lago che, se tutto andava come pensava, avrebbe garantito il successo della missione.

Il Ciffoletti era un po' frastornato.

«Ma posso sapere di cosa si tratta?» chiese.

«No», rispose l'Insoliti. Meno ne sapeva meglio era per lui, a scanso di conseguenze ai suoi danni.

Doveva tenere ben presente che su quella barca lui c'era, ma era come se non ci fosse.

«Un fantasma, appunto», precisò Salvatore.

La responsabilità dell'azione, nel bene e nel male, era solo sua.

«Ciffoletti», disse il carabiniere, «se accetti avrai la mia eterna gratitudine. Se rifiuti non posso certo obbligarti, ma dovrò dichiarare il mio fallimento e addio gradi di maresciallo.»

Il Ciffoletti si grattò la pera.

«A che ora si parte?» chiese poi.

«Un'oretta prima che escano i pescatori. Ci apposteremo a riva, tra l'albergo Meridiana e l'ospedale», comunicò l'Insoliti.

«E poi?»

«Agiremo di conseguenza a quello che accadrà», rispose Salvatore.

28.

Carolina Tirelli non riusciva a prendere sonno.

Invidia, gelosia, curiosità.

A quell'età trovarsi un fidanzato.

Un amante!

E toccava a lei scoprirlo prima ancora di quel tonto del figlio e di quella presuntuosetta della nuora!

Avesse avuto un paio di occhiali, magari avrebbe anche capito di chi si trattava.

Niente di strano se fosse stato uno che piano piano ti pilucca il conto in banca, e i due colombi se ne sarebbero accorti solo quando ormai era troppo tardi.

E poi c'era la casa, di proprietà.

Quella sera non la immaginò saltare in aria per via del gas, bum!, e lei ridotta come uno spezzatino.

Piuttosto immaginò che, suonata come ormai era, alla sua vicina potesse venire l'idea di sposarsi una seconda volta, mettendosi in ridicolo davanti al paese intero.

Certo, per vederci chiaro sarebbe stato utile sapere chi fosse il soggetto con il quale si incontrava.

Un bel problema.

L'unica traccia sicura, il bastone.

Ma, niente.

Di anziani che camminassero con il bastone non gliene veniva in mente nemmeno uno.

29.

Niente anche per il carabiniere Insoliti e il suo fantasma. S'era levato un po' di vento quando erano usciti dal molo, verso le otto e trenta, facendo il filo alla riva per giungere in un anfratto tra l'albergo Meridiana e l'ospedale. Poi s'erano gettati addosso due coperte di lana grezza che il carabiniere aveva sottratto alla caserma e, zitti come morti, s'erano disposti all'attesa.

Ma più che il rumore dell'onda e quello del vento che andava man mano rinfrescando, non avevano sentito altro. Il Ciffoletti, verso mezzanotte, s'era addormentato.

Tanto, aveva pensato, più fantasma di così!

Il carabiniere Insoliti invece aveva tenuto duro fin verso le due del mattino poi, più deluso che stanco, aveva deciso di rientrare.

«Con un vento del genere», spiegò il Ciffoletti a bassa voce, così come gli era stato ordinato che dovesse parlare un fantasma, «mi sa che nessuno è uscito.»

«Uscito chi?» fece il carabiniere.

Il Ciffoletti sbadigliò.

«Maresciallo», rispose questi, «va bene che devo fare il fantasma, ma mi pare abbastanza chiaro che lei sta curando qualcuno dei pescatori.»

L'Insoliti sorrise al buio.

«Guai a te se ti scappa una parola su questo!» lo minacciò.

«Ma se sono un fantasma», rispose il guardiano, spegnendo il motore per entrare nel molo a colpi di remi.

Fu proprio lui, il fantasma, ad accorgersene per primo.
«Ma guarda un po'», mormorò.
«Cosa succede?» chiese il carabiniere.
«Non lo vede maresciallo? Nonostante il vento sono usciti tutti. Cioè, quasi tutti. Tranne il Taglia.»
La *Dindina* infatti galleggiava al movimento delle onde, saldamente legata al suo anello.
«Allora le cose cambiano», disse il carabiniere.
«Cioè?» chiese il guardiano.
«Tu, Ciffoletti, te ne puoi andare a dormire. Ma prima mi devi indicare un posto dal quale possa vedere il rientro dei pescatori senza essere notato.»
Il Ciffoletti si fece pensieroso.
«Non è facile, qui, sul molo...»
A meno che...
A meno che il carabiniere non volesse commettere una specie di reato.
«Che reato?» chiese l'Insoliti.
Infilarsi in uno dei cabinati che erano alla fonda nel molo: da lì avrebbe potuto osservare senza essere visto e starsene anche al calduccio.
«Però», osservò il Ciffoletti, «sarebbe come entrare in casa d'altri senza chiedere permesso.»
Il carabiniere rifletté solo un istante.
«Dimmi in quale barca posso infilarmi e poi va' a casa. Non hai visto e non sai niente.»
«Se sono un fantasma...» rispose il Ciffoletti indicandogli un cabinato, il *Birbina III*.

30.

Al rientro in caserma, alle sei della mattina, l'Insoliti si trovò faccia a faccia con il solito Scaramuccia, che lo bloccò sulla soglia della caserma.

«Ha mollato eh?» gli chiese.

Ma a bassa voce, non con quel suo solito tono come se stesse tenendo un comizio. Quindi con l'indice gli fece cenno di entrare e lo avvisò che l'appuntato era tornato.

«Guarda che lo so che è tornato», disse Salvatore.

Avrebbe dovuto sfruttare anche la notte seguente per un nuovo appostamento, ma ciò voleva dire spiegare il perché e il percome al maresciallo capo Pezzati.

Quello gli avrebbe chiesto prove, almeno qualche indizio consistente, non solo fantasie o supposizioni, storie di silenzio e rumori captati con i radar delle sue orecchie.

Per colmo di sfortuna, erano le sette e trenta, quando al portone della caserma si presentò il Tagliaferri.

Fu proprio l'Insoliti ad aprire.

Entrò nell'atrio senza chiedere permesso gridando «Pesce fresco!» al punto che anche il maresciallo capo si affacciò alla porta del suo ufficio.

Vedendolo, l'Ernesto si rivolse direttamente a lui.

«E, maresciallo», affermò, «sapesse la fatica con questo vento!»

«Cosa sono?» chiese il comandante.

«Lavarelli.»

«Bene», fece quello.

Il Taglia tornò di nuovo alla carica, guardando però l'Insoliti.

«Burro e salvia eh, mi raccomando.»

Salvatore manco gli rispose. Lo guardò fisso.

«Cosa c'è?» chiese l'Ernesto. «Non vanno bene i lavarelli? Non le sembrano belli freschi?»

Per essere freschi lo erano davvero.

Li aveva visti, non più di tre o quattro ore prima, passare di mano: da uno dei pescatori che erano usciti quella notte alle sue, così da poter recitare quella manfrina.

«Niente da dire», rispose.

Ma era scoccata l'ora di finirla con quella presa per il culo.

Per cui, mentre prendeva in mano il cartoccio dei pesci, decise che era venuto il momento di agire.

Avrebbe cominciato subito, immediatamente, già dall'ora di pranzo.

Aveva in testa, non in mano, il menu.

31.

Gnocchi.

Di solito Adelaide li comperava belli e fatti, ma quel giorno preferì prepararli a mano.

Le servì a scaricare la rabbia che aveva accumulato la sera prima dopo che, grazie alla discussione avuta con il marito, le lasagne erano praticamente diventate fredde, quasi immangiabili, e ancora più tardi quando l'Alfredo aveva fatto una fatica della madonna per non piazzarsi sul divano e cominciare a dormicchiare e lei aveva ripreso la discussione, proseguendo anche quando erano a letto e lui le aveva risposto monosillabi che... sì, anche a lui un figlio sarebbe piaciuto, ma forse...

Forse cosa?

Forse era meglio aspettare ancora un po'... i debiti... il lavoro... la casa piccola...

Obiezioni sempre più brevi e inintelligibili fino a che era piombato di netto nel sonno e lei, girata sul fianco, l'aveva mandato all'inferno e non aveva chiuso occhio, nella fantasia notturna la mano dell'Ernesto che l'accarezzava sopra il vestito.

Gnocchi allora, la mattina seguente, per sfogare la rabbia, il nervoso, l'elettricità che aveva addosso e stare alla larga da pensieri che non poteva permettersi.

Tranne uno.

Cioè, che al prossimo assalto dell'Alfredo avrebbe fatto in modo di coglierlo di sorpresa e impedirgli quella manovra in ritirata che sino ad allora aveva lasciato i loro figli nell'alto dei cieli.

Gnocchi anche in caserma.

«Piatto unico, ma abbondante», si affrettò a precisare il carabiniere Insoliti.

Sapeva bene di avere in mano un piatto provocatorio: l'aveva fatto apposta, giusto per avviare il discorso sul Tagliaferri e i suoi pesci, discorso che altrimenti non avrebbe saputo come affrontare.

Infatti, mentre i carabinieri Malcolsi e Scaramuccia non colsero la raffinatezza di quella mossa ma, anzi, si guardarono in tralice soddisfatti perché del pesce non si poteva dire che fossero fanatici, il Pezzati guardò l'Insoliti con sguardo interrogativo facendolo arrossire fino a che fosse umanamente possibile.

Poi chiese che fine avessero fatto i lavarelli che il Taglia aveva portato in caserma poche ore prima e dei quali aveva celebrato la bontà al Venieri che non li aveva mai assaggiati.

«A proposito di quei pesci», rispose il carabiniere, «e di colui che ce li porta, avrei bisogno di scambiare quattro parole con lei. Quando ha tempo, s'intende.»

Tempo il Pezzati ne aveva.

«Anche subito», rispose.

«Non vuole pranzare prima?» chiese Salvatore.

«Di venerdì si può fare anche un piccolo sacrificio e digiunare», commentò, lanciando uno sguardo agli altri due carabinieri che nel frattempo s'erano riempiti il piatto.

«Mi segua nel mio ufficio», disse poi a Salvatore uscendo dalla saletta che fungeva da mensa.

32.

Quando, ben oltre la mezzanotte, la Tirelli, passate in rassegna tutte le persone di una certa età che se ne andavano in giro con un bastone, senza ricordarne una che fosse una, era stata lì per cedere al sonno, il tocco delle due le aveva fatto esplodere in testa una nuova idea, un altro indizio.

Di esplosione vera e propria si era trattato, molto diversa da quella che aveva immaginato infinite volte quando, prima o poi, la sua vicina avrebbe lasciato aperto il gas e, bum!, la casa in macerie e lei ridotta come uno spezzatino.

Era stata un'esplosione di gioia che l'aveva spinta a sedere sul letto come se stando sdraiata non riuscisse a ragionare per bene.

L'orario!

L'orario degli incontri.

Sempre quello, come se uno dei due non potesse uscire da casa se non in quelle ore del primo pomeriggio.

E, visto che Benvenuta poteva farlo in qualunque momento della giornata, era evidente che l'altro, invece, aveva limiti di tempo.

Perché?, cominciò a chiedersi.

33.

«Dimmi tutto», disse il Pezzati.

Quel passaggio dal lei ufficiale al tu confidenziale, il maresciallo capo l'aveva impiegato apposta. Conosceva la timidezza dell'Insoliti e così facendo ritenne di metterlo più a suo agio.

«E siediti, non stare in piedi. Fa' conto di essere al caffè e di parlare con un tuo amico.»

Pur non volendo, Salvatore lasciò andare un lungo respiro di sollievo che lo predispose al racconto delle idee che s'era fatto attorno al Taglia.

Attaccò subito, partendo dal resoconto dei pesci vecchi e mal conservati che più volte il Tagliaferri aveva portato in caserma. Visto che doveva fingere di essere al caffè, raccontò pure che la nottataccia sul cesso cui l'appuntato era andato incontro era da attribuire a un'intossicazione dovuta alle schifezze che l'Ernesto aveva portato quella mattina e che lui aveva incautamente cucinato.

Il Pezzati annuì.

«Poi però non è più successo», obiettò.

«Certo», rispose Salvatore, «ma solo perché mi sono permesso di buttare subito il pesce.»

«Ah!» sfuggì al maresciallo capo.

Salvatore arrossì.

«Il fondo vitto non ne ha patito», si affrettò ad assicurare l'Insoliti. «La spesa, in quelle occasioni, l'ho pagata di tasca mia.»

Toccò al Pezzati un poco di imbarazzo.

«Non volevo mettere in dubbio la tua onestà», si affrettò a dire.

Solo, aggiunse, si stupiva che uno, sedicente furbo come il Taglia, cercasse di far fessi proprio i carabinieri.

«Quando uno si crede davvero furbo...» commentò Salvatore.

«Certo», riprese il maresciallo capo, «non dev'essere facile vivere di sola pesca. Quando non prendi niente cosa vai in giro a vendere, di cosa campi?»

L'Insoliti aggrottò la fronte. Respirò a fondo, come prima di fare un'immersione.

«Noi», disse, «abbandonavamo le acque territoriali e andavamo a cercare il pesce dove c'era. A nostro rischio e pericolo, s'intende.»

«Come, scusa?»

L'Insoliti fece un rapido riassunto di quella che era stata la sua adolescenza sul peschereccio paterno. Più volte, raccontò, per la carenza di pesce avevano abbandonato le acque territoriali per inoltrarsi in territori infidi, pericolosi, ma almeno ricchi di pesce.

«Capisco», disse il Pezzati, «ma tutto ciò cosa c'entra con il Tagliaferri?»

«Mi è venuto il sospetto che faccia altrettanto.»

«Sul lago di Como?» sbottò il maresciallo capo. «Fossimo sul Maggiore potrei capire, ma qui...»

Salvatore aveva preventivato un'obiezione del genere e s'era preparato la risposta. Non arrossì.

«Il concetto è lo stesso», affermò.

«Potresti essere più chiaro?»

«Ma certo», rispose Salvatore.

Tutto era cominciato quando il Taglia gli aveva consegnato quel pesce vecchio di almeno tre giorni senza minimamente immaginare chi si trovava di fronte, ovvero lui, che di pesce fresco poteva, senza apparire vanitoso, dare lezioni anche all'università.

La prima gliel'aveva lasciata passare liscia. La seconda

volta, invece, no. Anche perché i pescatori che uscivano con lui tornavano carichi di pesce fresco.

Quindi aveva iniziato a ragionare intorno a quella stranezza e, non venendone a capo, aveva deciso di controllarlo.

«Ho cominciato proprio la sera in cui l'appuntato è partito per la sua breve licenza», confessò l'Insoliti.

«Indagine non autorizzata», sottolineò il Pezzati.

«Non ho sottratto tempo al lavoro. L'ho fatto nelle ore libere, di notte», si giustificò Salvatore dimenticandosi di arrossire.

«Va bene, questo ha poca importanza. Vai avanti.»

«La prima sera l'ho visto partire insieme con gli altri, però, a un certo punto, ha cambiato direzione virando in su, verso Dervio. Poi, più o meno all'altezza dell'albergo Meridiana o dell'ospedale, ha spento il motore.»

«Non vuol dire che aveva deciso di gettare le reti lì?» chiese il Pezzati.

Salvatore scosse la testa.

«In una zocca che è diventata una fogna a cielo aperto e dove i pesci non andranno mai, visto che l'acqua è torbida come se fosse caffè?»

Ma non era finita lì. Perché, passato un quarto d'ora di silenzio, il Taglia era ripartito.

«Con una differenza», sottolineò l'Insoliti.

Di rumore.

«Fammi capire», chiese il maresciallo capo.

Salvatore si toccò le orecchie.

«Radar», disse.

Ormai non sentiva più alcun impaccio.

Radar allenati in anni e anni di pesca in mare a percepire il più piccolo rumore, la più piccola differenza tra uno e l'altro nel profondo silenzio della notte.

Quando il Taglia era uscito dal molo montava sulla barca un motore da cinquanta cavalli, ma quando era ripartito, dopo quella pausa di silenzio, ne aveva un altro.

«Trenta, forse venti cavalli. Forse coperto per limitare al minimo il rumore.»

«E...» fece il Pezzati.

Ma Salvatore lo interruppe.

«E non è rientrato al molo, ma ha preso la direzione opposta, prua verso Varenna.»

«Cosa ne hai dedotto...»

«Niente. Solo che c'era qualcosa che non quadrava. Così l'ho seguito.»

«Tu?»

«Io, signor maresciallo.»

«In barca? Da solo?»

Salvatore tentennò.

«Veramente no. Io questi trabiccoli che usano da queste parti non li so maneggiare un granché. Mi sono fatto aiutare.»

«Da chi?»

«Da un fantasma.»

«Sarebbe a dire?» sorrise il Pezzati.

«Da uno che non vede, non sente e non parla e il cui nome, mi perdoni signor maresciallo capo, non uscirà mai dalle mie labbra. Gliel'ho promesso.»

«Va bene, va bene, vai avanti.»

«Mi sono appostato per tempo in un anfratto tra l'albergo Meridiana e l'ospedale, ma inutilmente. Questa notte il Taglia non è uscito.»

«Se non è uscito non ha pescato», ragionò il Pezzati.

Salvatore assentì con il capo.

«E come me li spieghi i lavarelli freschi di questa mattina? Perché erano freschi no?»

«Freschissimi, parola mia. Li cucino questa sera», promise l'Insoliti.

«D'accordo. Ma come me li spieghi?»

«È semplice», rispose Salvatore.

L'aveva visto acquistarli da un pescatore che, nonostante il vento, era comunque uscito.

«Quindi ci sta pigliando un po' per il culo», buttò lì il maresciallo capo.

«Direi proprio di sì», acconsentì l'Insoliti.

«E a noi non piace, vero?»

«Neanche un po'», confermò Salvatore.

«Che ne diresti di incastrarmelo tu questo furbacchione?» chiese il Pezzati.

«Con l'aiuto del fantasma», aggiunse Salvatore.

«Certamente.»

«Accetto volentieri.»

34.

L'Alfredo si fece una panzata di gnocchi che alla fine lo lasciò un po' stordito.

«Buoni», disse.

«Li ho fatti io», rispose Adelaide.

«Proprio tu?»

«Con le mie manine», confermò Adelaide, sorridendo un po' civettuola.

L'Alfredo notò quell'aria di svagata allegria così in contrasto con la livida espressione della sera prima.

«Mi sembri quasi allegra. È successo qualcosa di particolare?» chiese.

«Di particolare? No, niente.»

Bugia.

Mentre impastava gli gnocchi infatti, soprattutto mentre li tagliuzzava, le era venuto in mente un paragone lubrico. Pensieri dai quali una brava sposina non avrebbe nemmeno dovuto lasciarsi sfiorare.

Ci aveva riso sopra, tagliando quel rotolo per ricavarne gli gnocchi, e siccome un pensiero tira l'altro...

Certo un diavoletto doveva averci messo lo zampino, perché quel pensiero l'aveva spinta oltre, senza vergogna, a rivedere come stavano a letto lei e suo marito.

Da sempre la classica posizione, quella che, chissà perché?, veniva chiamata del missionario.

Così era facile, per lui, compiere al momento giusto la retromarcia, lasciandola magari anche a bocca asciutta.

E se invece?

Poi s'era immaginata.

Lei sopra, lui sotto.

Non sapeva come diavolo si chiamasse una combinazione del genere.

Ma era certa che, costretto in quella posizione, l'Alfredo non sarebbe riuscito a sfuggire al suo pieno dovere di marito, con l'obbligo di soddisfare la moglie, e anche di padre.

35.

L'orario, il bastone, e poi?

Carolina Tirelli sapeva che c'era qualcosa d'altro da aggiungere ai due primi indizi, qualcosa che ancora vagava nella sua mente e che non era riuscita a definire.

Era lì, però, gironzolava senza farsi acchiappare, ma era lì.

Si prendeva gioco di lei.

Forse era l'indizio definitivo, la prova, anzi, che le avrebbe permesso di risalire all'identità dell'uomo con il bastone.

Ogni volta che cercava di acchiapparlo, quello le sfuggiva di mano come un'anguilla.

Eppure era lì, dentro la sua mente.

Addirittura, forse, sotto i suoi occhi.

Sotto i suoi occhi, come l'orario, il bastone, e poi?

E poi come, dove, quando s'erano conosciuti?

Domanda mica da ridere, di difficile risposta, considerate le abitudini della sua vicina prima della cosiddetta «svolta».

Domande che non dormivano.

E che, anche se dormivano, ronzavano continuamente.

Un ronzio simile a quello della barca che, proprio in quell'istante, stava navigando sul lago, diretta chissà dove.

36.

Quella stessa sera, come ogni tanto faceva e nonostante i lavarelli burro e salvia che non stavano certo in cima alla lista delle sue preferenze alimentari, il maresciallo capo Pezzati s'era fermato a cena con i suoi. Quando il Venieri ebbe finito di ingollare, sotto gli occhi sbalorditi di tutti, il quarto e ultimo pesce, Salvatore aveva lanciato un'occhiata al Pezzati e questi gli aveva risposto con un battito di ciglia, dopodiché si era alzato da tavola.

«Bene, signori», aveva detto, «io me ne vado a casa. Ci fosse bisogno, sapete dove trovarmi.»

Salvatore l'aveva lasciato andare e a sua volta si era alzato, spiegando che aveva un certo impegno. Il carabiniere Scaramuccia l'aveva seguito a ruota e l'aveva raggiunto nell'atrio.

«Ma non ce l'ha una sorella, una cugina, quella?» aveva chiesto.

«Figlia unica», aveva risposto Salvatore.

«Un'amica?»

«Un'amica, sì.»

«E allora...» s'era animato Scaramuccia come se i giochi fossero fatti.

Più o meno cento chili di peso per un'altezza di non più di un metro e mezzo.

«Ti va bene anche così?»

«Ma va' a quel paese!» aveva concluso Scaramuccia.

Fischiettando, proprio per dare l'impressione di avviarsi a un incontro galante, l'Insoliti aveva raggiunto il molo.

Erano quasi le nove.

Il Ciffoletti, completamente calato nella parte del fantasma, lo stava già aspettando nella barca. Il lago era piatto, con solo un poco di foschia verso il centro.

«Si parte», aveva ordinato il carabiniere.

«Solito posto maresciallo?» aveva chiesto il fantasma.

«Certo. E tieniti sottoriva», era stata la raccomandazione di Salvatore.

Bevendo un po' di caffè che il Ciffoletti s'era premurato di portare in un thermos avevano atteso l'ora buona.

Erano suonate, chiare nell'aria limpida, le note della dirlindana. Pochi minuti dopo si era levato il canto dei motori dei pescatori che uscivano.

Li avevano contati entrambi sottovoce.

Uno.

Due.

Tre.

L'Insoliti stava in prua alla barca, il Ciffoletti in poppa, attaccato al motore. Si erano girati l'uno verso l'altro, senza vedersi, senza parlarsi, entrambi con lo stesso pensiero.

Quattro!

Anche il Taglia era uscito. Ben distaccato dagli altri tre, si era diretto verso il centro del lago. Poi, però, giunto a una certa altezza, aveva compiuto la stessa manovra di due sere prima e messa la prua in direzione di Dervio. Il rumore delle altre barche si era affievolito, appena un ronzio. Chiaro invece quello del Taglia fino a che, improvvisamente, era sparito.

L'Insoliti aveva teso al massimo le orecchie, scrutando la linea scura del lago dove non si vedeva alcuna luce. Stava cominciando a diventare nervoso, non voleva prendere nemmeno in considerazione l'ipotesi che quello lo mettesse nel sacco un'altra volta.

Era così concentrato che, quando il Ciffoletti, silenzioso come un fantasma di conio, lo aveva raggiunto da dietro e gli aveva picchiettato una mano sulla spalla, il carabiniere aveva fatto un balzo che per poco non ne aveva provocato la caduta in acqua.

Si era girato, gli occhi sgranati.

«Ciffoletti!»

«Scusi maresciallo. Ma l'ha sentito?»

«Sì, ha spento il motore.»

«Certo, quello l'hanno capito anche gli abitanti di Noceno», aveva sussurrato il guardiano.

«E allora cosa?»

«Rema», aveva spiegato il Ciffoletti.

«Ha spento il motore», aveva aggiunto, «e si sta avvicinando a riva remando.»

Il lieve stridio degli scalmi, lo sciacquio dell'acqua mossa dai remi, asincrono rispetto al rumore dell'onda, lo rendevano certo di quello che aveva appena detto.

«E quindi?» aveva chiesto il carabiniere, più a sé stesso che al Ciffoletti il quale però, ritenendo che la domanda fosse rivolta a lui, aveva risposto.

«Quindi non ci resta che aspettare e vedere cosa succede. O no?»

L'Insoliti era stato lì per ribattere qualcosa quando il fantasma l'aveva interrotto.

«Sente adesso?»

«Cosa?»

Niente, perché non c'era niente da sentire. Il Taglia aveva smesso anche di remare.

C'era solo un silenzio assoluto e incantevole...

Il Ciffoletti non avrebbe voluto, ma una bottarella gliela doveva pur dare a quel maresciallo che sembrava essersi addormentato.

«Cosa c'è?» aveva chiesto sussurrando l'Insoliti.

C'era che il Taglia aveva ripreso a remare dopo una sosta durata quasi un'ora, visto che il campanile batteva le ventitré.

Salvatore era stato in all'erta per qualche minuto.
Poi, d'improvviso, aveva ordinato:
«In posizione, fantasma!».

37.

«Non è lui maresciallo», obiettò immediatamente il Ciffoletti, «non è lo stesso motore di prima.»

Il Ciffoletti aveva seguito il lento ritmo delle remate dopo quel silenzio di quasi un'ora. Ma quando il Taglia aveva riavviato il motore, aveva scosso la testa.

Non poteva essere lui: quello che era appena partito non era un motore da cinquanta cavalli come quello che il Taglia montava sulla sua barca.

«Hai ragione», confermò il carabiniere.

Perché quello era un trenta, forse addirittura un venti cavalli che il Taglia, in quell'ora di silenzio, aveva montato per viaggiare il più silenziosamente possibile.

«E a che scopo?» chiese il Ciffoletti.

«Siamo qui per questo no?» rispose Salvatore. «Adesso vedremo. Tu intanto fila al tuo posto e tieniti pronto. Al mio via partiamo e vedi di stare sottocosta il più possibile.»

«E se lo perdiamo?» chiese il fantasma.

Salvatore si toccò le orecchie.

«Non lo perderemo.»

38.

A occhi chiusi, ma sveglia come un grillo, la Tirelli stava seguendo i suoi pensieri, mosche che le ronzavano in testa.

Fino a che le sembrò che una, forse per riprendere fiato, si fosse posata.

Ed eccolo lì il terzo indizio.

Con la fantasia immaginò di spiaccicare l'insetto con un preciso colpo di paletta.

Il terzo indizio che, come aveva sospettato, era sempre stato sotto i suoi occhi, adesso non le sarebbe più sfuggito.

La domenica!

La domenica la sua vicina non era mai uscita nelle prime ore del pomeriggio, nemmeno quando le era capitato di essere sola, libera da inviti o ospiti.

Quindi era lui che, per una ragione o per l'altra, non poteva uscire la domenica pomeriggio, magari bloccato da parenti oppure...

Oppure visite!

Visite, visite, visite...

Carolina si sentiva vicina alla soluzione.

C'era una sola mosca che ronzava nella sua testa e prima o poi si sarebbe posata anche quella.

Dopodiché, pam!, un altro bel colpo di paletta ed era finita.

39.

Il Ciffoletti, per navigare sottocosta e al buio, dovette spremere all'inverosimile la sua memoria per anticipare rive, rientranze, scogli, fondali bassi e pregare la Madonna di Lezzeno che non ci fosse in giro qualche tronco contro il quale andare a sbattere o qualche roccia che aveva dimenticato.

Nonostante il freddo, sudava come un dannato.

L'ordine dell'Insoliti gli giunse come una voce dall'oltretomba.

«Spegni! Immediatamente!»

«Perché?» chiese.

«Perché ha spento anche lui. Non hai sentito?»

«Un fantasma non sente», rispose il guardiano: erano ormai nei pressi della riva di Gittana, una rivetta molto frequentata dai bagnanti d'estate ma disertata, ovviamente, in quella stagione, anche dai pescatori, e buia.

«Tuttavia si avvicina», aggiunse generosamente il Ciffoletti.

Chiaro come il sole che volesse approdare alla riva di Gittana.

Salvatore cominciò a sentire pure lui il rumore, quasi musicale, dei remi che affondavano nell'acqua con pacifica lentezza. Gattonando raggiunse il Ciffoletti a poppa.

«Avviciniamoci anche noi», disse.

«D'accordo», disse questi, sputandosi nelle mani e dando così a vedere di voler dare di remi.

«No!» strozzò nella gola il carabiniere.
«Come no?»
«Non dobbiamo fare alcun rumore, niente che possa insospettirlo.»
«E allora come facciamo?» chiese il fantasma.
«Con le mani», chiarì Salvatore.
«Ma l'acqua è gelida», obiettò il Ciffoletti.
«I fantasmi non vedono, non sentono, non parlano e nemmeno temono il freddo», sentenziò il carabiniere.
«E un'altra cosa», aggiunse Salvatore.
A pochi metri dalla riva, quando ormai si poteva toccare il fondo, dovevano fermarsi.
«Scendo solo io, tu resti lì, ben nascosto dal buio.»
Il Ciffoletti replicò.
«Si bagnerà maresciallo.»
«Questo lo immagino», rispose Salvatore. «E adesso via, forza con le mani!»
"Pure l'anatra mi tocca fare", pensò il Ciffoletti, rabbrividendo al contatto con l'acqua gelida e rimpiangendo il caldo e il sudore di poco prima.
Fu nel momento in cui il carabiniere Insoliti era già sceso dalla barca con l'acqua poco sotto il ginocchio che dalla statale 36, che lambiva la riva, giunse un rumore di macchina. Due colpi di abbaglianti illuminarono per un istante una fetta di lago. L'Insoliti, con le gambe che si stavano indurendo per il freddo, si immobilizzò. Pochi istanti dopo il Taglia rispose con due colpi di torcia che permisero al carabiniere di identificarne la posizione. Stava anche lui con le gambe in acqua, tirava la barca per trascinarla a riva.
L'Insoliti decise di entrare in azione. Il rumore della macchina, che teneva il motore acceso, e quello che il Taglia faceva per tirare a riva la barca avrebbero coperto quello che lui avrebbe inevitabilmente prodotto.
Una volta sistemata la barca, il Taglia diede un altro colpo di pila.

Fu sufficiente a Salvatore per individuarlo e avvicinarsi senza farsi sentire.
L'Ernesto addirittura fischiettava, fregandosi una mano nell'altra.
Non lo vide, ma lo sentì dire:
«Carabinieri».
L'Ernesto si guardò in giro per vedere da dove provenisse la voce.
«Tu?» esclamò quando vide l'Insoliti.
«Fatta buona pesca?» chiese questi.
Ma anziché rispondere, il Taglia tentò di fuggire.
All'Insoliti non restò altro da fare. Estrasse la pistola.
«Fermo, carabinieri!»
E sparò un colpo in aria.
Il Taglia si bloccò. Conosceva bene la procedura. Un colpo in aria prima e poi ad altezza d'uomo. Tra l'altro, se faceva conto di raggiungere la macchina sulla strada e fuggire con quella, poteva mettere via l'idea. Al colpo sparato in aria da Salvatore quella era partita sgommando.
Il Taglia tornò sui suoi passi.
«Va bene», disse solamente.
«Andiamo in caserma», disse Salvatore.
«E come, a piedi?»
«No», fece il carabiniere, «in barca. Con la tua. Tu ti metti al motore e io ti sto vicino vicino così non ti viene la nostalgia. Sei d'accordo?»
Il Ciffoletti li vide partire e attese ancora un poco prima di riprendere anche lui la via di casa.
Un fantasma non vede, non sente e non parla.
Sin lì era d'accordo con il carabiniere.
Circa il freddo, aveva qualcosa da obiettare.

40.

Visto che il sabato, tranne rari casi di comprovata urgenza, l'officina restava chiusa, l'Alfredo al venerdì sera se la prendeva comoda. L'idea di poter dormire qualche oretta in più la mattina lo rilassava, così se ne stava a guardare un po' di televisione, o ascoltava la radio, o semplicemente parlava con sua moglie oltre il canonico orario, nove e trenta, massimo dieci, allo scattare del quale durante la settimana si infilava sotto le coperte e ronfava.

Oddio, la previsione del sabato lo predisponeva favorevolmente pure alla settimanale ginnastica con sua moglie e, anche se non lo dava a vedere, sin dalle prime ore del venerdì pensava a quei momenti di intimità, al calduccio sotto le coperte.

Quel venerdì sera non fece eccezione. Ma, verso le undici, quando entrambi decisero che era ora di infilarsi a letto, l'Alfredo, entrato in camera, lanciò un grido d'allarme che fece accorrere sua moglie.

«Cos'è successo?» chiese Adelaide.

«Ma non senti?» ribatté il marito. «Sembra di essere in un frigorifero!»

Adelaide si mise una mano sulla bocca.

«Oddio, scusami, scusami tanto!» disse.

Aveva aperto entrambe le finestre della camera quella mattina per cambiare l'aria e poi s'era dimenticata di richiuderle, così che adesso sembrava di stare in piazza. Le richiuse immediatamente. Poi disse che sarebbe stato meglio infilarsi sotto le coperte.

«Direi di sì», fu d'accordo Alfredo.

Ma anche quelle, osservò poco dopo, erano ghiacciate. Adelaide, in vestaglia, entrò nel letto.

«Va' che ti scaldo un po' io», disse sorniona e, senza dar tempo al marito di obiettare, gli si piazzò sopra.

Alfredo apprezzò.

La pelle di sua moglie era calda.

Calda e profumata.

Calda, profumata ed eccitante, con quei seni schiacciati sul suo torace, quei glutei così sodi che gli era sempre piaciuto guardare e toccare e sui quali anche quella volta non resisté all'impulso di lasciare una carezza, ma...

«Ehilà!» fece Adelaide, sentendo un improvviso movimento.

«Ma tu...» sussurrò Alfredo con la voce strozzata.

Sì, l'aveva fatto apposta.

Sotto la vestaglia, Adelaide non aveva proprio niente.

«Ti dispiace?» chiese.

«No», fece lui.

Ma avrebbe potuto fare a meno di dirlo perché quel movimento s'era fatto imperioso.

«Che si fa?» chiese lei.

«Sdraiati», disse lui.

Ma Adelaide protestò.

«Sei un bell'egoista», disse ridacchiando. «La mia parte di letto è fredda ghiacciata, mentre qui...»

L'Alfredo restò per un momento in imbarazzo.

«Ma così...» tentò di dire.

«Lascia fare a me», lo interruppe Adelaide.

«Avanti marsh», scherzò Alfredo ormai accalappiato dalla sensualità di sua moglie.

41.

Era quasi l'una di notte quando il carabiniere Insoliti suonò al portone della caserma.

Nello spioncino gli apparve la faccia di Scaramuccia. Sorridente.

«Cos'è, stasera non l'ha mollata?» chiese subito.

«Piantala», ribatté Salvatore, «e apri 'sto portone.»

Dopodiché entrò trascinandosi il Tagliaferri che, per sicurezza, aveva messo in ceppi per il tragitto dal molo alla caserma.

«Hai pescato quello dei pesci?» chiese Scaramuccia.

«Esatto», confermò l'Insoliti, «e adesso chiamami l'appuntato.»

Scaramuccia gli fece un gesto come se fosse matto.

«A quest'ora? Chiamatelo tu.»

Salvatore scosse la testa.

«No, bello. Il piantone sei tu e tu vai a chiamarlo. E gli dici pure che è una cosa importante.»

Non fu necessario però che Scaramuccia si scomodasse sino all'appartamento dell'appuntato. Il Venieri aveva sempre faticato ad addormentarsi, leggeva, perlopiù libri gialli, fino a che non entrava in un sonno in ogni caso leggero. Bastava un niente a svegliarlo. Così, sentito il campanello della caserma e il borbottio tra i due carabinieri, s'era vestito alla bell'e meglio e poi era sceso a vedere cosa fosse successo.

Quando vide chi c'era nell'atrio, non comprese la situazione.

L'Insoliti spinse in avanti il Taglia.

«Credo che il signore ci debba qualche spiegazione», disse Salvatore.

«Il signor maresciallo capo è stato avvisato?» chiese l'appuntato.

«No», rispose l'Insoliti.

«Per intanto lo accompagni nel suo ufficio», disse il Venieri e si avviò per primo.

«Cos'ha combinato?» sussurrò Scaramuccia all'orecchio del collega.

L'Insoliti sorrise.

«Pascolo abusivo», rispose, e a sua volta si avviò sorridendo verso l'ufficio del comandante.

L'appuntato era già seduto alla scrivania quando i due entrarono.

Accolse il Taglia con un bel sorriso.

«Cos'abbiamo combinato questa volta?» esordì. «Truffa, spaccio di moneta falsa, contrabbando?»

«No», rispose l'Ernesto.

Dicendo, in effetti, la verità.

«E allora?»

«Credo si tratti di furto», interloquì l'Insoliti.

«Crede?» fece il Venieri.

«Sissignore.»

«E la refurtiva dov'è?»

Salvatore tossicchiò.

«Ecco, vede, portarla qui in caserma sarebbe stato difficoltoso. È un sacco di roba. Quindi ho preferito lasciarla giù al molo, nella barca del fermato.»

«Senza nessuno di guardia?»

«C'è il mio amico fantasma», disse Salvatore.

All'Ernesto scappò una risata.

«C'è poco da ridere Tagliaferri», si permise l'Insoliti.

«Si può sapere cos'è? E chi è questo fantasma?» chiese il Venieri.

«È un sacco di roba, appuntato. Se posso, se non le è

di disturbo, le chiederei di scendere al molo con me un paio di minuti, così si renderà conto. Circa il fantasma, le posso spiegare dopo, a quattr'occhi.»

«Se lo ritiene necessario...» rispose il Venieri abbottonandosi, pur se priva di cravatta, la camicia sino al collo. «Tuttavia, non sarebbe il caso di chiamare il signor maresciallo?»

Le parole che il Pezzati gli aveva detto qualche ora prima erano fresche nella memoria di Salvatore.

«Se lo becchi, come ti auguro, mettilo in mano all'appuntato. Vediamo come se la cava, gli servirà da esperienza.»

«Non credo appuntato, visto che c'è lei qui», rispose l'Insoliti.

«D'accordo», acconsentì il Venieri non senza una punta d'orgoglio.

Giunti a metà della piazza Salvatore si fermò.

«Devo spiegarle la storia del fantasma», disse al Venieri.

E, una volta conclusa la spiegazione, chiese il permesso di precederlo di qualche passo.

«Accordato», fece il Venieri.

L'Insoliti, giunto allo scalone che scendeva verso il molo, disse:

«Fantasma, puoi andare. Grazie, e sta' tranquillo».

Poi, tornando dall'appuntato, si giustificò ancora.

«Gli avevo promesso che la sua identità sarebbe rimasta anonima. Mi è stato di grande aiuto e non vorrei che qualche infame se la prendesse con lui.»

Il Venieri approvò con un gesto del capo.

«Andiamo a vedere 'sta barca adesso», disse poi.

42.

Il carico era coperto da un telo militare.

Toccò all'appuntato sollevarlo e restare di stucco al vedere il ben di dio che ricopriva.

Prosciutti interi, pacchi di pasta e riso, scatoloni di burro, margarina, formaggi, marmellate, plateau di tonno, alici, carne in scatola, biscotti.

«Ma da dove viene tutta questa roba?» chiese.

«Credo di non sbagliare dicendo che proviene dai magazzini dell'ospedale Umberto I», rispose Salvatore.

«Crede o ne è certo?»

«In mezzo a tutto il carico ho trovato una bolla di consegna intestata all'ospedale e che probabilmente è sfuggita ai...»

«Ai ladri, perché di questo e non di altro si tratta», concluse il Venieri.

«E il Taglia...»

«Il Taglia se la caricava in barca», proseguì Salvatore, «e la trasportava sino alla riva di Gittana dove una macchina o forse un furgoncino lo attendeva per caricarla e destinarla altrove.»

«Quindi non poteva fare tutto da solo», osservò l'appuntato.

«Certamente no. Minimo tre, forse quattro complici», calcolò l'Insoliti.

«E lei per caso sa anche i nomi di costoro?» chiese il Venieri.

«Purtroppo ancora no», rispose Salvatore.
«Meno male», disse l'appuntato.
«Come dice, scusi?»
«Ho detto meno male. Dico, vorrà lasciare anche a me qualcosa da fare?»

43.

Verso le tre del mattino Alfredo si alzò per andare in bagno.

Si sentiva, ed era, ancora eccitato per quella nuova esperienza vissuta con la moglie, al punto che dovette usare, prima di mingere, un po' di acqua fredda da spargere sull'affare onde evitare di farsela direttamente in faccia.

Era stata una cosa talmente intrigante che non si erano limitati a una sola volta.

Due, invece.

Mai successo prima.

Ed era stato lui, lui!, a chiederlo temendo che lei rispondesse no. Invece Adelaide, ridendo di piacere, gli aveva detto sì e aveva ripreso il movimento dopo aver ripetuto:

«Avanti marsh».

Fu in quel momento, mentre tirava lo sciacquone, che Alfredo rifletté di essersi completamente dimenticato la ritirata strategica.

44.

Il dietro-front lo fece, più o meno a quell'ora, l'Ernesto.

Da sbruffone qual era, alla prima domanda del Venieri aveva risposto con un ridicolo:

«Nego tutto».

Il Venieri ne aveva preso atto.

«Fai come credi Tagliaferri», gli aveva risposto, «tanto l'evidenza non può essere negata.»

«E intanto», aveva aggiunto dopo un istante, «stammi a sentire, così ti faccio un quadro della situazione in cui ti trovi.»

Se al processo, poiché ormai c'era destinato, avesse trovato il giudice giusto, poteva scapparci anche una bella condanna a una decina di anni.

«Dieci?» sbottò il Taglia.

L'appuntato gli fece cenno che aveva inteso bene.

In primo luogo c'erano i suoi precedenti, che lo dipingevano come un soggetto sostanzialmente incorreggibile nonostante le occasioni che gli erano state offerte per mettersi sulla giusta via.

C'era il furto, questo non lo poteva negare, era stato colto in flagranza di reato. Furto perpetrato ai danni della comunità, fatto che costituiva un'aggravante, se non penale quantomeno morale.

«E certi giudici sono sensibili a questi aspetti», sottolineò il Venieri.

Volevamo poi metterci lo scasso?
«Che scasso?» reagì il Taglia.
Quello utilizzato per entrare nei magazzini dell'ospedale a meno che le porte dello stesso non fossero come quelle di Sesamo, che si aprivano con una parola magica.
«Basterà una veloce ispezione domani mattina per provarlo», assicurò il Venieri.
«In teoria, ma neanche tanto...» insinuò sottilmente poi.
In teoria si poteva anche ipotizzare un'associazione a delinquere, visto che, pur se ignoti, aveva dei complici.
«Purtroppo non possiamo comprovarlo perché al momento del tuo arresto presso la riva di Gittana se ne sono fuggiti.»
In sintesi, onori e oneri dell'impresa cadevano sulle sue spalle.
«Cioè?» chiese il Tagliaferri.
«Be'», spiegò il Venieri, «gli oneri sono gli anni di galera che ti beccherà, l'onore, discutibile ma pur sempre tale, sarà l'imperitura stima dei tuoi complici per non averli traditi, non aver fatto i loro nomi.»
Il Taglia strinse gli occhi e boccheggiò proprio come un pesce appena tirato fuori dal lago.
«Cioè, dovrei fare la galera anche per loro?» chiese tradendosi.
«Vedi che ce li hai dei complici?» fece notare il Venieri, preparandosi a un'altra ora di domande stringenti, convinto che, magari con fatica, alla fine i nomi glieli avrebbe fatti sputare.
Ma si sbagliava.
Non aveva tenuto conto della tempra del Tagliaferri.
Dietro-front!
Col cazzo che sarebbe andato in galera anche per loro!
«Certo che li avevo», sbottò l'Ernesto quasi gridando, «se no come facevo a fare il lavoro tutto da solo?»
«Quanti?»

«Quattro.»
«Chi sono?»
«Uno lavora nel magazzino dell'ospedale, gli altri due sono quelli che mi aspettavano in macchina.»
«E il quarto?»
«Sono io, no?»
«Adesso i nomi.»
Il Taglia li fece, quasi sillabando, per dare all'appuntato tutto il comodo di scriverseli su un blocchetto.
Poi il Venieri lo guardò.
«Considererò quello che hai fatto come un atto di collaborazione spontanea e ne parlerò al giudice, che sicuramente ne terrà conto. Anche se, in tutta sincerità, per il futuro qualche annetto di galera dovrai pur fartelo.»
«E adesso?» chiese l'Ernesto.
«Tagliaferri, sono domande da fare?» rispose il Venieri. «Da adesso in avanti sei nostro ospite fino a che non ci arriverà l'ordine di trasferirti a Lecco.»

45.

Sabato mattina, la notizia che il Taglia era stato beccato dai caramba si diffuse in un amen.

Non solo lui.

In manette era finito anche un tal Guercinetti Amedeo, addetto al magazzino dell'ospedale Umberto I.

Al suo ingresso in caserma, il maresciallo capo Pezzati aveva dapprima chiesto all'Insoliti di andare nel suo ufficio.

«Come se l'è cavata il nostro appuntato?» aveva domandato.

«Ottimamente», aveva risposto Salvatore. «È pronto per un elogio.»

«Come te», aveva ribattuto il maresciallo capo facendolo arrossire.

Dopodiché aveva ordinato che, poiché l'operazione era stata condotta da loro due, a loro due spettava l'onore di arrestare il Guercinetti.

Prima di procedere, però, aveva consigliato loro di passare all'ufficio economato del nosocomio per chiedere se non si fossero accorti degli ammanchi.

Alla domanda, il ragionier Vincifame, capocontabile, aveva risposto che in quel periodo dell'anno, visto che si registrava un vertiginoso aumento dei ricoveri a causa di influenze, bronchiti, broncopolmoniti, fratture ossee per via del ghiaccio e tante altre cosucce che non ricordava, le forniture alimentari salivano altrettanto vertiginosamente.

«Quindi lei non si è mai accorto di niente?» aveva chiesto il Venieri.

«Di cosa avrei dovuto accorgermi, se non le spiace?» aveva risposto un po' invelenito il Vincifame.

«Che non tutto ciò che avete nel magazzino andava a finire nei piatti dei ricoverati o del personale.»

«Io», si era impettito il ragioniere, «sono il capocontabile con mansioni plurime all'interno dell'ospedale. Non posso occuparmi personalmente di tutto, men che meno fare l'inventario di ciò che c'è e di ciò che manca!»

Il Venieri non aveva perso la calma.

«Allora, così per dire, a chi affida l'inventario del magazzino alimentare?»

«Al Guercinetti.»

«Splendido», era esploso l'appuntato. «Quindi adesso le spiacerebbe alzarsi e accompagnarmi a fare una visita a questo Guercinetti?»

«A che scopo?» aveva chiesto il Vincifame.

«Un attimo di pazienza», aveva risposto il Venieri. Gli avrebbe fatto perdere solo due minuti.

Giusto il tempo di reperire il Guercinetti, che stava facendo il cretino con le cuciniere, e recitargli in faccia, mentre il ragionier Vincifame impallidiva sempre più, la formula di arresto immediato per complicità in furto.

46.

Niente radio, quella mattina, in casa di Benvenuta.

Tosse, piuttosto.

Un colpo via l'altro.

A tratti accessi veri e propri che toglievano il respiro anche a lei, alla Tirelli, che s'era abbioccata verso le quattro del mattino e si era svegliata alle sette al suono di quella musica bronchiale.

O, piuttosto, si disse Carolina, bronchitica.

Ma per forza!, giudicò.

A furia di uscire con quel freddo, sfidando le fredde breve pomeridiane!

E ci volevamo mettere anche l'influenza che aveva già steso a letto mezzo paese?

Da un paio di giorni in effetti Benvenuta era inseguita da una tosse che era andata via via aumentando e che, con fatica, aveva cercato di controllare davanti a Adelaide e durante le telefonate.

Guai, infatti, se suo figlio e la moglie si fossero messi in testa che fosse ammalata. La sfogava poi, quand'era sola in casa, senza immaginare che, dall'altra parte del pianerottolo, c'era chi ne seguiva attentamente ritmi, frequenze e durata.

In più, quel sabato mattina s'era svegliata sentendosi un po' calda.

Che avesse qualche linea di febbre?

Non se l'era provata, proprio perché non voleva saperlo.

Era sabato. L'ultimo giorno della settimana utile per l'appuntamento. Prima del prossimo c'era di mezzo un'inutile domenica.

Un'aspirina, pensò, l'avrebbe rimessa in sesto.

Ma ce n'era in casa, lei che non aveva mai preso un farmaco in vita sua?

Dopo aver frugato dappertutto, si arrese all'idea.

Non c'era umiliazione che tenesse di fronte alla prospettiva dell'appuntamento.

Poco prima che scoccasse mezzogiorno, per la prima volta da che erano vicine di casa, suonò alla porta di Carolina Tirelli.

«Un'aspirina?» fece quella. «Ma certo. Ne tengo sempre in casa, per ogni evenienza.»

Un accesso di tosse spezzettò il ringraziamento di Benvenuta. La Tirelli si affrettò a chiedere se per caso non volesse il dottore.

«No grazie», rispose Benvenuta. «Per intanto mi prendo l'aspirina, una bella tazza di camomilla e mi rimetto a letto. Vedremo, magari lunedì.»

«Si riguardi», disse la Tirelli. «E comunque, per ogni bisogno...»

Ma Benvenuta le aveva già girato la schiena e, con le spalle scosse da colpi di tosse trattenuti, rientrò in casa.

La Tirelli si sentì meritevole di un posto nel calendario di Frate Indovino se non come santa, almeno come beata, per la grazia e la gentilezza con cui aveva trattato la sua ispida vicina.

Le aveva dato una lezione di bon ton e soprattutto la certezza che per quel giorno le avrebbe risparmiato di pedinarla, cosa che aveva già messo in programma.

Pranzò con appetito e senza opporre resistenza si arrese al magnifico torpore che l'assalì subito dopo, spingendola sul divano. Le orecchie sempre all'erta, naturalmente. Ma via via che il silenzio durava, il sonno che non aveva goduto durante la notte reclamò il suo diritto e Carolina, senza accorgersene, cadde nelle sue braccia, distendendosi lunga quant'era sul divano.

Dormì, beata e senza mosche per la testa, finché il rumore del portone la risvegliò. Ancora intorpidita filò alla finestra del tinello per guardare in strada quando la pendola batté le quattro.

Le quattro?

Ma allora…

D'un subito fu alla finestrella di cucina, giusto in tempo per vedere la schiena della sua vicina che rientrava in casa.

Allora era uscita lo stesso, con quella tosse, magari con la febbre, mentre lei dormiva, russando, sul divano.

Cose da pazzi!, commentò.

Aveva ragione.

Sentendosi particolarmente calda quella sera, Benvenuta cedette al responso del termometro.

Trentotto e qualche linea.

47.

«Trentasette e mezzo.»

Scarsi, aggiunse Benvenuta parlando al telefono con il figlio domenica mattina.

In realtà la febbre era ancora a trentotto, appena misurata.

«Vengo subito», disse Alfredo.

«Se hai dell'aspirina in casa portamela, sono rimasta senza», disse Benvenuta.

Ferale, Alfredo comunicò alla moglie che la mamma era ammalata.

«Cos'ha?» chiese Adelaide.

«La febbre.»

Trentasette e mezzo.

Adelaide trattenne un sorriso.

«Sarà un po' di influenza», disse consolatoria.

«È possibile», si accodò Alfredo. «In ogni caso è meglio che stia a letto, che non si muova.»

«Che peccato!» commentò Adelaide.

Quel giorno era il compleanno di sua madre e avevano programmato di pranzare tutti assieme a casa sua.

«E noi, cosa facciamo?» chiese Adelaide.

«Be', intanto vado a vedere, poi decidiamo», concluse Alfredo.

Benvenuta, nel frattempo, s'era pettinata per bene e s'era data anche un po' di cipria: lo specchio le aveva rimandato l'immagine di una donna tutto sommato sana, a parte l'occhio troppo lucido.

Non voleva rovinare la giornata di festa ai consuoceri e nemmeno, a dire la verità, correre il rischio di peggiorare le cose ed essere costretta a rimanere a letto per più giorni.

Nel breve tratto da casa sua a quella della madre, la fantasia di Alfredo si era scatenata preconizzando immagini di tragedia imminente: non aveva memoria di sua madre in stato cagionevole, poteva giurare che non si fosse mai ammalata.

Ma non capitava così a chi non aveva mai visto un dottore in vita sua?

Alla prima occasione, tac!, faceva un conto unico e pagava tutto in una volta.

Gli bastò invece vederla ben pettinata, il viso rilassato, controllare il termometro che Benvenuta aveva artatamente fatto scendere fino a trentasette e tre, per tirare un sospiro di sollievo.

«Mi hai fatto spaventare», disse Alfredo.

«Per due linee di febbre?» sorrise Benvenuta.

Alfredo posò l'aspirina sul comodino.

«Mi dispiace», disse Benvenuta riferendosi al compleanno della consuocera.

«Figurati», ribatté Alfredo, «ci sarà un'altra occasione. Vuol dire che ci andrà Adelaide e io resto qui con te.»

Benvenuta non riuscì a trattenere un cavernoso colpo di tosse.

«Ma scherzi?» disse poi.

«No.»

«A me pare di sì, invece. Alfredo, prima che mio figlio, adesso sei suo marito», disse Benvenuta. «E poi, scusa tanto, un conto è se fossi in punto di morte... ma per qualche linea di febbre! Non comportarti come un bambino.»

Mai Alfredo aveva sentito sua madre parlare così.

«Ma se dovessi avere bisogno di qualcosa?» chiese.

«Ho tutto quello che mi serve. L'aspirina c'è. Un brodo sono ancora in grado di farmelo. Riposo, sto a letto e domani sono di nuovo in forma.»

«Ma…»

«Nessun ma. Vai tranquillo e quando avete finito passa a trovarmi. E portati anche tua moglie.»

«Farò più in fretta che posso», promise Alfredo.

A Benvenuta scappò una risata.

«Vedi di non ingozzarti», raccomandò.

Alfredo la baciò sulla fronte, calda, e poi uscì.

Fu sul pianerottolo, non appena chiusa la porta di casa, che gli venne l'idea.

Come l'avrebbe presa sua madre?

Non si rispose.

L'avrebbe presa e basta.

In fondo, in un certo senso, era una situazione eccezionale.

Quindi suonò alla porta di Carolina Tirelli.

48.

La Tirelli finse di non sapere niente.
«Niente di grave», si affrettò a chiarire l'Alfredo, «solo un po' di febbre...»
«Ma certo, c'è l'influenza in giro», lo interruppe Carolina.
«Solo che io e mia moglie», proseguì Alfredo, «dovremmo allontanarci per tre, quattro ore, al massimo fino alle due...»
«Sì?»
«E allora pensavo che se lei...»
«Ma certo, certo», ribadì Carolina.
Lei era svelta di cervello, le capiva al volo le cose.
Voleva che nel frattempo le desse, diciamo, un'occhiata ogni tanto?
«Esattamente», affermò Alfredo, «se non è troppo disturbo.»
«Macché disturbo!» troncò, quasi esaltata, la Tirelli.
«Io e mia moglie saremo di ritorno al massimo alle due», ribadì Alfredo.
«Con comodo, fate con comodo. Io non ho nient'altro da fare.»
Alfredo temporeggiò ancora un momento.
«Volevo dire...»
«Sì?»
«Lei forse sa che mia madre ha un carattere un po', come dire...»

La Tirelli diede una sberla all'aria.
«Ognuno di noi ha il suo», sentenziò.
«Non so come ringraziarla», disse Alfredo.
«Per così poco?» si umiliò Carolina.
«Allora grazie. E a più tardi», concluse l'uomo avviandosi per le scale.
Rientrata in casa, Carolina Tirelli esultò. Per qualche ora avrebbe avuto la sua vicina a completa disposizione. La mosca, l'ultima, aveva ricominciato a ronzarle in testa. Chissà mai che, chiacchierando del più e del meno, buttando là qualche domanda, non riuscisse a venire a capo del mistero.
Si preparò per bene, la messa delle dieci incombeva. Prima di uscire entrò, autorizzata, in casa di Benvenuta, che se la trovò davanti, vestita di tutto punto, per la messa.
«E lei?» chiese, stupita, quasi allarmata.
Carolina sorrise.
«Suo figlio», rispose.
Un lungo sospiro uscì dalla bocca di Benvenuta.
«Le ha chiesto di darmi un'occhiata ogni tanto, eh?»
«Averne di figli così affezionati», cinguettò la Tirelli.
Era passata per sapere se avesse bisogno di qualcosa.
«No, grazie.»
«Bene», fece Carolina.
Il tempo di andare alla messa e poi sarebbe ripassata.
Intanto lei se ne stesse bella tranquilla a letto. Per l'influenza, affermò, non c'era miglior rimedio del riposo.

49.

Il silenzio le cadde addosso all'improvviso dopo l'uscita della Tirelli.

Un silenzio fischiante che avvertiva come lontani ronzii nelle orecchie, forse per colpa della febbre. O forse, come una volta aveva letto su un articolo di «Famiglia Cristiana», per colpa delle invisibili onde sonore prodotte da tutti quelli che erano passati per quella casa, da quello che avevano detto, dai rumori che avevano provocato.

Onde che permanevano al di là del tempo di ognuno. Erano i fili che collegavano i vivi ai morti. Erano i ricordi oppure, davvero, piccole particelle invisibili, dotate di vita eterna, alle quali anche lei, prima o poi, senza saperlo, si sarebbe aggiunta?

Chiuse gli occhi e, per scacciare quei pensieri, pensò al giorno seguente, il lunedì.

Un sorriso appena accennato le si disegnò in viso e l'avrebbe mantenuto percorrendo con la fantasia tutti i suoi passi fino al magico incontro se, nel frattempo, non si fosse dispiegato nell'aria il suono dell'agonia.

Qualcuno era morto, altre particelle invisibili nell'aria.

Benvenuta aprì gli occhi, fissò il soffitto, si toccò la fronte: scottava. La febbre non voleva andarsene. Si sentiva sfinita.

Sobbalzò quando la Tirelli, portando con sé una ventata di freddo, entrò in casa sua e le chiese come stesse.

«Meglio, grazie», mentì.

«Non sarebbe male mangiare qualcosa», consigliò Carolina.

«Non ho una gran fame», obiettò Benvenuta.

«Ma una bella tazza di brodo...»

«Ma sì, più tardi me la farò», approvò Benvenuta purché quella se ne andasse via.

«Ma nemmeno per idea!» si oppose la Tirelli.

Dal letto non si doveva muovere.

Ci avrebbe pensato lei a prepararle un brodino come Dio comanda.

E, ma non lo disse, si sarebbe seduta di fianco al letto, controllando che se lo bevesse sino all'ultima goccia e dando l'avvio a una conversazione irta di domande con la quale faceva conto di risolvere il mistero.

A Benvenuta non restò che accettare. Tre ore ancora, calcolò, e poi sarebbe arrivato suo figlio a liberarla da quella zecca.

«Forza», disse Carolina con intento ironico, «non vorrà mica far suonare l'agonia per una banale influenza!»

«L'ho sentita», rispose Benvenuta.

Ma non era dei nostri, puntualizzò Carolina. Non era del paese.

Non appena finita la messa era corsa dal sacrista per chiedere chi fosse morto.

«Era un ometto dell'ospizio, di Monza, mi ha detto il sacrista, di ottantacinque anni, più o meno. Era qui da qualche mese, faceva Gerlari o qualcosa del genere di cognome. Mai visto!»

Bugia, ma inconscia.

L'aveva visto eccome, con tanto di bastone.

Benvenuta chiuse gli occhi.

«Ha sonno?» chiese Carolina.

Benvenuta fece no con la testa.

«Io allora vado a preparare un bel brodo», disse la Tirelli.

A mezzogiorno spaccato si ripresentò con una tazza di brodo fumante in mano.

«Ecco qua», disse.

Un brodo del genere avrebbe fatto resuscitare un morto, dichiarò incautamente Carolina Tirelli.

Magari gli altri.

Non certo la sua vicina che, per il dolore della notizia, aveva visto una colata di nero cancellare il lunedì e tutti i giorni che sarebbero seguiti, e aveva reso l'anima a Dio.

Quando, poco dopo le due, Adelaide e Alfredo giunsero, prima ancora delle parole di Carolina, prima ancora di guardarla e toccarla, compresero che Benvenuta era morta vedendo la tazza di brodo ormai freddo tra le mani della Tirelli.

«L'ho trovata così, a mezzogiorno», disse la vicina.

«Sembra serena», riuscì a dire Adelaide.

Carolina li lasciò soli. La mosca non le ronzava più nella testa.

Aveva scoperto il segreto, ma per lei sarebbe rimasto tale.

50.

Il Venieri ci aveva visto giusto.

Tre anni secchi, senza alcun beneficio, visti i precedenti.

Il Taglia li aveva presi sportivamente anche perché l'avevano destinato al carcere del Bassone dove, per l'ennesima volta, stavano cercando di raddrizzarlo, insegnandogli un mestiere onesto: falegname, questa volta.

Nella sua cella campeggiava un calendario con foto osé e fu guardando una di quelle, che esibiva un posteriore che assomigliava tanto a quello di Adelaide, che lo prese la voglia di scriverle.

Cara Dindina.

Si dilungò dapprima a raccontarle cosa gli era successo e perché si trovava nella condizione attuale. Le raccontò che stava imparando un mestiere e che una volta uscito non si sarebbe più messo nei guai, a costo piuttosto di chiedere l'elemosina per campare.

E poi ti devo una confessione, proseguì.

Facendo riferimento alla volta che l'aveva portato in casa.

Non mi hai certo trattato benissimo, scrisse.

Ma, nonostante tutto, lui aveva eseguito l'ordine. Aveva seguito la suocera.

Avevo proprio ragione io, sai? Andava a morosare!

Ma non si era limitato a quello. Aveva scoperto anche con chi. Un ometto che passeggiava con un bastone, ospite dell'ospizio da qualche mese, monzese, più di ottant'anni sicuramente.

Si vedono tutti i giorni, tranne la domenica, quando i parenti di lui vanno a trovarlo.

Aveva scoperto pure il nome.

Eugenio Gerlandi.

Chi l'avrebbe mai detto? L'amore, a quella età?

Ciao bellezza – concludeva il Taglia –, *un bacio là dove preferisci. Pensami, e scrivimi, ogni tanto. Il mio indirizzo per un po' sarà sempre quello.*

51.

Aveva ben altro per la testa Adelaide quando ricevette la lettera dell'Ernesto. Il funerale della suocera era passato da un mese, suo marito non s'era ancora ripreso completamente, passava le sere davanti alla tivù, ma lei poteva tranquillamente cambiare programma o spegnerla che faceva lo stesso.

Ma, soprattutto, era in ritardo.

Immaginava che potesse essere una cosa occasionale, legata alle contingenze. S'era ben guardata dal parlarne con alcuno, nemmeno con il dottore. Voleva aspettare, essere, prima di ogni altro, certa lei.

La lettera dell'Ernesto finì in un cassetto dove generalmente metteva ricevute di conti e bollette pagate. E, contagiata dal destino di quelle, finì per essere dimenticata.

Passato un altro mese, una certa nausea mattutina l'avvisò che non poteva più temporeggiare. Attese ancora qualche giorno, per godere di quella nausea che la obbligava ad alzarsi prima ancora del suono della sveglia, e infine decise che era arrivato il momento di consultare il dottore.

C'erano un paio di bollette, luce e telefono, da pagare e le prese con sé.

Dal dottore ebbe la conferma di quello che già sapeva.

«Lei è incinta, mia cara signora», disse il medico.

Euforica, Adelaide non si trattenne e l'abbracciò. Poi, impaziente di dirlo a suo marito, volò in posta per pagare le bollette e, quando aprì il cassetto per riporle, ritrovò la lettera dell'Ernesto.

La lesse d'un fiato, poi la stracciò.

Doveva dirlo a suo marito?

Si sentiva incerta.

Di sicuro non quel giorno, poiché aveva ben altra notizia da comunicare.

Al sentire la novità, Alfredo non trattenne le lacrime.

«Se ci fosse stata mia madre...» disse singhiozzando.

Mia madre?

Era la prima volta che Adelaide glielo sentiva dire. Fu tale l'emozione, come se suo marito fosse, in quel momento, definitivamente diventato uomo, che anche lei si unì alle sue lacrime.

Nessuno dei due riuscì a pranzare, immergendosi immediatamente a discutere circa il nome da dare al nascituro.

Adelaide obiettò che poteva anche essere femmina. Alfredo si disse pronto a scommettere che sarebbe stato maschio. Alla fine concordarono che, maschio o femmina, avrebbero avuto tutto il comodo di scegliere il nome per l'uno e per l'altra.

Intanto s'era fatta l'una e mezza.

«Mi tocca andare», disse Alfredo.

A quel punto a Adelaide venne un'idea.

«Ti accompagno un pezzo», disse.

«Come mai?» chiese l'uomo.

Consiglio del dottore, per avere una gravidanza liscia, senza problemi: una bella passeggiatina tutti i giorni.

Uscirono e si salutarono all'imbocco di via Cavour, Alfredo diretto all'officina, Adelaide invece sulle tracce della suocera, seguendo le indicazioni che il Taglia le aveva scritto.

Camminò lentamente guardando il lago e la montagna i cui colori stavano lentamente sconfiggendo l'inverno. Traversò il ponte sul Pioverna fino a raggiungere la panchina che l'Ernesto le aveva indicato, il luogo dove i due attempati innamorati chiacchieravano per un'ora, un'ora e mezza, a volte dandosi la mano.

Seduta anche lei, sentì che non poteva tenere all'oscuro di quella storia suo marito, e prima o poi, vincendo l'esitazione, avrebbe dovuto metterlo al corrente: dirgli che sua madre era morta nel mezzo di un bel sogno d'amore.

Se li immaginò mentre, mano nella mano, compivano assieme il gran salto.

Sorrise e si riavviò verso casa con una mano a proteggersi il ventre, fantasticando di parlare con il figlio che le stava crescendo dentro.

Svelò il segreto all'Alfredo due mesi più tardi, mentre passeggiava con lui sul lungolago, e concluse la rivelazione dopo essersi accomodata su quella stessa panchina. Per tutta risposta Alfredo, con gli occhi umidi, le mise una mano sull'addome.

«Sarebbe bello se fossero maschio e femmina», disse.

Giusto una settimana prima infatti, dopo l'ennesima visita, il dottore aveva detto che Adelaide aspettava una coppia di gemelli.

«D'ora in avanti, quindi», aveva consigliato, «visto che ha l'abitudine di parlarci, le consiglierei di convertirsi al plurale.»

Prologo	7
Prima parte	9
Seconda parte	191
Terza parte	249

Dal catalogo
Garzanti

Andrea Vitali

UNA FINESTRA VISTALAGO

Di Arrigoni Giuseppe ce ne sono tanti a Bellano, un paese del lago di Como. Impossibile conoscerli tutti. Anche nella vita di Eraldo Bonomi, operaio tessile del locale cotonificio, ce ne sono troppi. E sarà proprio un Arrigoni Giuseppe a segnare il suo destino, dove brillano l'amore per la bella Elena e la militanza politica nel PSIUP. Il colpo di fulmine per Elena fa del Bonomi un uomo pericoloso, che sfiora segreti, scopre altarini, esuma scheletri sapientemente nascosti negli armadi di una provincia che sembra monotona, in quei paesi dove l'omonimia può essere fonte di equivoci ma anche, a volte, il viatico verso la libertà.

Andrea Vitali

LA FIGLIA DEL PODESTÀ

Bellano è in gran subbuglio. Con apposita delibera, Agostino Meccia, l'autorevole podestà della cittadina affacciata sul lago, ha deciso di perseguire un progetto assai moderno e ambizioso: una linea di idrovolanti che collegherà Como, Bellano e Lugano, e darà lustro alla sua amministrazione, attirerà frotte di turisti e farà schiattare d'invidia i comuni limitrofi. Tutto sembra filare liscio, in quel placido e fascistissimo 1931. Anche se c'è un problema: per le casse di un piccolo comune l'investimento sarà enorme, e oltretutto l'idrovolante dovrà essere debitamente collaudato. E poi Renata, la figlia del podestà: fino a ieri era solo una bambina, ora è diventata così strana, non avrà mica qualche nuovo capriccio?

Dal catalogo

Garzanti

Andrea Vitali

LA MODISTA

Nella notte hanno tentato un furto in comune, ma la guardia Firmato Bicicli non ha visto nulla. Invece, quando al gruppetto dei curiosi accorsi davanti al municipio s'avvicina Anna Montani, il maresciallo Accadi la vede, eccome: un vestito di cotonina leggera e lì sotto pienezze e avvallamenti da far venire l'acquolina in bocca. Da quel giorno Bicicli avrà un solo pensiero: acciuffare i ladri che l'hanno messo in ridicolo e che continuano a colpire indisturbati. Anche il maresciallo Accadi, da poco comandante della locale stazione dei carabinieri, da quel momento ha un'idea fissa. Ma intorno alla bella modista e al suo segreto ronzano altri mosconi: per primo Romeo Gargassa, che ha fatto i soldi con il mercato nero durante la guerra e ora continua i suoi loschi traffici; e anche il giovane Eugenio Pochezza, erede della benestante signora Eutrice nonché corrispondente locale della «Provincia».

Dal catalogo

Garzanti

Andrea Vitali

OLIVE COMPRESE

Quattro ragazzi di paese, una banda di «imbecilli», stanno mettendo a soqquadro l'intera Bellano. Naturalmente finiscono subito nel mirino del maresciallo Ernesto Maccadò, che avverte le famiglie gettandole nel panico. A far da controcanto, la sorella di uno di loro: la piccola, pallida, tenera Filzina, segretaria perfetta che nel tempo libero si dedica alle opere di carità: ma anche lei, come altre eroine di Vitali, finirà per stupirci. Tutto intorno si muove come un coro l'intera cittadina: il prevosto e i carabinieri, il podestà e la sua stranita consorte, la filanda con i suoi dirigenti e gli operai. E la Luigina Piovati, meglio nota come l'Uselànda (ovvero l'ornitologa...); Eufrasia Sofistrà, in grado di leggere il destino suo e quello degli altri; e una vecchina svanita come una nuvoletta, che suona al pianoforte l'*Internazionale* mentre il Duce conquista il suo Impero africano...

Dal catalogo

Garzanti

Andrea Vitali

ALMENO IL CAPPELLO

Ad accogliere i viaggiatori che d'estate sbarcano sul molo di Bellano dal traghetto *Savoia*, c'è solo la scalcagnata fanfara guidata dal maestro Zaccaria Vergottini, prima cornetta e direttore. Un organico di otto elementi che fa sfigurare l'intero paese, anche se nel gruppetto svetta il virtuoso del bombardino, Lindo Nasazzi, fresco vedovo alle prese con la giovane e robusta seconda moglie Noemi. Per dare alla città una banda come si deve ci vuole un uomo di polso, un visionario che sappia però districarsi nelle trame e nelle inerzie della politica e della burocrazia. Un insieme di imprevedibili circostanze può forse portare verso Bellano il ragionier Onorato Geminazzi, che vive sull'altra sponda del lago, a Menaggio, e con lui la speranza di fondare finalmente il Corpo Musicale Bellanese.

Andrea Vitali

LA LEGGENDA DEL MORTO CONTENTO

È il 25 luglio 1843, una mattina d'estate senza una nube e una luce che ammazza tutti i colori. Due giovani in cerca d'avventura salpano su una barchetta con tre vele latine. Dal molo di Bellano, li segue lo sguardo preoccupato del sarto Lepido: non è giornata, sta per alzarsi il vento. L'imbarcazione è presto al largo, in un attimo lo scafo si rovescia. Un'imprudenza. Una disgrazia. Ma la tragedia crea un problema. A riva viene riportato il corpo dell'irrequieto Francesco, figlio di Giangenesio Gorgia, ricco e potente mercante del paese. Il disperso è Emilio Spanzen, figlio di un ingegnere che sta progettando la ferrovia che congiungerà Milano alla Valtellina. Due famiglie importanti. Bisogna a tutti i costi trovare un colpevole.

Andrea Vitali

ZIA ANTONIA SAPEVA DI MENTA

«Aglio, cipolle, rape, ravanelli e porri sono verdure indigeste che non diamo mai agli ospiti della casa!» Suor Speranza ne è sicura: nel minestrone che ha distribuito ai pazienti della Casa di Riposo di Bellano l'aglio non l'ha fatto mettere di sicuro. Allora come mai Ernesto Cervicati, entrando nella stanza di zia Antonia, ha sentito quell'odore, invece dell'aroma inconfondibile e fresco della menta? Ernesto conosce bene il rassicurante profumo delle mentine di cui è golosa la sua anziana parente. Certo meglio di suo fratello Antonio, che della zia non ha mai voluto saperne: gli interessava molto di più Augusta Peretti, una trentacinquenne ossigenata e vogliosa. Quel sorprendente odore d'aglio è un piccolo enigma. Forse è l'indizio di qualcosa di più grave. A indagare, oltre a Ernesto e all'energica suor Speranza, si ritrova anche il dottor Fastelli, medico dal carattere gioviale ma di grande sensibilità.